政治中的公开与秘密

一种交往合理性的辩护

贺建军 著

中国社会科学出版社

图书在版编目(CIP)数据

政治中的公开与秘密：一种交往合理性的辩护 / 贺建军著. —北京：中国社会科学出版社，2020.4
ISBN 978-7-5203-4553-8

Ⅰ.①政… Ⅱ.①贺… Ⅲ.①政治哲学—研究—西方国家 Ⅳ.①D095

中国版本图书馆 CIP 数据核字（2019）第 115704 号

出 版 人	赵剑英
责任编辑	伊　岚
责任校对	张爱华
责任印制	张雪娇

出　　版	中国社会科学出版社
社　　址	北京鼓楼西大街甲 158 号
邮　　编	100720
网　　址	http://www.csspw.cn
发 行 部	010-84083685
门 市 部	010-84029450
经　　销	新华书店及其他书店
印　　刷	北京君升印刷有限公司
装　　订	廊坊市广阳区广增装订厂
版　　次	2020 年 4 月第 1 版
印　　次	2020 年 4 月第 1 次印刷
开　　本	710×1000　1/16
印　　张	18.25
插　　页	2
字　　数	297 千字
定　　价	109.00 元

凡购买中国社会科学出版社图书，如有质量问题请与本社营销中心联系调换
电话：010-84083683
版权所有　侵权必究

无论是谁想理解人类行为，他都必须至少是启发性地在行为意向的共同责任意义上承担起交往的义务，也就是说，人类行为只有在语言游戏的框架内才是可通达的，也才是有意义的和可理解的行为。……如果没有在原则上先行假定一个能够进行主体间沟通并达成共识的思想家共同体，那么论辩的逻辑有效性就不可能得到检验。即使实际上孤独的思想家个体，也只有当他能够在"灵魂与他自身"所做的批判性会话中把一个潜在的论辩共同体的对话内在化时，才能阐明和检验他的论辩，孤独思想的有效性原则上依赖于现实的论辩共同体对语言陈述的辩护。"单个个体"不可能遵守一条规则，也不可能在"私人语言"框架内获得其思想的有效性。……如果说只有在语言游戏的框架内我们才能有意义地提出和回答关于某人在理智活动中是否遵守了规则这样一个问题，那么，应该对独白式理智运用的规则作出辩护的逻辑，就必须进入对话的层面。

卡尔-奥托·阿佩尔

序　言

　　德国哲学家康德（Immanuel Kant）曾经提出了一个关于人类发展的宏大问题：人类是在不断朝着改善前进吗？康德的回答是："人类一直是在朝着改善前进的并且将继续向前。"在康德看来，人类朝着改善前进源于人民被不断启蒙，即被公开地教导国家生活中的权利与义务。康德视哲学家为人民的启蒙者：哲学家并不针对人民，而是毕恭毕敬地针对着国家，请求国家留心人民权利需要。因此，启蒙者不能被人诋毁为国家的危险人物，而应被视为自由权利的教导者和阐扬者。在启蒙的名义之下，启蒙者们自由和公开地运用自己的理性，为人民的权利呐喊，为民族的疾苦申诉，促使民族朝着改善的方向前进。实际上，康德以启蒙之名发问，其意并不在于启蒙，而在启蒙者如何启蒙，也就是人如何在一切事情上公开运用自己理性的自由。诚如康德所言，永远要有公开运用自己理性的自由，惟有它才能带来人类的启蒙。因此，在康德那里，人类的前进源于人民的启蒙，人民的启蒙源于启蒙者理性的公开运用，而启蒙者理性的公开运用的核心在于公开。康德有言："朝着世界的美好前进，这一点除了通过公开化的办法而外，就再没有别的办法可以实现。"所以禁止公开化就妨碍了民族朝着改善的目标前进。

　　康德提出了一个人类社会发展的重要问题，即公开性问题。公开是开放社会的重要标志，而秘密则是黑暗时代的致命武器。波普尔曾阐释过开放社会，并把开放社会视为一种"零星社会工程"。"零星社会工程"以理性批判为前提，即以言论自由和多元主义为前提。开放社会的敌人以"本质主义"和"整体论"为方法和思路来编制和规划社会的发展，在这样的社会幻境中，公开、自由和多样性没有位置。汉娜·阿伦特曾描绘过"黑暗时代"：当我们思考黑暗时代、思考在其中生活和活动的人们时，

2 政治中的公开与秘密：一种交往合理性的辩护

我们必须把这种伪装也纳入思考范围之内，这种伪装从体制而来并被体制重重包裹。在阿伦特看来，公共领域提供了使人类的事务得以被光照亮的空间，在这个空间里，人们可以通过言语和行动来展示自身，以及自身能做些什么，没有光黑暗就降临了。消灭光的力量，来自"信任的鸿沟"和"看不见的操控"，来自不再揭示而是遮蔽事物之存在的言谈。诚然，波普尔和阿伦特是在不同的学术语境与话语体系中谈论开放社会与黑暗时代的问题，但他们都试图阐明，公开是社会开放与开明的重要前提，没有公开性，就不可能有开放与开明，社会就会陷入阿伦特意义上的"黑暗时代"。

在现代政治话语中，公开与秘密问题作为一个重要的政治问题而得到重视与关注。首先，公开是现代民主政治的重要原则。公开就是公诸于众，让公众知晓。政治意义下的公开，就是要做到政治活动公开化、透明化，即向公众公开所有应公开的事实和真相。政治公开与民主有着直接的联系，民主的实现依赖公共事务的公开。美国民主政治理论家科恩断言，在实行直接民主或间接民主的民主国家中，如果有治理权的公民处于一无所知的状态，要想治理好这个国家是不可能的。在他看来，秘密是民主的最大敌人，哪怕是以国家安全为由的秘密行为，也将使民主直接受到威胁。因此，没有公开就没有民主。其次，公开是政治制度设计的基本准则。公开性可以满足政治制度设计的三种诉求。一是公开性可以促进政治制度的调适。政治制度偏离正常轨道时，通过公开广泛接受公众的批评性意见，可以回到正常轨道上来。二是公开性可以保证政治制度的正当。人民是否同意，是判断政治制度合法性的重要标准，秘密策划必然摧毁政治制度的合法性根基。三是公开性可以彰显政治制度的威严。政治制度是国家治理的重要保障，政治制度的公开体现了国家权力的威慑，而秘密统治下的政治制度则成为民众反抗的靶心。因此，政治制度的设计必须遵循公开性原则。最后，公开是政治权力驯化的重要手段。"权力导致腐败，绝对的权力导致绝对的腐败"，英国思想家阿克顿勋爵道出了权力滥用的危害，规制与驯化权力成为政治学人矢志不渝的追求。公开性作为一种持久和普遍的威慑，能够为规避政治权力的滥用提供有效手段。诚如功利主义思想家杰里米·边沁（Jeremy Bentham）所言，抵御政治权力诱惑的方式，没有比公众的监视更持久和更普遍的。

公开、阳光和透明是现代政治的重要价值，坚持公开性，就坚持了现代政治的发展方向，否定公开性，也就否定了现代政治的根本，使现代政治失去了政治正义的根基。在这样的逻辑之下，公开与不公开（秘密）成了对立的两面，公开是正义与正当，秘密是不正义与不正当，公开与秘密成了判断政治正义的依据。实际上，现代政治存在着一个令人不解的事实：哪怕是世界上最开放与开明的政府，也都在进行着蒙蔽人心的意识形态宣传，也都用秘密和谎言编织着一个又一个政治神话。因此，现代民主政治需要公开，现代民主政治也可能需要秘密，公开与秘密的正当性论证陷入两难的困境。

现代哲学从主体性向交往主体性的转换，不再将他人作为主体认识的对象，他人成了与主体具有对等主体性价值的存在，人类知识在这种主体间的转换中获得有效性，人类行为也在交往主体的视域中取得合理性。交往合理性意味着一种沟通，一种论辩，一种反思性的沟通与论辩。在一个先验的交往共同体中，参与论辩的各方围绕着假设的有效性问题展开争论，主体间关系的基本形式在支持者与反对者"针锋相对"的争论中获得再生产，纯粹主体理性也由此获得了主体间地位。

交往合理性（Communicative Rationality），源于德国哲学家哈贝马斯的现代性哲学叙事。哈贝马斯的哲学开始于对传统主体哲学的批判，在他看来，从康德开始，现代性的哲学话语中一直存在着一种哲学的反话语，后者从反面揭示了作为现代性原则的主体性。海德格尔和德里达试图把主体性的形而上学抛到一边，但他们依然沉睡于主体哲学的直觉中而不能自拔；福柯的确敏锐地诊断出了意识哲学的困境，但他抽象地否定自我关涉的主体，并没有为主体走出自身找到出路。哈贝马斯认为，要走出意识哲学的困境，哲学就必须从意识哲学转向交往范式，从以主体为中心的合理性转向交往合理性的范式。

卡尔-奥托·阿佩尔对传统哲学的反省与哈贝马斯一致。阿佩尔认为，笛卡尔、康德甚至胡塞尔意义上的意识明证性，不足以论证知识的有效性和行为的正当性，传统意识哲学陷入了方法论唯我论的困境。在阿佩尔看来，我们有必要把个人直观明证性通过语用—语义规则与语言游戏联系起来，即把个人直观明证性提升为后期维特根斯坦哲学中的"语言游戏"的范式。只有这样，个人的意识明证性才能借助语言沟通转换成陈

4 政治中的公开与秘密：一种交往合理性的辩护

述和知识的有效性。阿佩尔认为，当我们说一句话或理解一个行为时，一种假设性辩护或论辩已经发生在被先行假定的语言游戏中了。如果没有在原则上先行假定一个能够进行主体间沟通并达成共识的思想家论辩共同体，那么一切知识或行为的有效性将不可能得到保证。在一个先验的交往共同体内，每个论辩的参与者总是已经接受了批判性交往共同体的基本道德规范，这种道德规范并不是通过契约或某种约定建立起来的，也不是通过共同体参与者的自由承认形成的，而是隐藏在先验共同体内的语言游戏的先验反思之中，"总是已经"在一种先天意义上被先行假定。

哈贝马斯和阿佩尔共同阐释了一种在交往语境中寻求有效性诉求的意向。交往合理性在主体间的相互理解与承认中表现为一种约束力量，明确了一种普遍的共同生活方式，人类行为也在这种约束与共同生活中取得合理性地位。诚如阿佩尔所言，如果说只有在语言游戏的框架内我们才能有意义地提出和回答关于某人在理智活动中是否遵守了规则的问题，那么，对独白式理智运用的规则进行辩护的逻辑，就必须进入对话的层面。在这个意义上，政治中的公开与秘密要获得合理地位，就必须进入对话层面，交往合理性能够为政治中的公开与秘密问题提供一种解决方案。

在西方政治哲学传统中，政治中的公开与秘密分别得到不同政治哲学家的支持与辩护。在政治秘密的哲学辩护中，柏拉图主张"高贵的谎言"，将秘密观念道德化。马基雅维里主张伪装的政治，将秘密观念现实化。而西季威克则主张隐蔽的道德，将秘密观念功利化。而在政治公开的辩护中，以亚里士多德、康德和阿伦特为代表的共和主义，以霍布斯、洛克和穆勒为代表的自由主义，以康德和罗尔斯为代表的正义理论，都奉公开性为政治的圭臬。但从哲学本底看，这些辩护完全是主体认知合理性（Cognitive Rationality）的视点，不免陷入主体主义的哲学泥潭。

现代西方哲学的中心从主体认知合理性向交往合理性的转变，为政治中的公开与秘密的正当性论证提供了新的视角。在一个先验的交往共同体中，每个成员就政治中的公开与秘密问题展开论辩，参与论辩的每个成员都面临着来自本底抉择（To-Be-Or-Not-To-Be）的追问，在回答这一追问时，所有论辩者的相互允诺为政治中的公开与秘密提供了合理性依据，所有论辩者也在这种相互允诺中获得了人的尊严与人之为人的根本。

目 录

序言 …………………………………………………………（1）
第一章　导论 ………………………………………………（1）
　第一节　公开与秘密的正义困境 ……………………（2）
　第二节　文献回顾与述评 ……………………………（8）
　第三节　交往合理性与本书的研究尝试 …………（21）
第二章　政治公开的合理性基础 ………………………（27）
　第一节　公开观念的哲学意涵 ……………………（27）
　　一　公开性，不是公共性 ………………………（28）
　　二　日常语言中的公开 …………………………（32）
　　三　公开：从让人知晓到相互讨论 ……………（35）
　第二节　合理性与政治的正义 ……………………（38）
　　一　合理性及其哲学阐释 ………………………（38）
　　二　政治的正义：道德的抑或规则的？ ………（43）
　　三　政治正义的合理性奠基 ……………………（48）
　第三节　公开、秘密与两种合理性 ………………（51）
　　一　主体合理性抑或交往合理性 ………………（52）
　　二　两种合理性意味着什么？ …………………（54）
　　三　两种合理性之下的公开与秘密 ……………（57）
第三章　政治哲学传统中的公开与秘密 ………………（61）
　第一节　为秘密辩护：从柏拉图到西季威克 ……（61）
　　一　柏拉图与高贵的谎言（Noble Lie） ………（61）
　　二　马基雅维里与伪装的政治 …………………（64）
　　三　西季威克与隐蔽的道德 ……………………（67）

2 政治中的公开与秘密：一种交往合理性的辩护

  第二节 共和主义视域中的公开 ……………………………（70）
    一 亚里士多德：人天生是一个政治动物 ………………（71）
    二 康德：共和政制与永久和平的保证 ……………………（73）
    三 阿伦特：人的条件 ………………………………………（77）
  第三节 自由主义言说中的公开 ……………………………（80）
    一 霍布斯："利维坦"与自由主义的吊诡 ……………（80）
    二 洛克：同意的观念 ………………………………………（84）
    三 穆勒论自由 ………………………………………………（86）
  第四节 政治正义语境中的公开 ……………………………（89）
    一 康德：公共权利的先验公设 ……………………………（89）
    二 罗尔斯：公开性与正义 …………………………………（91）
  第五节 道德论证视野中的公开 ……………………………（94）
    一 康德式道义论与公开 ……………………………………（95）
    二 公开观念的功利主义论证 ………………………………（99）

第四章 政治秘密的合理辩护 ……………………………（103）

  第一节 政治秘密的多重面孔 ……………………………（103）
    一 第一重面孔：从秘密、保密到国家机密 ……………（104）
    二 第二重面孔：从腐败、密谋到秘密政治 ……………（107）
    三 第三重面孔：从谎言、欺骗到政治伪装 ……………（110）
  第二节 政治中的秘密（1）：政治谎言 ………………（112）
    一 康德与撒谎的权利 ……………………………………（113）
    二 阿伦·伍德的辩护 ……………………………………（117）
    三 政治谎言是否可能？ …………………………………（120）
  第三节 政治中的秘密（2）：秘密审议 ………………（123）
    一 秘密审议：作为个人慎思的审议 ……………………（124）
    二 秘密审议：关起门来进行的审议 ……………………（128）
  第四节 政治中的秘密（3）：政治密谋与反叛 ………（133）
    一 政治中的密谋 …………………………………………（134）
    二 反叛的权利 ……………………………………………（139）
  第五节 政治秘密的合理辩护：从康德公设到交往合理性 ……（142）
    一 康德公设的失败 ………………………………………（143）

二　康德公设的修正：从公开性到交往力
　　　　（Communicability）……………………………………（145）
　　三　为秘密辩护：交往合理性的视角 ………………………（149）
第五章　政治公开的现实隐忧 ………………………………（153）
　第一节　形形色色的政治公开 …………………………………（153）
　　一　广告、宣传与操纵的公开 ………………………………（154）
　　二　煽动、鼓吹与夸张的公开 ………………………………（157）
　　三　公告、宣告与冷漠的公开 ………………………………（159）
　　四　揭发、揭露与被迫的公开 ………………………………（160）
　　五　透露、泄露与限制的公开 ………………………………（161）
　第二节　政治中的公开（1）：人为操纵的公开 ……………（162）
　　一　广告和宣传：哈贝马斯的历史社会学考察 ……………（163）
　　二　人为操纵的公开：哈贝马斯的洞识 ……………………（164）
　　三　谣言：一种人为操纵的公开 ……………………………（167）
　第三节　政治中的公开（2）：公开审议的争论 ……………（168）
　　一　公开审议的后果主义论证 ………………………………（168）
　　二　公开审议的道义论辩护 …………………………………（171）
　　三　反对公开审议 ……………………………………………（175）
　第四节　政治中的公开（3）：公开投票的担忧 ……………（177）
　　一　约翰·穆勒支持公开投票 ………………………………（178）
　　二　公开投票：我们担心什么？ ……………………………（181）
　第五节　政治公开的现实困境及其根源 ………………………（186）
　　一　政治公开的现实困境 ……………………………………（186）
　　二　政治公开陷于困境的哲学根源 …………………………（191）
第六章　政治公开的交往合理性建构 ………………………（194）
　第一节　交往共同体：一个论辩的共同体 ……………………（194）
　　一　阿佩尔的佯谬问题及其解决 ……………………………（195）
　　二　维特根斯坦的语言游戏与交往共同体 …………………（199）
　　三　现象学与交往共同体 ……………………………………（201）
　第二节　交往共同体的先验建构 ………………………………（204）
　　一　何种自我：孤独的还是交往的？ ………………………（205）

二　理想的交往情境 …………………………………… （212）
　　三　有效性声称与交往行动 …………………………… （215）
　第三节　让交往共同体运转起来 ………………………… （219）
　　一　交往共同体的运行原则 …………………………… （219）
　　二　翟振明的本底抉择 ………………………………… （225）
　　三　本底抉择的道德价值 ……………………………… （227）
　第四节　将政治公开置入交往共同体 …………………… （230）
　　一　实践共同体是一个交往共同体吗？ ……………… （231）
　　二　在交往共同体中论辩公开 ………………………… （233）
　　三　政治公开的论辩与本底抉择 ……………………… （234）
　　四　论辩公开的道德价值 ……………………………… （236）
　　五　论辩公开的政治意涵 ……………………………… （239）
　第五节　政治公开的现实图景 …………………………… （243）
　　一　政治公开与民主 …………………………………… （244）
　　二　政治公开与腐败 …………………………………… （249）
　　三　政治公开与合法性 ………………………………… （252）
第七章　结语 ………………………………………………… （257）
参考文献 ……………………………………………………… （263）
后记 …………………………………………………………… （279）

第一章 导　　论

　　政治中的公开与秘密问题是政治学和政治哲学领域的重要问题，但这个问题似乎并没有引起太多的争论，公开作为评判社会发展和时代进步的重要标志已经成为人们的共识。这种回答在公共政治生活中也能得到证明：1966年，美国联邦政府制定了《信息自由法》《阳光下政府法》；1978年，法国政府制定了《行政文书公开法》；1996年，韩国政府颁布了《公共机关信息公开法》；1999年，日本政府颁布了《信息公开法》；2007年，中国政府颁布了《中华人民共和国政府信息公开条例》。政府信息公开制度的确立表明，政治公开成为现代政治发展的必然趋势，政治中的秘密则被普遍地拒斥。

　　在政治哲学的传统中，支持公开而否定秘密的观点有很多。德国哲学家康德提出一个公共权利的先验公设：凡是关系到别人权利的行为，若其准则与公开性不相容，则都是不正当的。[①] 美国当代著名政治哲学家约翰·罗尔斯提出正义理论的公开条件：一个社会，被设计为推进它的成员的利益，而且它正受着一种公开的正义观的有效管理时，它就是组织良好的社会。在那里：（1）每个人都接受也知道别人接受同样的正义原则；（2）

[①] 何兆武将康德的这一公设译为"公共权利的先验公设"，李明辉译为"公法的先验程式"，戴维·卢班认为应该译为"transcendental formula of public law"。不难看出，康德公设中最关键的是"publicity"一词，中国学者何兆武将其译为"公共性"，台湾学者译为"公开性"，根据康德德文原意及《斯坦福哲学百科全书》中的"Publicity"词条，康德公设中的该词译为"公开性"才较为妥当。笔者曾就此问题发表过长文进行纠偏，参见拙文《康德的公开性公式厘析——兼就翻译问题与何兆武先生商榷》，《学海》2009年第4期。此处公设内容的中译参考了英译本即汉斯·瑞斯的《康德政治著作选》，以及何兆武和李明辉两位先生的中译本，此处中译略有改动。参见 Hans Reiss (ed.), *Kant: Political Writings*, Cambridge: Cambridge University Press, 1991, pp. 125—126；[德]康德《历史理性批判文集》，何兆武译，商务印书馆2005年版，第147—154页；[德]康德《康德历史哲学论文集》，李明辉译，台北联经出版事业公司2002年版，第381页。

2 政治中的公开与秘密：一种交往合理性的辩护

基本的社会制度普遍地满足也普遍为人所知满足这些原则。人们可以设想一种公开的正义观，它是一个组织良好的人类联合体的基本条件。[①] 不难看出，康德和罗尔斯的态度非常明确，肯定公开性原则在公共政治生活中的重要地位，而否定政治中的秘密情形。他们认为，公开性是政治正义的重要前提，否定公开性，就否定了政治正义观念存在的基础。

实际上，政治中的公开与秘密问题并不简单，至少面临着两个问题。第一个问题针对政治秘密的合理辩护。公开性原则是现代民主政治的重要原则，那么可以说，秘密为现代民主政治不容。但事实是，现代民主政治中对秘密的应用随处可见。例如，在当今的民主国家中，投票被认为是实行民主政治的重要方式，选举大量采用秘密投票的方式，而不是公开投票的方式。第二个问题针对政治公开的不正当性。康德和罗尔斯把公开性作为政治正义的前提条件，但忽视了对政治公开行为自身正当性的追问。例如，广场集会时激情洋溢的政治宣讲，政府公开信息后不愿接受公众的回应，行政官员在公众的压力下被迫公开财产，这些政治公开形式可以作为政治正义的前提条件吗？显然值得探究。因此，政治中的公开与秘密问题，需要我们以批判的态度重新审视。事实上，本书沿着政治中公开与秘密问题的两个问题可以发现一个丰富的哲学世界。

第一节　公开与秘密的正义困境

公开性是现代民主政治生活的重要特征，也是设计政治制度时必须遵守的基本原则。[②] 美国学者约迪·邓恩（Jodi Dean）指出，批评性民主理论和资本主义技术文化（capitalist technoculture）如今都聚焦于公开性，公开性是民主政治的重要因素和信息社会的金戒指（the golden ring）。[③] 罗尔斯声称，公开性是秩序良好社会的重要表征，也是正义理论得以成立的重要

[①] John Rawls, *A Theory of Justice*, Cambridge, Massachusetts: The Belknap Press of Harvard University Press, 1971, p. 5.

[②] 美国学者罗伯特·古丁编辑的《制度设计理论》一书，收录了戴维·卢班所写的《公开性原则》一文并将其作为制度设计的重要理论，参见 David Luban, "The Publicity Principle", *The Theory of Institutional Design*, Cambridge: Cambridge University Press, 1996, pp. 155–169。

[③] Jodi Dean, "Publicity's Secret", *Political Theory*, Vol. 29, No. 5, 2001, p. 624.

前提。① 公开性原则在理论层面的重要性在现实政治层面也得到了印证。例如，1966 年，美国约翰逊总统签署阳光法案，即《信息自由法》（The Freedom of Information），该法规定，除涉及国家安全和依法保护的企业和个人机密外，所有政府档案均应向公众公开。1999 年，日本政府《信息公开法》经国会审议正式通过，在国家层面正式建立行政信息的公开制度，日本的政府信息公开制度非常彻底，任何人都可以成为公开的请求权人，所有文件均可成为公开对象，同时也向公众公开。② 2007 年，中国政府颁布《中华人民共和国政府信息公开条例》，条例规定，行政机关应该主动将政府信息通过政府公报、政府网站、新闻发布会以及报刊、广播、电视等便于知晓的方式向公众公开。总之，政治实践层面的公开极大地推进了世界各国政治的发展，随着政治公开力度的加大，公众能够很容易地从公共官员和公共机构那里获取相关信息。

但是，现实政治层面存在着一个令人不解的事实：哪怕是世界上最为开放的政府，也有大量政府秘密甚至是政治谎言。美国学者丹尼斯·F. 托普森（Dennis F. Thompson）援引美国信息安全观察办公室（Information Security Oversight Office）1995 年《总统报告》（Report to the President）中的数据，指出每年有超过 3500000 个新的秘密被创造，相当于每天就有接近 10000 个新的秘密产生，并且毫无疑问仍有大量的政府秘密行为没有被记录。③ 另外一位美国学者汉娜·阿伦特在《共和的危机》中集中研究了"五角大楼文件事件"。④ 这些五角大楼文件属于机密文件，解密之后可以发现，美国政府在参与越南战争过程中对民众进行了大量的欺

---

① 这一观点不仅在罗尔斯的《正义论》和《政治自由主义》中得到印证，而且在所有自由主义和民主政治的倡导者那里也能得到认同与支持。罗尔斯指出一个秩序良好的社会必须满足公开性条件，同时正义理论也必须以公开性条件为前提。参见 John Rawls, *A Theory of Justice*, Cambridge, Massachusetts: The Belknap Press of Harvard University Press, 1971。

② 朱芒：《开放型政府的法律理念和实践——日本的信息公开制度》，《环球法律评论》2002 年秋季号、冬季号。

③ 美国信息安全观察办公室（Information Security Oversight Office）是专门负责观察美国政府秘密情况的机构。参见 Dennis F. Thompson, "Democratic Secrecy", *Political Science Quarterly*, Vol. 114, No. 2, 1999, pp. 181 – 193。

④ 1971 年 6 月，《纽约时报》披露了一批关于美国卷入越南战争的整个过程的美国国防部机密文件，这就是当时著名的"五角大楼文件事件"。参见 Hannah Arendt, "Lying in Politics: Reflections on the Pentagon Papers", *Crises of the Republic*, New York and London: Harcourt Brace Jovanovich, 1972, pp. 1 – 48。

4 政治中的公开与秘密：一种交往合理性的辩护

骗，也暴露出了美国政府在其他政治领域中存在大量秘密的问题。阿伦特没有给出具体的统计数据，但展示了哪怕是民主国家的政府也存在大量政治秘密的事实。

政治家们在现实政治生活中保守的政治秘密以及进行的伪装、谎言及隐瞒等行为，不断地被一些政治理论家认可，其中最为著名的理论家是意大利政治思想家马基雅维利[①]。马基雅维利告诫君主，要像狮子一样勇猛，同时也要像狐狸一样狡猾，实际上就是要求统治者一定要学会伪装、隐瞒真相、弄虚作假。如果往前追溯，柏拉图是第一个承认秘密为政治统治方式的政治思想家，他在《理想国》中借苏格拉底之口道出了政治统治的秘诀，即"高贵的谎言"（noble lie）存在有必要。在他看来，一个理想的国度应该具有分明的等级秩序，统治者、护卫者和劳动者三个等级长久存在且各级之间相互不能逾越。柏拉图引用腓基尼神话，认为统治者是金做的、护卫者是银做的、劳动者是铜铁做的。实际上，腓基尼神话就是柏拉图为建立理想国而捏造的谎言。当代的政治学家们同样对政治秘密甚至是欺骗与谎言给予了同情。例如，汉娜·阿伦特就指出，事实是脆弱的，谎言更可能成功，尤其是来自政府的谎言最容易成功，由于说谎者拥有预先知晓听众希望或期待听到些什么的极大优势，因此谎言通常比现实更可信、更合乎理性。[②] 当代美国著名政治哲学家约迪斯·希克拉尔（Judith Shklar）也为政治家们在政治活动中的伪装行为进行辩护，她相信政治伪装是民主政治秩序的重要因素。[③] 如此看来，政治秘密仍然不同程度地为现代自由民主政治学家们所认可，并成为政治制度与政治治理不可或缺的形式。

这就产生了一个两难的问题（Dilemma），即公开性毫无疑问是现代

[①] Machiavelli 一般译作"马基雅维利"，不过商务印书馆的书往往译作"马基雅维里"，本书使用"马基雅维利"。——编者注

[②] 阿伦特并不完全否定政治中的说谎，她对政治谎言持一定的同情的态度，特别是对政治谎言可能带来的危害并未有太多的担忧，但总体上看，阿伦特对政治谎言仍持否定态度。参见 Hannah Arendt, "Lying in Politics: Reflections on the Pentagon Papers", *Crises of the Republic*, New York and London: Harcourt Brace Jovanovich, 1972, pp. 1 – 48。

[③] 约迪斯·谢克拉尔（Judith Shklar）在《让我们不要伪装》中对政治中的伪装进行了研究，她对民主政治中的政治伪装持同情态度，但还是坚持反对伪装的政治立场。参见 Judith Shklar, "Let us not be hypocritical", *Daedalus*, Vol. 108, No. 3, 1979, pp. 1 – 25。

民主政治的重要价值，而种种迹象表明，与公开性完全相反的另一种政治价值秘密也是并且也应该成为现代民主政治的重要价值。也就是说，现代民主政治需要公开，同时，现代民主政治也需要秘密。① 现代民主政治需要公开性，因为民主治理的根基在于人民的同意，为了确保人民的同意，政府治理的政策与过程需要公开透明。另外，公开是民主政治的内在要求：只有公开，公众才能知晓政府官员的情况，才能知晓政府官员在做什么样的事情，这样才能对政府官员形成有效监督；只有公开，公众才能知晓政府治理的政策及治理过程，这样也才能很好地参与治理。现代民主政治需要秘密，最大的理由在于，某些政策和政府治理过程如果公开，其治理效果可能非常糟糕。最典型的例子是，作为政治过程的投票行为，如果完全公开，则可能导致投票结果无效，那些没有达到目的的人会伺机报复他人。对于公开与秘密的正义困境，丹尼斯·F. 托普森（Dennis F. Thompson）借用物理学中量子力学的海森堡测不准原理（Heisenberg uncertainty principle）来形象地比喻公开与秘密的两难困境。正如物理学家无法同时准确地测量一个粒子的位置和动量那样，公众不能评估一些秘密的政府治理政策和政治过程，因为公众的评估行为（公开）会挫败秘密政策或过程。② 丹尼斯·F. 托普森（Dennis F. Thompson）用测不准原理告诉我们，任何政治秘密都不符合民主政治的公开本性，民主政治必然要求公开，公开是民主政治的内在价值，而现实中大量存在的秘密是对民主政治这一内在价值的违背。问题的关键在于，政治秘密在现实政治生活中不可或缺，这样，公开与秘密就陷入两难的困境之中。

实际上，公开与秘密的两难问题就是公开与秘密的正义问题，在政治哲学层面，这一问题也可以说是公开与秘密的政治正当性论证问题。德国

---

① 丹尼斯·F. 托普森（Dennis F. Thompson）深刻地认识到了这一民主理论的困境。和丹尼斯·F. 托普森（Dennis F. Thompson）一样，弗兰西斯·E. 劳克（Francis E. Rourke）在《秘密与公开：民主的两难》中专门研究了现代民主政治中两种价值观念（即公开与秘密）的冲突与共存。参见 Dennis F. Thompson, "Democracy Secrecy", *Political Science Quarterly*, Vol. 114, No. 2, 1999, pp. 181-193; Francis E. Rourke, *Secrecy and Publicity: Dilemmas of Democracy*, Baltimore: Johns Hopkins Press, 1966。

② Dennis F. Thompson, "Democratic Secrecy", *Political Science Quarterly*, Vol. 114, No. 2, 1999, p. 182.

6 政治中的公开与秘密：一种交往合理性的辩护

哲学家康德其实给出了一个答案，他在《论永久和平——一部哲学规划》一文中提出了一个公开性公式，即关系到别人权利的行为的准则若与公开性不能一致，则是不正义的。[①] 根据康德的公开性公式，公开与秘密的两难问题根本就不存在。在他看来，公开与秘密的正当性是一分为二的问题，即公开行为是正当的，而秘密行为是不正当的。毫无疑问，康德对公开与秘密观念正当性的简单划分丝毫不利于问题解决，相反，这种划分掩盖了公开与秘密观念正当性问题的本质。[②] 实际上，当我们认为公开与秘密存在着两难困境时，我们就已经内在地承认了有些政治秘密存在的正当性，不然，像康德一样认为所有秘密都不正当，那么公开与秘密就不存在两难困境。为了进一步弄清公开与秘密的两难正义困境，我们需要预设有些政治秘密行为是正当的，有些政治秘密是不正当的。因为公开与秘密是非此即彼的，当我们说某一政治秘密行为是正当的时，实际上就是说公开这一行为是不正当的；当我们说某一秘密行为是不正当的时，实际上就是说公开这一行为是正当的：在公开与秘密这两种价值之间没有任何中间选项。

解决公开与秘密正义难题的关键在于，如何为公开与秘密之间划定界限。我们称这一问题为公开与秘密的"划界问题"。政治领域的哪些政策、行为、过程必须公开？哪些政策、行为、过程必须秘密？如果能够确立一个标准为公开与秘密划清界限，那么，公开与秘密的正义难题就能够解决。不过，我们必须承认，像康德那样采取"一刀切"的方法从根本上歪曲了问题的本质。同时，公开与秘密的正义难题还有一个附带问题，

---

① ［德］康德：《历史理性批判文集》，何兆武译，商务印书馆 2005 年版，第 148 页。此处对原文稍有更改。

② 笔者曾出版著作《公开的观念与政治正义：康德政治哲学研究》，在此著作中对康德政治哲学中的公开性问题特别是公共权利的先验公设问题进行过较为深入的思考。应该承认，康德公设是对公开性问题的阐释，即从公开性角度判断行动的正当性问题，但实际上，康德并没有说公开是判断行动正当与否的标准，而是说秘密的行动才会不正当。诚如康德所言，这一原则是消极的，也就是说它只被用来识别什么东西对别人是不正义的。康德自信地认为，这一公设就好像公理一样有不需证明的确切性，并且又很容易被应用。但事实并非如此，康德公设仍然面临严重的理论困境，并没有解决公开与道德正当的关系问题，它把秘密用来判断行为的不正当，这种证伪的做法进一步掩盖了问题的实质。参见贺建军《公开的观念与政治正义：康德政治哲学研究》，中国社会科学出版社 2016 年版；Hans Reiss (ed.), *Kant: Political Writings*, Cambridge: Cambridge University Press, 1991。

以撒谎、欺骗的保守秘密的方式保守秘密的政策、行为或过程，这样的秘密是否正当？同样，某个应该公开的政策、行为或过程，采用宣传、煽动或鼓吹等方式进行，这样的公开是否正当？毫无疑问，当我们这样追问时，公开与秘密的正义问题变得更复杂了，我们暂且将这一附带问题称为公开与秘密的"正当问题"。总体上看，公开与秘密的"划界问题"和"正当问题"是基于不同方面而产生的不同问题，"划界问题"侧重于公开与秘密的内容（what），哪些政府治理政策、政治行为或过程需要公开？哪些秘密需要保守？"正当问题"则侧重于公开与秘密的方式（how），政府治理政策、政治行为或过程如何公开？政府治理政策、政治行为或过程如何保守秘密？可以采用宣传或煽动的方式来公开吗？可以采用撒谎或欺骗的方式来保密吗？公开与秘密的"正当问题"与"划界问题"紧密联系在一起，共同构成公开与秘密的正义难题。因此，要解决公开与秘密的正义难题就需要同时解决"划界问题"和"正当问题"，这不得不说是一项艰巨的任务。

毫无疑问，康德的公开性公式解决了公开与秘密的"划界问题"（尽管是一分为二的方式，但毕竟划清了界限），但没有触及公开与秘密的"正当问题"。如果单从康德的公开性公式出发，认定公开的就是正当的，无论哪种形式的公开，那么任何一种方式的公开（如宣传、鼓吹、煽动、操纵性的公开）都是康德公开性公式所允许的。戴维·卢班（David Luban）对这一公式进行了修正，做出一级公开性检验（the first-order publicity）和二级公开性检验（the second-order publicity）的区分，从而为解决公开与秘密的"划界问题"提出了不错的解决方案。① 同时，二级公开性检验也可以有效解决公开与秘密的"正当问题"：那些可能扭曲的公开形式（如宣传、鼓吹、煽动、操纵性的公开），二级公开性检验可以过滤；那些扭曲的秘密方式，二级公开性检验可以捕捉。如此看来，两级公开性检验不仅可以解决公开与秘密的"划界问题"，而且可以解决"正当

---

① 戴维·卢班试图通过区分一级公开性和二级公开性来解决公开与秘密的"划界问题"，这是我们现在能够看到的仅有的试图解决公开与秘密困境问题的重要理论。一级公开性是指针对某一行为本身是公开的还是秘密的所进行的检验，二级公开性是指针对某一政策或行为秘密的决定是否能够被公开所进行的检验。参见 David Luban, "The Publicity Principle", *The Theory of Institutional Design*, Cambridge: Cambridge University Press, 1996, pp. 155–169。

问题"。但是，美国学者丹尼斯·F. 托普森（Dennis F. Thompson）认为，二级公开性仍然不是一个充分的要求，二级公开性的要求考虑到了大部分秘密，忽视了部分秘密的情况。①

如此看来，解决公开与秘密的正义难题需要寻找新的途径。有幸的是，戴维·卢班（David Luban）和丹尼斯·F. 托普森（Dennis F. Thompson）的二级公开性检验为我们寻找新的解决方案提供了基础——建基于交往共同体中每个成员所拥有的交往合理性视域为我们提供了新的解决方案。笔者将论证，交往合理性的哲学立场可以为公开与秘密的"划界问题"提供答案，也可以很好地解决公开与秘密的"正当问题"。

第二节　文献回顾与述评

政治中的公开与秘密问题是国家政治生活中的重要问题，也是政治学、法学和政治哲学的重要课题。不过，政治中的公开与秘密问题在中国政治语境中大多被泛化为政府信息公开、政务公开、村务公开、厂务公开等问题，从而使得相关研究大都集中于政治学、公共行政学和法学领域，且经验研究居多。近些年来，欧美学者注意到公开性对于民主政治发展的重要性，开始挖掘公开性价值的哲学意涵，规范的研究逐渐兴起。这些研究有一个明显的倾向，即大都围绕康德、罗尔斯、哈贝马斯等哲学家的公开性著述展开讨论，或者基于一种政治学视角阐述政治公开与秘密的相关问题，很少有直接针对公开与秘密问题的哲学讨论。这些研究拓展了政治中的公开与秘密问题的理论视野，深入挖掘了公开性价值的哲学意涵，为本研究的展开提供了重要的学术资源。

一　康德的公开性问题研究

德国哲学家康德对公开性问题有经典阐释。康德在《论永久和平》附录二中提出了一个公设，即关系到别人权利的行为的准则与公开性不相

---

① 丹尼斯·F. 托普森（Dennis F. Thompson）与戴维·卢班一样认识到了二级公开性检验对于解决公开与秘密的"划界问题"的重要作用，他还认识到二级公开性在解决这一问题时的局限性。参见 Dennis F. Thompson, "Democratic Secrecy", *Political Science Quarterly*, Vol. 114, No. 2, 1999, p. 193.

容，就是不正当的。① 他在 1794 年《答复这个问题："什么是启蒙运动？"》一文中，把"在一切事情上都有公开运用自己理性的自由"作为启蒙运动的重要标志。不仅如此，康德还把公开性置于为世界美好而奠基的崇高地位，他说，禁止公开化，也就妨碍了一个民族朝着改善前进。康德还把公开性作为世界永久和平的保证，在他看来，国与国之间的任何秘密都可能保留有导致未来战争的材料。总之，在世界学术史上，康德是最早就公开性问题进行讨论的哲学家之一，公开性是我们理解康德政治哲学的核心和关键，是我们打开康德政治哲学迷宫之门的一把钥匙。②

不过，康德对公开性问题的阐述一直被学术界忽视。直到 20 世纪 80 年代，美国学者约翰·C. 劳伦森（John C. Laursen）发表《颠覆的康德："公开的"和"公开性"一词》（The Subversive Kant: the Vocabulary of "Public" and "Publicity"）一文，针对康德的理性的公开运用与私下运用之间的区别，从文献和词源的角度对康德多次提及的"公开性"一词进行研究，劳伦森通过对"公开的"和"公开性"这两个词汇的分析指出，正是这两个词汇塑造了一个"颠覆的康德"。③ 自劳伦森的这篇文章开始，康德的公开性问题渐渐进入学者们的视野，索拉亚·劳尔（Soraya Nour）从公开性角度研究了康德的和平哲学，④ 雷恩·沃斯（Rein Vos）从"审议还是反思"的角度深入研究了康德的理性的公开运用，⑤ 科斯塔·可可泽利斯（Kostas Koukouzelis）探讨了康德哲学中的公开性与理性之间的关系。⑥ 值得一提的是，美国学者卡文·R. 戴维斯（Kevin R. Davis）连发三篇论文专门研究了康德哲学中的公开性问题，起初，他通过

---

① ［德］康德：《历史理性批判文集》，何兆武译，商务印书馆 2005 年版，第 148 页；［德］康德：《康德历史哲学论文集》，李明辉译，台湾联经出版事业公司 2002 年版，第 220 页。

② 贺建军：《公开的观念与政治正义：康德政治哲学研究》，中国社会科学出版社 2016 年版，第 6 页。

③ John C. Laursen, "The Subversive Kant: The Vocabulary of 'Public' and 'Publicity'", Political Theory, Vol. 14, No. 4, 1986, pp. 584–603.

④ Soraya Nour, "Kant's Philosophy of Peace: The Principle of Publicity", Law and Peace in Kant's Philosophy, 2008, pp. 573–584.

⑤ Rein Vos, "Public Use of Reason in Kant's Philosophy: Deliberative or Reflective?", Law and Peace in Kant's Philosophy, 2008, pp. 753–764.

⑥ Kostas Koukouzelis, "Kant on Reason's Need and Publicity", Law and Peace in Kant's Philosophy, 2008, pp. 469–478.

10 政治中的公开与秘密：一种交往合理性的辩护

对正义条件的探寻找到了公开性这一正义原则的必要条件，[1] 然后，他看到了公开性这一条件对于理解康德政治哲学中正义问题的重要性，[2] 最后，他揭示了康德的公开正义理论中"公开性"一词在六种不同层面上的理解。[3] 戴维斯的论文启发了我对公开性问题的思考。

学术界关注最多的还是康德在《论永久和平》中提出的公共权利的先验公设。《斯坦福哲学百科全书》中的"公开性"（Publicity）词条，就是建立在对康德公设的理解与诠释之上的。词条作者阿克瑟尔·戈萨雷斯（Axel Gosseries）从"康德的假想公开性测验"（Kant's Hypothetical Publicity Test）出发，对假想的公开与现实的公开进行了探讨，康德的公共权利的先验公设一直被作为词条的核心内容。[4] 因此，《斯坦福哲学百科全书》中的"公开性"（Publicity）词条具有重大的指导性意义，虽然词条的研究过于零散，缺乏对康德公开性问题的系统阐释。美国学者戴维·卢班（David Luban）专门研究了作为制度设计基本理念的公开性原则，以康德的公共权利的先验公设及其中关涉的公开性原则为根底，并提出一系列的反例来说明公设存在的理论上的问题。更为重要的是，他试图从一级公开性检验和二级公开性检验的区分中对康德的公开性公式进行修正，并且，戴维·卢班将康德公开性公式中的"公开性"分为三种情形，即作为普遍知道的公开（publicity as general knowledge）、作为相互知道的公开（publicity as mutual knowledge）和作为批判性争论的公开（publicity as critical debate）。[5] 美国学者约翰·塞布勒斯（John Ceballes）的博士论文《倾听理性的声音：康德和公开性》（*Hearing the Call of Reason：Kant and Publicity*）是至今可以看到的研究康德的公开性问题最为全面、定性也最

---

[1] Kevin R. Davis, "The Publicity Condition of Justice", *Akten des Siebenten Internationalen Kant - Kongresses, Kurfürstliches Schloß zu Mainz*, Band II, Bonn and Berlin: Bouvier Verlag, 1990, pp. 317 – 324.

[2] Kevin R. Davis, "Kantian 'Publicity' and Political Justice", *History of Philosophy Quarterly*, Vol. 8, No. 4, 1991, pp. 409 – 421.

[3] Kevin R. Davis, "Kant's Different 'Publics' and the Justice of Publicity", *Kant - Studien*, Vol. 83, No. 2, 1992, pp. 170 – 184.

[4] Axel Gosseries, "publicity", http://plato.stanford.edu/entries/publicity/, 2005.

[5] David Luban, "The Publicity Principle", *The Theory of Institutional Design*, Cambridge: Cambridge University Press, 1996, pp. 154 – 198.

为准确的文献。约翰·塞布勒斯从公开性出发来理解康德政治哲学中的启蒙问题、公民不服从和世界永久和平等中心话题，并在罗尔斯和哈贝马斯的政治哲学语境中回应康德式公开性问题。塞布勒斯的惊人之处在于，他明确地把公开性摆在康德政治哲学和道德哲学的中心位置，提出公开性是理解康德哲学的核心与关键。[1] 细心的研究者一定会注意到，康德在《论永久和平——一部哲学规划》[2] 附录二中提出了两个公设，几乎所有研究都只注意到第一个公设（即否定性公设），而对第二个公设（即肯定公设）置若罔闻。多明戈·加尔塞－玛扎（Domingo García-Marzá）扭转了这种局面，他通过信任的概念把康德公开性的否定公设和肯定公设关联起来，并将信任作为制度设计时透明原则和同意原则的重要支撑。[3] 总之，学术界围绕康德的公开性问题进行了大量研究，这为我们研究公开性问题提供了重要的思想资源。

二　政治哲学传统中的公开性问题研究

政治哲学史上，除康德之外，边沁、罗尔斯、哈贝马斯都对公开性问题进行过深入研究。英国功利主义哲学家杰里米·边沁（Jeremy Bentham）对公开性问题研究的贡献丝毫不亚于康德，真正地以"公开性"为题发表《论公开性》一文，而康德对公开性问题的讨论则隐含在他的政治、历史和道德哲学的著述之中。边沁在《论公开性》开篇提出为公开性原则辩护的六条理由，并对四种反对公开性的观点进行反驳。公开性在边沁那里具有至高无上的地位：没有公开性，没有善能持久，在公开性的保护下，没有恶能够继续。[4] 边沁对公开性问题的研究也引起了学术界的极大兴趣，这些研究以两位学者为代表。一个是美国芝加哥大学教授迪利普·高卡（Dilip P. Gaonkar），他把边沁的公开性观点放到福柯和哈贝

---

[1] John Ceballes, *Hearing the Call of Reason: Kant and Publicity*, Indiana University, 2007.

[2] 学界大多在谈及这篇著名论文时不加副标题，作者在此处加了副标题，但这篇论文仍是前文提及的论文。——编者注。

[3] Domingo García-Marzá, "Kant's Principle of Publicity: The Intrinsic Relationship between the two Formulations", *Kant-Studien*, Vol. 103, No. 1, 2012, pp. 96–113.

[4] Jeremy Bentham, "Of Publicity", *The Works of Jeremy Bentham*, Vols. 11, Vol. 2, Edinburgh: William Tait, 1843.

马斯的理论中加以阐释，企图彰显边沁公开性理论中透明化（transparency）的政治哲学内涵。① 另一个是美国学者詹姆斯·马昆尔德（James J. Marquardt）。他于2006年9月向美国政治科学协会提交了年会会议论文《康德和边沁论公开性：透明与自由民主和平的关联》，从公开性与自由民主和平的关系角度对边沁和康德的公开性研究进行了比较研究，指出公开或透明是政治生活的重要原则，同时也是国际关系中自由民主和平的重要保障。②

在公开性问题上，罗尔斯的研究同样重要。《斯坦福哲学百科全书》"公开性"词条在后半部分专门研究了罗尔斯的公共理性和公共规则（public rule）概念。不过，词条作者戈萨雷斯（Axel Gosseries）对罗尔斯公开性问题的认识仅限于此，并没有看到罗尔斯政治哲学中丰富的公开性资源。罗尔斯明确提出一种公开的正义观念：每个人都接受、也知道别人接受同样的正义原则；基本的社会制度普遍地满足、也普遍为人所知地满足这些原则。③ 罗尔斯在《正义论》中提出的公开正义观念在《政治自由主义》中被更加明晰地以"充分的公开性条件"为名提出来，公开性在罗尔斯理论中获得了无比崇高的地位，它不仅是一种正义观念的必要前提，也是公共理性（Public Reason）和公开证成（Public Justification）的重要特征。④ 可惜的是，罗尔斯的这些观点没有被太多人重视，至今没有任何针对罗尔斯公开性条件的研究。学术界更多地在两个事关公开性的问题上展开争论。一是公共理性。美国学者查里斯·拉摩尔（Charles Larmore）从公开性角度对公共理性观念进行解读。⑤ 二是公共证成（Public Justification）。美国学者斯蒂文·沃尔（Steven P. Wall）发表了两篇关于

---

① Dilip p. Gaonkar and Robert J. McCarthy, "Panopticism and Publicity: Bentham's Quest for Transparency", *Public Culture*, Vol. 6, No. 3, 1994, pp. 547 – 575.

② James J. Marquardt, "Kant and Bentham on Publicity: Implications for Transparency and the Liberal Democratic Peace", The 102# Annual Meeting of the American Political Science Association, 2006.

③ John Rawls, *A Theory of Justice*, Cambridge, Massachusetts: The Belknap Press of Harvard University Press, 1971.

④ John Rawls, *Political Liberalism*, New York: Columbia University Press, 2005.

⑤ Charles Larmore, "Public Reason", *The Cambridge Companion to Rawls*, Cambridge: Cambridge University Press, 2003, pp. 368 – 393.

公开证成的论文，其中一篇直接研究罗尔斯的"透明化论证"（The Transparency Argument）。①

　　哈贝马斯没有专门研究过公开性问题，但从他的公共领域到交往行为理论，再到他的对话伦理，无不强烈地关注公开性。哈贝马斯在《公共领域的结构转型》中专门研究了公共领域的形成及转型问题，尽管哈贝马斯没有明说，但实际上，在他那里，公共领域就是公开领域，一个可以进行公开交流与对话的领域。哈贝马斯在谈及公共领域的政治功能转型时，提到了一种人为制造的公开性，即操纵的公开。政治学家和政治家一般直接把公开性作为民主政治的重要前提，而哈贝马斯却提醒人们，公开性也有可能被人为制造或操纵。② 哈贝马斯的交往行为理论认为，在规范层面，交往行为作为一种公开交流、沟通与对话模式，呈现出来的交往主义哲学视域代表了现代哲学的一种转向。③ 然而，哈贝马斯著作中的公开性并没有得到足够的重视，虽然有两位学者对哈贝马斯的公开性问题较关注。一个是美国学者利达·马克斯威尔（Lida Maxwell），他向西方政治科学协会（Western Political Science Association）2010 年年会提交《没有公众的公开：哈贝马斯公共领域的承诺及问题》（Without the Public?: The Promise and Problems of Habermas' Public Sphere）一文，明确指出，哈贝马斯对公共性的论证看起来倾向于公民本身，但实际上却追寻制度的公开性和透明。④ 另一个是香港科技大学教授阿根勒斯·古（Agnes S. Ku），他有两篇论文研究公共领域中的公开与秘密问题，其中一篇直接针对哈贝马斯公共领域理论中的公开性问题，⑤ 另一篇则研究了公共领域中政治的限度，其中提到了公开与秘密的一些具体形式，如泄露（leak）、暴露

---

　　① Steven P. Wall, "Public Justification and the Transparency Argument", *The Philosophical Quarterly*, Vol. 46, No. 185, 1996, pp. 501 – 507.

　　② ［德］哈贝马斯：《公共领域的结构转型》，曹卫东等译，学林出版社 1999 年版。

　　③ ［德］哈贝马斯：《交往行动理论·第一卷——行动的合理性和社会合理化》，洪佩郁、蔺青等译，重庆出版社 1994 年版。

　　④ Lida Maxwell, "Without the Public?: The Promise and Problems of Habermas' Public Sphere", Western Political Science Association 2010 Annual Meeting Paper, 2010.

　　⑤ Agnes S. Ku, "Revisiting the Notion of Public in Habermas's Theory—Toward a Theory of Politics of Public Credibility", *Sociological Theory*, Vol. 18, No. 2, 2000, pp. 216 – 240.

(*revelation*)、揭露（*disclosure*）等。①

三 政治学视野中的公开性问题研究

近些年来，世界各国政府大力提倡政府信息公开、政务公开以及"让权力在阳光下运行"，公开性问题更多地被视为经验问题，这些经验研究意在揭示各国政府信息公开或政务公开存在的问题并找到完善的对策建议，而对公开性的相关理论问题缺乏关注。不过，在欧美文献中，在政治理论视野中探讨公开性相关问题也成为一种趋势，这种探讨主要围绕如下主题展开。

一是公开审议问题。公开审议研究的兴起与西方国家审议民主的发展紧密相关，关于公开审议与秘密审议的争论至少可以被看成审议民主理论发展的一个方向。从脉络上看，公开审议有三种研究路向。第一种路向是支持公开审议。这种路向由两种论证组成，其一是后果主义论证。这种论证以迭亚哥·加贝塔（Diego Gambetta）和詹姆斯·D. 富侬（James D. Fearon）为代表。加贝塔考察了审议民主的四个优点，他认为，有效的审议能够影响决策的质量，同时，决策要有合法性，就必须建立在某种共识的基础之上，而审议是达成共识的最好的途径。② 富侬则从六个方面研究了审议的正当性和必要性，这六个方面都是从决策后果的角度提出的。③ 其二是道义论论证。这种论证以赛拉·本哈比（Seyla Benhabib）和伯纳德·曼宁（Bernard Manin）为代表。赛拉·本哈比将公开审议作为公共政策公正无私和具有强制效力的一种保证。④ 伯纳德·曼宁则坚持一种激进的自由主义立场，把公开审议建立在对个体主义的合法关怀之上。⑤ 第

---

① Agnes S. Ku, "Boundary Politics in the Public Sphere: Openness, Secrecy and Leak", *Sociological Theory*, Vol. 16, No. 2, 1998, pp. 172 – 192.

② Diego Gambetta, "'Claro!': An Essay on Discursive Machismo", *Deliberative Democracy*, Cambridge: Cambridge University Press, 1998, pp. 19 – 43.

③ James D. Fearon, "Deliberation as Discussion", *Deliberative Democracy*, Cambridge: Cambridge University Press, 1998, pp. 44 – 68.

④ ［美］塞拉·本哈比：《走向审议式的民主合法性模式》，载谈火生编《审议民主》，江苏人民出版社2007年版，第190—213页。

⑤ ［美］伯纳德·曼宁：《论合法性与政治审议》，载谈火生编《审议民主》，江苏人民出版社2007年版，第149—172页。

二种路向是反对公开审议，主要是以桑德斯（Lynn M. Sanders）和尚塔尔·墨菲（Chantal Mouffe）为代表。桑德斯借用熊彼特的观点指出公开讨论并没有导致公民智识和道德水平的提高，相反可能会导致公民在公共场合的肆无忌惮。① 尚塔尔·墨菲以哈贝马斯的审议理论为批判的对象，提出了竞争式的多元主义民主模式。② 公开审议的第三种研究路向是并不完全反对审议，而是思考公开审议和秘密审议的具体质量，从而倾向于秘密审议。

二是公开投票问题。随着代议制民主制度在西方世界的兴起，投票问题越来越成为政治学者研究的热点问题。不过，大部分学者并未花费太多的精力去研究投票的公开与秘密问题，他们理所当然地认为，只有无记名投票（秘密投票）才能保证选举活动良好运行。但是，仍然有不少人坚持公开投票，其中最典型的代表就是杰里米·边沁和约翰·S. 穆勒。边沁在《论投票》一文中专门对投票问题进行了研究，在第二部分中非常明确地提出，总体上看投票应该是公开的而不是秘密的，但是在某些情况下秘密投票是一个有用的选择。③ 约翰·穆勒对公开投票的支持比边沁更彻底，他在《代议制政府》中研究了投票的方法，指出投票的方法中最重要的问题就是公开或秘密的问题，在他看来，在政治性质的事务上，秘密投票是例外而不是常规，投票是责任而不是权利，因此，投票的义务，必须接受公众的监督与公众的批评。④ 边沁和穆勒（而不是他的父亲詹姆士·穆勒。穆勒一般就指约翰·穆勒。——编者注）对公开投票的支持态度在乔夫瑞·布瑞兰（Geoffrey Brennan）和菲利普·皮迪特（Philip Pettit）那里得到了继承，他俩合作完成《让投票公之于众》（Unveiling

---

① ［美］桑德斯：《反对审议》，载谈火生编《审议民主》，霍伟岸译，江苏人民出版社2007年版，第323—352页。

② ［美］尚塔尔·墨菲：《审议民主抑或竞争式的多元主义?》，载谈火生编《审议民主》，霍伟岸译，江苏人民出版社2007年版，第353—384页。

③ Jeremy Bentham, "Of Voting", *The Works of Jeremy Bentham*, Vols. 11, Vol. 2, Edinburgh: William Tait, 1843.

④ James Mill, "On the Ballot", *Political Writtings*, Cambridge: Cambridge University Press, 1992, pp. 225 – 267.

the Vote) 一文，表达了公开投票的设想。①

三是透明政治与开放政府问题。公开性问题还包括透明、阳光和开放的问题。美国学者丹尼尔·劳拉（Daniel Naurin）在她的博士论文《严肃地看待透明》（*Taking Transparency Seriously*）中对公开与透明进行了比较研究。② 当然，透明政治或政治透明化一直是政治领域重要的研究主题，透明是民主政治的重要原则，③ 也是国家间民主和平的重要保障。④ 开放是公开观念的代名词，很少有从哲学层面对开放问题进行的研究，C. 麦马洪（Christopher McMahon）。他在《加拿大哲学杂志》（*Canadian Journal of Philosophy*）发表《开放》（Openness）一文，从欺骗、撒谎等角度对开放性原则（the principle of openness）进行深入研究。⑤ 在政治学视野中，开放问题的研究对象多为"开放政府""开放社会"，如《布莱克维尔政治学百科全书》就有"开放政府"词条，但开放政府或开放社会很少在哲学层面上被研究。

四 秘密问题研究

秘密是公开的反义词，研究公开性问题不可避免地会谈及秘密问题。秘密问题是政治和道德哲学研究领域的重要话题，政治哲学传统中直接以秘密问题为主题的研究颇为丰富。另外，秘密观念有多种形式，如撒谎、欺骗、隐瞒、伪装等，这些形式在哲学伦理学领域获得了广泛的讨论。因此，总体看来，秘密问题的研究主要在两大领域展开。

第一大领域是政治哲学传统中的秘密问题。在西方政治哲学传统中，哲学家大致可以分为两派。一派以柏拉图、马基雅维利、西季威克

---

① Geoffrey Brennan and Philip Pettit, "Unveiling the Vote", *British Journal of Political Science*, Vol. 20, No. 3, 1990, pp. 311 – 333.

② Daniel Naurin, *Taking Transparency Seriously*, Sussex European Institute of University of Sussex, 2002.

③ Remo Bodei, "From Secrecy to Transparency: Reason of State and Democracy", *Philosophy and Social Criticism*, Vol. 37, No. 8, 2011, pp. 889 – 898.

④ Bernard I. Finel, "The Surprising Logic of Transparency", *International Studies Quarterly*, Vol. 43, No. 2, 1999, pp. 315 – 339.

⑤ Christopher McMahon, "Openness", *Canadian Journal of Philosophy*, Vol. 20, No. 1, 1990, pp. 29 – 46.

为代表，基于各自的立场为秘密或秘密形式进行辩护。柏拉图在《理想国》中区分了三种不同类型的谎言，即"真的谎言""嘴上的谎言"和"高贵的谎言"，其中，"高贵的谎言"才是柏拉图研究的重点，因为他认为高贵的谎言是统治者驯服被统治者的重要方式。① 直接支持柏拉图这一观点的学者就是美国当代有名的政治哲学史家列奥·施特劳斯（Leo Strauss）。施特劳斯在《城邦和人》中对柏拉图的"高贵的谎言"给予相当的同情。② 马基雅维利比柏拉图更直接地为秘密进行辩护，不过，马基雅维利的秘密不仅是谎言，还有欺骗、伪装、密谋等其他形式。在《君主论》中，马基雅维利告诫君王治国要讲究策略，这些策略包括掩饰、撒谎、欺骗、伪善、诡计等，用马基雅维利的话说就是，要像狮子一样勇猛，同时也要像狐狸一样狡猾。③ 而在另一篇论文《论密谋》（Of Conspiracies）中，马基雅维利分析了密谋产生的原因、密谋时危险存在的三个阶段以及逃离密谋的方式等。马基雅维利的密谋论既可以被看成对君王的政治箴言，同时也可以被看成为臣民制定的密谋策略。④ 英国功利主义学者亨利·西季威克则表达了他对诚实、谎言、独身、少数人的道德（esoteric morality）等秘密问题的看法，总体来看，他在对诚实与说真话持一般立场的同时，还认为独身、撒谎、秘密等也具有某种程度的合理性与正当性。⑤ 以康德、罗尔斯、阿伦特为代表的一些人基本上对秘密或秘密形式持否定态度。康德认为撒谎行为无疑是不能容忍的不道德行为，并将撒谎视为"对自己义务的完全违背"（a violation of a perfect duty to oneself）。⑥ 康德对"善良的谎言"的态度使很多人误解，康德被认为是彻底拒绝谎言的，但是英国哲学家阿伦·伍德（Allen W. Wood）认为，康德所谓的谎言是建立在宣称之上的，而宣称只有基于权

---

① ［古希腊］柏拉图：《理想国》，郭斌和、张竹明译，商务印书馆1997年版。
② Leo Strauss, *The City and Man*, Chicago：Rand McNally, 1964.
③ ［意］尼科洛·马基雅维里：《君主论》，潘汉典译，商务印书馆1997年版。
④ Niccolò Machiavelli, "Of Conspiracies", *The Historical, Political, and Diplomatic Writings*, Vol. 2, Boston：J. R. Osgood and Company, 1882.
⑤ ［英］亨利·西季威克：《伦理学方法》，廖申白译，中国社会科学出版社1993年版。
⑥ Immanuel Kant, *The Metaphysical Principles of Virtue*, Indianapolis：Hackett, 1983, pp. 431–493.

利与契约才有可能实现。① 罗尔斯在谈及公开性条件的三个层次问题时，对意识形态的虚构、欺骗性的制度、隐瞒等秘密问题表达了自己的观点。他认为，在公共政治生活中，不需要隐瞒任何事情。② 在《正义论》中，罗尔斯还探讨了孤独问题（isolation problem），在他看来，无论什么时候，个人在孤立状态下作出的决定的结果对每个人来说都比其他行为更糟糕。③ 汉娜·阿伦特明确地研究政治中的秘密问题，特别是政治谎言问题。阿伦特对政治谎言问题持有保守的立场，表现出对政治谎言的存在并不沮丧的心态。④ 但在《极权主义的起源》中，阿伦特将秘密警察、意识形态与恐怖等秘密统治行为看作极权主义政权的特点，她对极权主义政权的深恶痛绝表明了她对政治秘密的拒斥立场。⑤

第二大领域是秘密及其他形式。除秘密概念外，秘密观念有多种形式，如谎言、伪善、伪装、少数人的道德（esoteric morality）等，秘密及秘密的这些形式在政治学、政治哲学和道德哲学中经常成为研究的主题。秘密问题的研究主要有两条路径，一是秘密问题的经验研究。这一研究的代表成果有 J. 斯彼杰曼（J. Spigelman）在 1972 年出版的《政府秘密：澳大利亚的政治审查》（*Government Secrecy: Political Censorship in Australia*）、伊扎克·伽洛尔（Itzhak Galnoor）在 1977 年出版的《民主国家中的政府秘密》（*Government Secrecy in Democracies*）、詹姆斯·米歇尔在 1982 年出版的《秘密的政治：秘密政府和人们的知情权》（*The Politics of Secrecy: Confidential Government and the Right to Know*）、阿桑·塞哈雷斯（Athan G. Theoharis）在 1998 年出版的《秘密的文化：政府对人们的知情权》（*A Culture of Secrecy: The Government Versus the People's Right to Know*）。二是秘密问题的规范研究。美国学者伯利·L. 贝尔曼（Beryl L. Bellman）对秘

---

① Allen W. Wood, *Kantian Ethics*, Cambridge and New York: Cambridge University Press, 2008.
② ［美］约翰·罗尔斯：《政治自由主义》，万俊人译，译林出版社 2002 年版，第 72 页。
③ ［美］约翰·罗尔斯：《正义论》，何怀宏、何包钢、廖申白译，中国社会科学出版社 1988 年版。
④ Hannah Arendt, "Lying in Politics: Reflections on the Pentagon Papers", *Crises of the Republic*, New York and London: Harcourt Brace Jovanovich, 1972, pp. 1–48.
⑤ ［美］汉娜·阿伦特：《极权主义的起源》，林骧华译，生活·读书·新知三联书店 2008 年版。

密问题进行了哲学社会学意义上的研究，他通过比较秘密与隐私这两个概念，指出隐私属于个人的事且不需要交流，秘密则具有交流的意味，在现实中又是不能说的（do－not－talk－it），这样，秘密本身就是悖论。[1] 贝尔曼的研究指出了秘密概念的内在困境，但他没有将之置于政治学的语境之中，也没有看到民主政治中秘密与公开之间的困境，更没有为政治秘密的存在进行辩护。不过，丹尼斯·托普森（Dennis F. Thompson）、弗兰西斯·E. 劳克（Francis E. Rourke）和约迪·邓恩（Jodi Dean）进行了辩护。丹尼斯·F. 汤普森和弗兰西斯·E. 罗克同时看到了秘密与民主政治之间的冲突，[2] 约迪·邓恩则在《公开的秘密》一文中为政治秘密进行辩护。[3] 学术界对秘密的其他形式（如谎言、欺骗、伪装、隐藏等）进行研究，大致向三个方向展开，一是研究谎言与欺骗。谎言与欺骗是道德哲学领域常见的研究主题，很多学者对这一问题的研究都是对康德在谎言问题上的立场的回应，但这些研究大多局限在私人伦理生活方面而没有涉及公共政治生活领域。不过，现今学术界对公共政治生活中的撒谎与欺骗问题也进行了研究。西西拉·博克（Sissela Bok）于1999年出版《说谎：公共与私人生活中的道德选择》（*Lying: Moral Choice in Public and Private Life*）一书，对法律、家庭、医疗与政府中的谎言与欺骗问题展开研究。[4] 艾丹·马克兰德（Aidan Markland）在《政治理论中的谎言与欺骗》（The Genealogy of Lying and Deception in Political Theory）一文中，对政治理论谱系中的撒谎与欺骗问题进行了深入研究，涉及柏拉图、奥古斯丁、阿奎那、霍布斯、马基雅维里等政治理论家对谎言与欺骗的基本观点。[5] 二是研究隐藏与伪善。西西拉·博克（Sissela Bok）对不同形式的秘密展开过广泛研究，除撒谎问题

---

[1] Beryl L. Bellman, "The Paradox of Secrecy", *Human Studies*, Vol. 4, No. 1, 1979, pp. 1–24.

[2] Dennis F. Thompson, "Democracy Secrecy", *Political Science Quarterly*, Vol. 114, No. 2, 1999, pp. 181–193; Francis E. Rourke, *Secrecy and Publicity: Dilemmas of Democracy*, Baltimore: Johns Hopkins Press, 1966.

[3] Jodi Dean, "Publicity's Secret", *Political Theory*, Vol. 29, No. 5, 2001, pp. 624–650.

[4] Sissela Bok, *Lying: Moral Choice in Public and Private Life*, New York: Vintage Books, 1999.

[5] Aidan Markland, *The Genealogy of Lying and Deception in Political Theory*, Wesleyan University, the thesis for the Degree of Bachelor of Arts, 2012.

外，他还研究隐藏与揭露的伦理问题。① 约迪斯·希克拉尔（Judith Shklar）否定伪善，但实际上已经把伪善作为民主政治的内在需求。② 三是研究机密的道德（esoteric morality）。有两篇重要论文值得关注，一篇来自于拉扎里-纳德克（Katarzyna De Lazari - Radek）和彼得·森格（Peter Singer）的《后果主义的秘密：为少数人的道德辩护》，基于后果主义立场为西季威克的少数人的道德的观点进行辩护。③ 另一篇是本·艾格斯顿（Ben Eggleston）的《拒斥公开性条件：少数人道德的不可避免》（Rejecting The Publicity Condition: The Inevitability of Esoteric Morality），区分了公开性条件的三个版本，论证了少数人的道德的必然性。④

综上所述，学术界对公开性问题进行了大量研究，取得了丰富且具有启发意义的成果，这为本研究提供了重要的理论基础。但是，公开性问题的研究仍存在如下问题：一是中国学术界对这一问题的研究基本局限于政治科学、法学、公共管理等的经验层面，哲学规范层面的研究较少；二是西方学者从哲学层面对公开性问题进行的研究尽管不少，但多是对康德、罗尔斯、马基雅维利等哲学家的观点的回应，没有对公开性问题进行全面而系统的哲学省思；三是现有研究缺乏理论关照，学术界没有正视公开与秘密的正当性问题，以至于大部分学者理所当然地将公开性视为现代政治的重要前提，从而忽视了对公开与秘密关系的澄清，也就不能从根本上为公开与秘密的合理性论证提供依据。从哲学流变上看，现代哲学从主体性向交往主体性的视域转换，开启了现代哲学的新境域，也为伦理学的合理性基础论证提供了一个很好的视点。本研究从一种交往主体性的哲学立场出发对公开性问题进行全面而系统的研究，试图为公开与秘密的正当性论证找到依据——这无疑将是一个巨大的挑战。

---

① Sissela Bok, *Secrets: On the Ethics of Concealment and Revelation*, New York: Pantheon Books, 1982.

② Judith Shklar, "Let Us Not Be Hypocritical", *Daedalus*, Vol. 108, No. 3, 1979, pp. 1 – 25.

③ Katarzyna De Lazari – Radek and Peter Singer, "Secrecy in Consequentialism: A Defence of Esoteric Morality", *Ratio*, Vol. 23, No. 1, 2010, pp. 34 – 58.

④ Ben Eggleston, "Rejecting the Publicity Condition: The Inevitability of Esoteric Morality", *Philosophical Quarterly*, Vol. 63, No. 250, 2013, pp. 29 – 57.

第三节　交往合理性与本书的研究尝试

交往合理性（Communicative Rationality），即交往理性、交互合理性、交互理性，一般与交往共同体、交往主体性、交往主义等范畴同时出现。① 理解交往合理性，必须把握三个要点。一是交往观念代表了一种哲学转型，一种传统主体认知哲学向现代交往主体（主体间）哲学的转型，因此，交往合理性只有被置于整个人类哲学的发展视域之中才能得到理解。二是交往观念是两个或多个主体之间对等关系的表现，这些对等关系共同编织成一张交往之网，最终形成交往共同体，因此，交往合理性只有被置于交往共同体之中并从主体间对等的角度出发才能得到理解。三是交往观念依赖语言交流与论辩的证成逻辑，在这个意义上，交往合理性是一种论辩的合理性，它必须建立在主体间理性论辩的基础之上。基于此，我们可以将交往合理性理解成：在一个交往共同体内，每个成员以他人为出发点反观自身，进行理性的沟通、交流与辩论，在这一过程中，自我与他人处于同等地位。由此形成的哲学证成方式，我们称之为交往合理性，它构成了对传统主体认知合理性的超越。

交往合理性代表了现代哲学的一种转向，它源于现代哲学的两大重镇（现象学和语言哲学），以海德格尔—胡塞尔为代表人物的现象学和以后期的维特根斯坦为代表人物的语言哲学对交往主义的思考视域的形成做出了重要贡献。德国哲学家海德格尔对此在的生存论的分析打开了通往他人的路径，现象学大师胡塞尔更是明确提出交互主体性概念。胡塞尔对交互主体性的研究主要集中于《笛卡尔式的沉思》第五沉思《对作为单子论交互主体性之先验存在领域的揭示》和《生活世界现象学》第二篇《交互主体性的构造》，但是，胡塞尔的交互主体性是封闭的"自然意识"，并不是自我与他人沟通的境域。英国哲学家维特根斯坦对语言的逻辑形式

---

① 在中国学术界，由于对"communicative rationality"中"communicative"和"rationality"这两个词理解不同，学者们对"communicative rationality"的翻译较为混乱。一是将"communicative"译为"交往"或"交互"，二是将"rationality"译为"合理性"或"理性"。因此，"communicative rationality"就有四种不同的理解和翻译，即交往合理性、交往理性、交互合理性、交互理性。为了保证学术规范，笔者将"communicative rationality"译为"交往合理性"。

及语言与世界的关系进行了研究,但这种研究局限于语言本身,后期维特根斯坦则抛弃语言描述的逻辑标准,而代之以一种语言游戏的多元规则,从而为进入交往的世界提供了可能。

德国哲学家尤尔根·哈贝马斯是交往合理性理论的重要阐发者,通过对传统主体认知合理性的批判,他发展出了一种新的合理性概念,即"交往合理性"(communicative rationality)。在哈贝马斯那里,交往合理性完全不同于传统合理性,交往合理性首先把语言作为交往主体与世界发生关系的唯一连接物,主体之间进行沟通交流依靠语言,而且这种沟通交流必须遵循"对话伦理"的要求:只有全部参与实际对话并受该对话影响的人都认可的规范,才是有效的规范。[1] 根据哈贝马斯的对话伦理原则可以看出,哈贝马斯并不是真正地为了对话得以进行而制定一套规范,规范的最终目的在于使交往主体通过语言的沟通与交流达成共识。哈贝马斯从语用学出发,又不限于一般的语用学,而是把语言运用放入交往双方的对等关系中,这是哈贝马斯对交往合理性理论的巨大贡献。但是,哈贝马斯的对话伦理原则存在着两个致命的弱点。一是对话伦理的目的是共识的达成,而达成完全的共识在多数情况下是一种奢望。当然,哈贝马斯设置了一个理想的商谈情境,在这种情境之下,他乐观地相信,理性共识是可能达成的,但这种共识只是一种可能性而不是一种必然性。二是学术界有人把哈贝马斯的对话伦理称为"交往伦理学",将对话伦理原则上升到伦理与道德哲学的高度,这一点值得商榷。[2] 翟振明教授对哈贝马斯的交往合理性理论进行深入研究,发现哈贝马斯的交往合理性与话语伦理完全是形式主义的东西,缺少对人类生活价值和正义问题的考量。[3]

哈贝马斯并不是交往合理性理论的唯一阐发者,德国哲学家卡尔-奥

---

[1] Jurgen Habermas, *Moral Consciousness and Communicative Action*, Cambridge and Massachusetts: MIT Press, 1995, pp. 120 – 121.

[2] 中国学术界普遍将哈贝马斯的对话伦理称为"交往伦理学",认为哈贝马斯开创了一个全新的伦理学领域。参见龚群《道德乌托邦的重构——哈贝马斯交往伦理思想研究》,商务印书馆2003年版;胡军良《哈贝马斯对话伦理学研究》,中国社会科学出版社2010年版。

[3] 翟振明对哈贝马斯所区分的"道德问题"(moral questions)与"评价问题"(evaluative questions)进行了深入研究,指出哈贝马斯把评价问题等同于幸福问题。参见 Zhenming Zhai, *The Radical Choice and Moral Theory: Through Communicative Argumentation to Phenomenological Subjectivity*, Dordrecht: Kluwer Academic Publishers, 1994, p. 20。

托·阿佩尔和法学家阿历克西也对交往合理性理论进行了阐释。不过，阿佩尔谈论交往合理性的方法及语境与哈贝马斯相比很不同，阿佩尔主要做了两个方面的工作：一是从语言学和指号学的角度探讨了交往主义产生的理论缘起。维特根斯坦、皮尔士、乔姆斯基都是阿佩尔研究的对象，阿佩尔发现了不同于传统哲学的理论视域：以往的所有哲学和科学都不可避免地陷入了"方法论唯我论"的窠臼之中，主体间语言的沟通与交流是摆脱这种困境的唯一可能。二是他为所有科学（包括伦理学）找到了合理性存在的根基，那就是一个先验的交往共同体的存在。"主体间沟通乃是一切进入科学语言之构造中的约定的先验前提，……哲学和批判性社会科学的目标，只有随着无限交往共同体在社会自我维护系统的语言游戏中的实践上的实现，才能最终达到。"[①] 阿佩尔论证了一种交往共同体（合理性）的存在，但并没有对交往共同体中每个成员的辩谈行为进行具体研究，而法学家阿历克西则不同，他为法律论证提供了一系列规则，只有在这些规则的引导之下，法律辩论才可能进行，并最终达成正义。在论辩的实际操作方面，阿历克西似乎比哈贝马斯做得更多，但很明显，阿历克西对交往行为的理解没有上升到先验层面。

哈贝马斯把交往合理性与对话伦理看成达成共识的重要方式，阿佩尔把交往共同体看成所有科学的先验前提，阿历克西则把论辩应用于法律层面，但三人对交往合理性的研究都没有发展出建立在人性价值与生命关怀之上的哲学伦理。翟振明沿着三人的道路继续走，开辟了交往合理性研究的新领域。其一，通过本底抉择（To-Be-Or-Not-To-Be）把交往共同体中每个成员的论辩行为具体化了。哈贝马斯、阿佩尔和阿历克西对交往共同体中沟通或交流行为的实现制定了一系列规则或设置了理想的商谈情境，但他们没有具体设想在这样或那样的理想商谈情境中如何进行对话、沟通与交流。翟振明却对交往共同体中的每个成员进行最本底的拷问，在这种本底抉择中实现交往合理性。其二，本底抉择彰显了一个真正的人的本质，用翟振明的专有术语来说就是"人的度规"（Humanitude），[②] 这是翟

[①] ［德］卡尔-奥托·阿佩尔：《作为社会科学之先验前提的交往共同体》，载［德］卡尔-奥托·阿佩尔《哲学的改造》，孙周兴译，上海译文出版社1997年版，第206页。

[②] Zhenming Zhai, *The Radical Choice and Moral Theory*: *Through Communicative Argumentation to Phenomenological Subjectivity*, Dordrecht: Kluwer Academic Publishers, 1994, p. 86.

24 政治中的公开与秘密：一种交往合理性的辩护

振明对交往合理性理论最重要的贡献。在翟振明看来，交往共同体中每个成员的论辩行为不仅要达成共识，也要实现公正，更是从本底抉择与论辩行为中发现人之为人的根本以及生命的尊严与意义。你愿意继续参与交往共同体中的论辩，就表明你继续作为一个真正的人与他人共在，反之，当你不愿意参与论辩，这就表明你不想成为一个"真正的人"。其三，运用交往合理性解释虚拟实在与自然实在的本体对等性，并发展出了交往超越主义的理论视界。哈贝马斯与阿历克西分别把商谈伦理与论辩逻辑运用于政治与法律实践，翟振明的抱负更为远大，试图将交往合理性作为哲学思考的第一原则，在他看来，所有的哲学问题在交往层面才有可能恢复本来的面貌。

交往合理性是一种哲学证成方式。证成（justification）通常被认为是哲学思考的重要功能，它依赖人的理性而不是其他任何的东西。理性具有两种功能，一种是理性的自我确证，另一种是发现概念系统内的逻辑不一致。这样，通过自我确证和先验有效的逻辑规则，概念系统的无偏私的证成将成为可能。后现代主义者（如福柯与德里达）试图挑战理性的概念，却最终不可避免地失败，因为理性的另一面仍然是理性。[①] 传统主体哲学大讲理性，主张通过理性认知（自我确证）和逻辑推理来达到对行为或命题的证成，但这种证成势必陷入"方法论唯我论"[②] 的陷阱，知识（规则）的普遍有效也就不可能实现。不仅如此，传统主体哲学的理性是单向度的主体理性，是主体对客观世界的认识，最终形成的是"事实"，解决的是"是"（is）的问题，而没有触及"应该"（ought）问题。唯有交往合理性能够为哲学证成提供一种正确的思路，因为交往合理性有两重效

---

① 福柯和德里达等后现代主义者挑战理性概念，最终不能摆脱理性对理性的依赖，英国哲学家博伊恩在《理性的另一面》中研究了福柯和德里达对理性的基本态度。参见［英］博伊恩《福柯与德里达：理性的另一面》，贾辰阳译，北京大学出版社 2010 年版。哈贝马斯在批判传统主体理性时也提到福柯，指出福柯的确深入批判了主体哲学对人文科学的约束，福柯还试图以"权力"概念消除一切主体性，但福柯跟随海德格尔和德里达，抽象地否定了自我关涉的主体——他宣称人是不存在的。参见［德］哈贝马斯《现代性的哲学话语》，译林出版社 2004 年版，第 345—347 页。

② "方法论唯我论"是阿佩尔对传统主体哲学的总结，参见［德］卡尔-奥托·阿佩尔《作为社会科学之先验前提的交往共同体》，载［德］卡尔-奥托·阿佩尔《哲学的改造》，孙周兴译，上海译文出版社 1997 年版，第 171 页。

用：一是能够为知识（规则）提供一种普遍有效性（universal validity）。传统主体哲学的缺陷在于，只要依赖主体认知理性的引导，普遍有效性就不可能获得，也许对于一种观点（知识或规则），世界上所有的人都可能认可，但所有人认可并不能与普遍有效等同，而与此相反，交往合理性是通达知识（规则）普遍有效的唯一途径。二是能够顺利完成从描述性的"是"（is）到规范性的"应该"（ought）的转换。按照休谟原则，任何规范都不可能从事实那里推导出来，或者说，传统主体哲学不能完成从"是"向"应该"的转换。阿佩尔已经证明，交往主义为伦理学之合理性提供了基础论证，交往合理性具有从"是"向"应该"转换的内在特质，在这个意义上，交往合理性能够为一切哲学问题的证成提供合理路径。

交往合理性意味着，任何一门科学乃至任何一种思想和行为，如果离开了先验交往共同体的先行假定和预设，都不可能取得其应有的地位。因此，任何知识的有效性、道德的正当性和政治的正义性都必须进入对话层面，都必须进入交往合理性的视域中重新被检视。现在，我们要在交往合理性的语境之下，寻求公开与秘密的证成逻辑。

（1）政治公开的合理性基础。一方面，从哲学的角度对公开观念进行考察，这包括通过语义分析寻找公开观念的成立条件以及挖掘公开观念的实践内容。另一方面，我们把政治正义问题建立在合理性论证之上，然后对两种合理性（即认知合理性和交往合理性）进行比较研究，最终证明，交往合理性可以为公开观念的正义论证提供一种合理性基础。

（2）政治哲学传统中的公开与秘密。政治哲学传统中，柏拉图、马基雅维利和西季威克等人为秘密观念进行了辩护，而公开观念得到了亚里士多德、汉娜·阿伦特、霍布斯、穆勒、罗尔斯等更多人的支持。

（3）政治秘密的合理辩护。秘密观念表现为谎言、欺骗、隐瞒、伪善、少数人道德（Esoteric Morality）、秘密审议、秘密投票、密谋、反叛等形式，这些形式无疑都面临着严重的道德挑战，但是，一味完全否认秘密观念的道德价值注定会陷入独断论或方法论唯我论的境地，只有将秘密观念的所有形式置于交往合理性之上，秘密观念才能找到它的出路。

（4）政治公开的现实隐忧。公开观念在现实中表现为操纵的公开、夸张的公开、冷漠的公开、被迫的公开、限制的公开等多种形式，公开审议、公开投票等公开形式也面临着争论。一般而言，公开是现代民主政治的重要特征，但固执地认为公开即正义又过于天真。公开观念在现实中面临着巨大的隐忧，其根源在于认知合理性的理论视域，如果将形形色色的公开观念建立在交往合理性基础之上，必然能找到突围的出路。

（5）政治公开的交往合理性建构。哈贝马斯、阿佩尔、阿历克西等人的交往合理性视域为政治公开观念提供了重要支撑，翟振明的本底抉择使交往共同体真正运转起来，从而为政治公开观念的交往合理性建构提供了具体的路径。

从公开与秘密的正义困境到交往合理性的理论阐释，从公开观念的语义分析到公开观念的交往建构，自始至终，交往合理性都是本次哲学旅行的理论依靠。在交往合理性的意义上，公开性原则才能成为现代民主政治的重要原则，公开性条件才能成为政治正义的重要前提。因此，任何对交往合理性的拒斥，都将导致公开性问题哲学论证的坍塌。

第二章　政治公开的合理性基础

"从历史起源以来，意见和行动的合理性就是哲学研讨的一个论题。……哲学从一开始起，就试图用原理从整体上去解释世界，从现象的多种多样性去解释统一性。如果说过去的哲学学说有什么共同的地方，那就是他们都试图通过解释自身理性经验的途径，来思考世界的存在或世界的统一性。"① 那么，到底什么意味着人们在一定状况下进行了合理的行动，什么又意味着人们做了合理的表达或意见呢？可以说，这两个问题的答案，直接决定了知识、意见、行动的可靠性与有效性，在这个意义上，任何的人类知识和行动，都需要被追问其合理性基础和来源。公开作为一个重要的政治行动和意见，要使其规范、有效和可靠，有赖于合理性的奠基。

第一节　公开观念的哲学意涵

哲学研究的首要任务在于明晰概念。一般说来，概念的明晰有三种进路：一是概念释义与辨析；二是日常语言分析；三是词源学与哲学意涵的挖掘。公开观念的哲学研究明晰公开性的概念时，也应从三条路径展开：第一条路径为公开性概念的词典释义，再对公开性与公共性的概念进行比较分析；第二条路径是以日常语言为依托寻找公开性概念成立的条件，这种研究可以褪去覆盖在公开性概念之上的层层经验的遮蔽，从而为认识和理解这一概念提供了规范标准；第三条路径在哲学中追踪

---

① ［德］哈贝马斯：《交往行动理论·第一卷——行动的合理性和社会的合理化》，洪佩郁、蔺青译，重庆出版社1994年版，第14页。

公开性，重点对戴维·卢班（David Luban）、斯蒂汶·P. 沃尔（Steven P. Wall）等人关于公开观念的阐释进行探讨，挖掘公开性概念的哲学意涵。

一　公开性，不是公共性

"公开性"在英语中通常用"publicity"表示，该词在日常语言中被广泛运用，主要想表达阳光、透明、开放、让人知晓的意思，从而与隐私、秘密等词相对。在政治和经济生活中，政府信息公开、政治透明、市场透明、经济开放、让权力在阳光下运行等说法，就表达了"公开性"的意思。本来这一概念不论在何种语境中都没有太多歧义，但由于它与同根同源的"公共性"相互关联而使得其词义变复杂。

"公开性"与"公共性"亲缘关系最近，在英语中，都可用"publicity"表示。在当代西方政治哲学的语境中，"publicity"是一个关键概念。汉娜·阿伦特和哈贝马斯在这一领域获得丰硕的研究成果，这一概念愈来愈成为当今学界谈论的焦点。但令人费解的是，在中文学术界，我们看到的是关于公共性问题的大量讨论，而针对"publicity"的公开性意涵的讨论则寥之无几。在大量的翻译文献中，中文译者都将"publicity"译为"公共性"，尽管只有一字之差，但这势必窄化了西方学术语境中"publicity"这一概念的涵盖范围。根据《新英汉词典》的解释，"publicity"一共有三种释义：一是公开（性）；二是（公众的）注意、名声；三是宣传、宣扬，（向报界等散发的）宣传材料、广告。[①]很明显，"publicity"在词典里都只有公开性之意思，而与公共性无关。但是，反观与"publicity"同源的"public"一词时，"publicity"的公共性含义便浮出水面。《新英汉词典》对"public"一词列出了近二十种不同的用法，但大都可归为"公共（的）""公开（的）"、"公众"的意思，且尤偏重"公共（的）"。因此，将"publicity"在一定的语境中理解为公共性便变得理所当然。这样，表面看来，对"publicity"进行理解并不存在太大的困难，可根据不同的语境选择"公共性"或"公开性"的意涵。在大多数人看来，只有一字之差的

[①] 《新英汉词典》，上海译文出版社1981年版。

这两种释义基本上可以相互混用。但实际上，这两种释义的语境存在着很大的差别。

根据《斯坦福哲学百科全书》（Stanford Encyclopedia of Philosophy）"publicity"词条作者阿克瑟尔·戈萨雷斯（Axel Gosseries）的意见，"publicity"与私人（隐私）、秘密这两个概念相对（to privacy and to secrecy），即公共性与私人性相对应，而公开性与秘密相对应。[①]《现代汉语词典》对"公共性"和"公开性"的解释不同。"公开性"有两种意思：一是不加隐蔽，面对大家，跟"秘密"相对，如公开活动；二是使秘密的成为公开的，如这件事暂时不能公开。"公共性"的意思则更简单，即属于社会的，公有公用的，如公共卫生、公共汽车、公共场所和公共财产。词典为我们展现了公共性与公开性这两个中文概念各自所适用的语境。但遗憾的是，中文学术界和中文译界并没有领会到"publicity"这一当代西方政治哲学中的核心词汇在不同学术语境中所表现出来的不同倾向，而根据各自的喜好来使用或翻译"publicity"一词，并最终造成这一概念在使用或翻译上的乱象及困局。

将"公共性"和"公开性"进行比较，两者的日常意涵也有不同。公共性表示两个或多个主体共同构成的一个场域，而公开性则是指一个行为主体向其他对象做出的一种行为，这种行为的目的是让人知道某件事情或某种信息。在日常使用中，有很多相类似的语词可以被使用，与公共性相类似的有社会的、政治的和国家的，与公开性相类似的有透明的和开放的。公共性和公开性这两个概念的使用语境略有不同：只能用公共性或公共，如公共卫生；只能用公开性或公开，如公开表达自己的观点；两者可以混用，如公共活动或公开活动，有时尽管可以混用，但表达的意思却不尽相同。例如，"公共活动"表示的是多人共同参与的活动，"公开活动"侧重于表示此活动的公开性质，而并不强调此活动是否由多人共同参与。另外，作为一种行为方式，公开性一定有一个行为主体，例如"中国政府信息公开"，表明是中国政府实施的公开行为，而公共性则不可能作为一种行为方式出现，也就不可能有一个行为的主体。

---

① Axel Gosseries, "publicity", http://plato.stanford.edu/entries/publicity/, 2005.

在西方政治哲学传统中，公共性和公开性都有其特定的运用语境。公共性的语境为公共领域，其被使用以哈贝马斯和阿伦特为代表；公开性则更多地被置于政治正义或民主政治的语境之中，其被使用以康德、罗尔斯、边沁等为代表。总而言之，公共性和公开性这两个概念分别承担着各自不同的理论使命。

哈贝马斯和阿伦特是对公共性和公共领域研究中最成功的两位哲学家。哈贝马斯在其教授资格论文《公共领域的结构转型》中，对公共领域进行了堪称典范的阐释。哈贝马斯的公共领域是一个特定的历史范畴，即资产阶级公共领域，他以资产阶级公共领域作为典范，进行了历史和社会学意义上的追溯。哈贝马斯对古希腊的公共领域以及公共领域中的活动给予了由衷的赞美，也认识到代表型公共领域的出现及其没落最终为资产阶级公共领域的产生留下伏笔。在他看来，资产阶级公共领域在18世纪后才出现，私人在阅读日报等传播媒介时形成了一个开放并富有弹性的交往网络，然后通过私人社团、学术协会、阅读小组、共济会、宗教社团等机构自发聚集在一起。剧院、咖啡馆、沙龙等公共空间为他们的娱乐和对话提供了一种公共空间，这些早期的公共领域沿着社会的维度延伸，话题的焦点由艺术和文艺转向了政治，这种联系和交往网络最终形成处在市场经济和行政国家之间或之外的某种市民社会的基本要素，即公共领域。[①]
阿伦特则以行动概念为支点表达对公共领域的看法。在她看来，"行动，需要充分展现我们曾经称之为荣耀的闪光的辉煌，而这只有在公共领域才是可能的"。[②] 在这个意义上，私人领域没有行动，如果有也只能被称为活动（延续人类动物性存在的劳动和工作）。阿伦特将古希腊城邦作为观察对象，并把城邦生活和家庭生活当成公共领域和私人领域的最早雏形。在古希腊，城邦生活基于自由，而家庭生活则基于必需品。公共领域是自由的领域，而私人领域却是维持生计、不求超越或永恒事功的领域。公共领域与私人领域的对比，彰显出公共领域的重要性，"公共领域是为个性而保留的，它是人们能够显示出真我风采以及具有不可替代性的唯一一块

[①] [德]哈贝马斯：《公共领域的结构转型》，曹卫东等译，学林出版社1999年版，第32—67页。

[②] [美]汉娜·阿伦特：《人的条件》，竺乾威等译，上海人民出版社1999年版，第182页。

地方"①。

　　康德和罗尔斯的讨论对象多是公开性而不是公共性，他们将公开性看成政治正义的前提条件。康德在《论永久和平》附录二中提出公共权利的先验公设，即关系到别人权利的行为准则与公开性不相容，则是不正当的。② 中国学术界习惯性地将康德公设中的"publicity"理解成公共性，这其实是一种误解，实际上，根据康德原意以及上下文语境，只有将"publicity"理解成公开性，康德公共权利的先验公设才能被理解。③ 在公共权利的先验公设中，康德将公开性作为判断行为正当性的标准，在他看来，每一项权利的要求本身都包含有公开性这种形式，因为没有公开性，就不会有正义，正义只能被设想为可以公开宣告的。罗尔斯更加明确和详细地阐述了正义原则的公开性条件，他提出"正当观念的形式限制"，认为一种正当观念需要满足五项必备条件，其中第三个条件即是公开性：原初状态中的各方假定他们是为了一种公开的正义观而选择原则的，一个正当观念要遵循公开性的要求，而正义原则无疑首先应该符合正当观念。边沁则在民主政治特别是代议制的框架中讨论公开性，边沁认为，公开性的

---

① ［美］汉娜·阿伦特：《人的条件》，竺乾威等译，上海人民出版社1999年版，第32—35页。

② 康德公设的德文原文为"Die transzendentale Formel des ?ffentlichen Rechts lautet：Alle auf das Recht anderer Menschen bezogene Handlungen, deren Maxime sich nicht mit der Publizit?t vertr?gt, sind unrecht."英语学界对康德这一公式有多种不同的译文，例如，L. W. 贝克（Lewis White Beck）译为 All actions relating to the right of other men are unjust if their maxim is not consistent with publicity。参见 Lewis W. Beck (ed.), *Kant: On History*, Indianapolis: Bobbs-Merrill, 1957, p. 129。尼斯伯特（H. B. Nisbet）译为 All actions affecting the rights of other human beings are wrong if their maxim is not compatible with their being made public。参见 Hans Reiss (ed.), *Kant: Political Writings*, Cambridge: Cambridge University Press, 1991, p. 126。戴维·卢班（David Luban）译为 All actions relating to the right of other human beings are wrong if their maxim is incompatible with publicity。参见 David Luban, "The Publicity Principle", *The Theory of Institutional Design*, Cambridge: Cambridge University Press, 1996, p. 155。中国学者何兆武先生译为"凡是关系到别人权利的行为而其准则与公共性不能一致的，都是不正义的"。参见［德］康德《历史理性批判文集》，何兆武译，商务印书馆2005年版，第148页。李明辉译为"凡牵涉到其他人底权利的行为，其格律与公开性相抵牾者，均是不正当的"。参见［德］康德《康德历史哲学论文集》，李明辉译，台北联经出版事业公司2002年版，第220页。

③ 笔者将康德公设中的"publicity"一词理解为公开性而不是公共性，参见贺建军《康德的公开性公式厘析——兼就翻译问题与何兆武先生商榷》，《学海》2009年第4期。

目的是确保公众的信任，从而保证会议制度的提升，公开性原则是设置会议规则时最重要的法则。[①]

在政治哲学中，公开性和公共性有着紧密的关联，二者时常纠缠在一起。一方面，哈贝马斯和阿伦特意义上的公共领域同时也代表着一种公开的领域，是一个向所有公民开放的、由对话组成的、旨在形成公共舆论的、体现公共理性精神的、以大众传媒为主要运作工具的公共空间。另一方面，康德、罗尔斯和边沁意义上的公开性也意味着存在一种隐形的公共领域，这个领域由所有参与讨论公开性议题的人组成，他们进行着公开的活动。

不过，从形式上看，公共性和公开性有着各自特定的运用语境和理论使命，至少在与秘密、隐藏、隐蔽等概念相对的意义上，在民主政治、政治正义或制度设计的语境中，我们会选择公开性而不是公共性。

二　日常语言中的公开

如何是公开？或者公开如何可能？这些问题涉及对公开观念成立的基本条件的追问。表面看来，公开的概念清晰且明白，没有太多值得质疑的地方，但是，我们会发现，总有一些情形我们无法最终确定是否是公开的。比如，一件自然物品自古以来就被放在那里，我们都知道它的存在，这种情况是不是公开？在一般意义上，公开就是让人知道某件事情，这里的问题是，这件事情让多少人知道才算公开呢？一个？两个？一千个？或是一万个？更极端的情况是，某人就某件事情向所有人宣告，但事实上，最终没有一个人知道这件事情，该人只是有这个姿态，这算公开吗？这些问题都为理解公开或公开性的概念提供了入口。

首先，我们需要将公开性概念置于日常语言中。日常语言分析是哲学研究的一种重要方法，运用日常语言分析的方法对公开性概念进行内涵与条件的揭示，将有助于公开性概念的理解。在日常语言中，公开性主要出现在如下三种语言情境中：

①中国运动员李娜获得了澳大利亚网球公开赛的冠军。

[①] Jeremy Bentham, "Of Publicity", *The Works of Jeremy Bentham*, Vols. 11, Vol. 2, Edinburgh: William Tait, 1843.

②日本帝国主义发动公开的全面侵华战争。

③斯诺登向全世界公开美国的"棱镜计划"。

从语言上看，上述三种情境基本涵盖了公开性概念所要表达的意涵，第一种语境中，"公开"表示不限定参加者，业余的和专业的都可以参加，不同级别、年龄、种族、地域的人都可以参加；第二种语境中，"公开"表示一种完全不隐蔽、面向大家、面向世界的状态；第三种语境中，"公开"表示将事情的内容向所有人暴露，把秘密公布出来。在三种语境中，第二种语境和第三种语境下的"公开"略有不同，第三种语境中的"公开"是公开一种秘密的事情或信息，其语言重心在于公开的内容，而第二种语境中的"公开"没有强调公开内容是不是秘密的，而是想表明主体的一种态度，一种面向所有人的态度，其语言重心在于公开的主体。第一种语境中的"公开"意在表明公开对象不受限制，所有人都可以知晓并参加，其语言重心在于公开的对象。

尽管三种语境下的"公开"各有侧重，但准确理解公开性概念，至少要追问三个问题。第一个问题是，谁公开？这一问题的回答涉及公开的主体，若没有这一主体，即使每一个人都知晓某一事情，也不是公开。比如，只要稍有常识的人都知道坐落在法国巴黎的埃菲尔铁塔的存在，但这里谈不上公开还是不公开。当我们言说公开的时候，其实已经内在地预示了一个公开的主体。如果缺少这个主体，就会陷入一种概念扩大化的错误，相应地，如果我们承认缺少主体也可以构成"公开"，那么，我们就可以说世界万物都是向人类公开的，比如，我们知道的撒哈拉沙漠、美国密西西比河、中国的珠江三角洲等。其实，它们对于我们而言并不存在公开还是不公开的问题，它们只是很自然地呈现在那里。这个主体可以是某个人，也可以是某个机构、组织或部门，但不论哪一种主体，都必须具备公开的意图和能力。第二个问题是，公开什么？这一问题的回答涉及信息、行动、事件、过程等公开的内容。理论上讲，世界万物都可以成为被公开的内容，但严格说来，公开的内容与主体必须有一种关系，它是主体公开的东西，而不是其他什么东西，因此，只有那些与公开行为的施动者密切相关的东西才能成为公开的内容。第三个问题是，公开给谁？这一问题的回答涉及公开的对象。当具有公开的意图和能力的主体就某一内容做出公开行为时，需要有一个接收者。比如，政府官员在公开政府的相关信息时，他面对的一定是公众，以便让公众知道相关信息。但是，也可以设想这样一些情形：政府官员通过一定的方式向一片无人区域发布信息，或者政府官员明知他所面对的公众与他所要发布的信息毫无关联，如面对一群动物，故意面对一群完全不懂他所说的语言的公众。那么，这是否是公开？这些情形说明公开的信息与信息接收者没有关系，因此，这些情形下的公开是不成立的。

根据上述分析，我们有了对公开概念的大致认识，但是，这一概念仍然面临两种追问。第一个追问是，公开就是让人知道某个内容，到底让多少人知道才是公开？这里可以比较两种情况，一种是某人将他保守了多年的秘密全部告诉了他的朋友们，这些秘密内容也只有那些朋友关心。另一种是某人将他保守了多年的秘密只告诉那些与他交往密切的朋友，而没有告诉那些关系疏远的朋友。我们假定这两种情况下知道那些秘密内容的朋友在数量上完全一致。但第一种情况下某人的行为是公开行为，而第二种情况下某人的行为仍然是秘密行为。这两种情况的主要区别在于，第一种情况下行为主体从意图上有把某项内容告诉他所有朋友的欲望，而第二种情况下行为主体却故意只告诉了一部分人。因此，真正的公开要求公开的主体要有公开信息的内在意向，这种意向不是公开的意向，而是公开信息给接收者的意向。可以设想，政府官员通过一定的方式向公众发布相关信息，但最终公众完全不知道这些信息。在这种情形中，可能因为某种客观原因而最终致使某些信息未能被公众所获知，公开的主体已经完成了公开行为，因此这种情形已经完成了对相关信息的公开，尽管没有一个公众知道相关信息，但政府官员已经把公开的对象指向了公众。从这个意义上说，公开行为的成立与公开对象的多少没有直接的关系，而与公开主体的公开意图有直接关系。因此，只要公开的主体在实施公开行为的过程中指向某对象，哪怕最终公开的内容没有被对象所知，也应该把这种行为称为公开。第二个追问是，如果公开行为的主体将要公开的内容一个一个地告诉了所有人，这样，每一个人都知道了相关信息，但他们相互之间不知道别人知道，这算不算公开？我们断定，只要行为主体对与公开内容相关的对象有任何保密的意图，就不是公开。现在，行为主体对每一个人并没有保密的意图，但是，有两种可能依然存在。一是行为主体主观上有意识地要求所有朋友相互之间不得沟通,二是公开对象客观上造成了相互之间的不了解。实际上,不论是主观意图还是客观事实,都导致了公开的不成立。这个意义上讲,公开不仅要求每个人都知晓,而且要求每个人相互之间都知晓,最终实现所有人的普遍知晓。

三 公开:从让人知晓到相互讨论

日常语言为公开概念的规范理解提供了一种路径,但这种理解充其量只是形式上的,在这种理解下,公开性概念缺少实质性的哲学意涵。美国学者斯蒂汶·P. 沃尔(Steven P. Wall)在论证罗尔斯的公开证成(public justification)困境时对公开性概念进行了三个层次的阐释:第一个层次是,当一条信息被发布时,这条信息能达到那些所要到达的地方,但这条信息并没有被人理解,更没有被人认同,沃尔称其为"公开接收"(public accessibility);第二个层次是,当一条信息被发布时,这条信息不仅被它所要达到的每个人知道,更被他们理解,但这条信息能不能被那些人认同是不清楚的,沃尔称其为"公开理解"(public understandability);第三个层次是,当一条信息被发布时,不仅被人所知,更能被人理解,更重要的是,这条信息还能被所有人接受,沃尔称其为"公开接受"(public acceptability)。① 在沃尔看来,公开性意味着公开接收(public accessibility)、公开理解(public understandability)和公开接受(public acceptability),这种阐释有两种倾向:一是以公开对象为视点来看待公开,公开接收、公开理解和公开接受意在表明公开对象对公开信息的把握程度;二是将公开看成是公开主体向对象公开信息同时公开对象接收、理解和接受信息的单向公开,不涉及公开对象与公开主体之间的沟通、交流与互动。另一位美国学者戴维·卢班(David Luban)在考察政治制度设计问题时,把公开性作为设计一项政治制度时应该遵守的基本原则,他从三个方面考察了公开性概念:作为普遍知道的公开(publicity as general knowledge)、作为相互知道的公开(publicity as mutual knowledge)和作为批判性争论

---

① 斯蒂汶·P. 沃尔(Steven P. Wall)对公开性概念的三层意蕴进行了细致分析。参见 Steven P. Wall, "Public Justification and the Transparency Argument", *The Philosophical Quarterly*, Vol. 46, No. 185, 1996, pp. 501–507。

的公开（publicity as critical debate）。① 戴维·卢班（David Luban）对公开性的阐释不同于斯蒂汶·P. 沃尔（Steven P. Wall），在公开主体与对象相互争论的意义上理解公开，扩展了斯蒂汶·P. 沃尔（Steven P. Wall）单向公开的视野。

戴维·卢班（David Luban）的公开性研究无疑有很强的前瞻性和理论创新性。传统的公开被视为一种单向的公开，一种主体向公众的信息告知，或者是一种公众对信息的知晓。戴维·卢班（David Luban）将公开性从单向公开提升到相互争论的理论高度，无疑把我们带向了一个更高的境界，作为批判性争论的公开（publicity as critical debate）的提出，为我们重新思考公开观念的哲学意涵提供了重要帮助。顺着斯蒂汶·P. 沃尔（Steven P. Wall）和戴维·卢班（David Luban）的思考路径，我们尝试对公开性重新进行理解。

（1）进一步分析作为知道的公开（publicity as knowledge）。当公开行为发生时，公开主体让对象知道公开的信息，而公开的客体知道公开主体公开的信息，从而形成对这一问题的知识（knowledge），这就是"作为知道的公开"（publicity as knowledge）。② 戴维·卢班（David Luban）有作为普遍知道的公开（publicity as general knowledge）和作为相互知道的公开（publicity as mutual knowledge）的说法。③

对于作为普遍知道的公开，戴维·卢班用公式进行了表达：如果每个人都知道X，那么X是公开的。根据这一表达式，A、B、C都知道X，那么X对于A、B、C而言是公开的。这里会出现一种可能，A、B、C都知道X，但A、B、C相互之间有可能不知道对方知道。作为普遍知道的公开观念并不要求每个人都知道，对于那些因不愿意知道或地理、技术等原因导致某些人不知道的情况，公开行为同样成立。

对于作为相互知道的公开，戴维·卢班也用公式表达：如果每个人知

---

① David Luban, "The Publicity Principle", *The Theory of Institutional Design*, Cambridge: Cambridge University Press, 1996, pp. 155 – 169.

② "knowledge"一词本意为"知识"，这里为了说明"公开"这一概念的内在意蕴，译为"知道"，表示所有人知道某种知识或信息。

③ David Luban, "The Publicity Principle", *The Theory of Institutional Design*, Cambridge: Cambridge University Press, 1996, pp. 155 – 169.

道 X 并且每个人知道每个人知道 X，那么 X 是公开的。根据这一表达式，A、B、C 都知道 X，并且 A、B、C 相互之间都知道别人知道 X。因此，要做到某一信息的公开，除了每个人知道外，还应该做到相互之间也知道。

当我们把两个表达式综合起来并按照这样的思路进行下去的时候，"相互知道"（mutual knowledge）最终转化为"共同知识"（common knowledge），而只有对 X 形成一种共同的知识时，才完成完全的公开。例如，当我们在报纸上看到一则政治新闻时，我们可以设想每一个看报的人都知道此事，并且还会认为，每一个人都知道别人同样知道此事，并且最终认为，每个人都拥有对此事的共同知识。在这个意义上，公开性出现了向公共性转化的趋势，拥有共同知识的人们构成了一个公共的领域。

（2）进一步分析作为讨论的公开（publicity as consultation）。一般而言，公开是指将事情暴露给公众，或把秘密公布出来，让别人知道这件事情。但是，我们反思一下便可发现，如果将事情公之于众，而公众对于此事没有积极回应，那么，公开其实并没有真正实现。公开行为的真正实现要建立在信息被知晓的基础上，公开的对象要积极回应，公开行为的双方或多方相互之间要进行沟通交流，从而形成公开的辩论，在这个意义上，公开观念才能获得第二个层次的哲学内涵，即公开的辩论或公开的批判性的争论。戴维·卢班（David Luban）明确声称，公开性的政治意义在于公开争论（public debate）而不是消极的公共意识，……公开性不仅意味着相互知道，还意味着理性的公开争论。[①]

戴维·卢班（David Luban）在公开辩论的层面上对公开观念进行理解的做法明显受德国哲学家哈贝马斯的影响。哈贝马斯在《公共领域的结构转型》中声称，本来意义上的公开性是一种民主原则，这倒不是因为有了公开性后每个人都有平等的机会表达其个人倾向、愿望和信念，而是因为只有当这些个人意见通过公众理性的批判性争论（rational-

---

[①] 戴维·卢班把批判性争论作为公开性的基本内涵，为我们进一步研究公开观念的哲学内涵提供了借鉴和参考。参见 David Luban, "The Publicity Principle", *The Theory of Institutional Design*, Cambridge: Cambridge University Press, 1996, p. 170。

critical debate）变成公众舆论时，公开性才能实现。①哈贝马斯将这种理性的批判性争论（rational – critical debate）发展成一种交往行为理论和辩谈（或对话）伦理学（discourse ethics），即主体相互之间应进行沟通交流，而且这种沟通交流必须遵循"对话伦理"的要求：只有全部参与实际对话的人都认可的规范，才是有效的规范。②根据理性的批判性争论（rational – critical debate）和辩谈伦理的要求，哈贝马斯主张在现实政治生活共同体中运用商议性政治模式。

第二节 合理性与政治的正义

揭示公开观念哲学意涵只是为我们提供了研究公开性问题的入口，公开性问题研究的最终目的在于为公开性问题提供正当性与合理性论证。那么，合理性是什么，合理性有何哲学意味，合理性何以能够为政治的正义提供基础，合理性问题如何与政治正义问题衔接，这些问题的回答有助于我们找到正义问题的解决方案，并从根本上建立起公开与秘密的正当性问题的论证基础。

一 合理性及其哲学阐释

合理性是哲学领域里的一个重要范畴，合理性问题也是哲学领域里的一个重要问题，"如果说过去的哲学学说有什么共同的地方，那就是他们都试图通过解释自身理性经验的途径，来思考世界的存在或世界的统一性"③。但是，合理性问题一直困扰着哲学家们，这不仅因为合理性的概念与理性、有理性等概念有着千丝万缕的联系而导致概念问题上

---

① 笔者对托马斯·巴格（Thomas Burger）翻译的英文译本和曹卫东翻译的中文译本进行了比较，曹卫东在哈贝马斯此书的中文译本中将"publicity"译为"公共性"，笔者略作修改译为"公开性"。参见［德］哈贝马斯《公共领域的结构转型》，曹卫东译，学林出版社1999年版，第252页；Jurgen Habermas, *The Structural Transformation of the Public Sphere*: *A Inquiry into a Category of Bourgeois Society*, Cambridge: Polity Press, 1989, p. 219。

② Jurgen Habermas, *Moral Consciousness and Communicative Action*, Cambridge and Massachusetts: MIT Press, 1995, pp. 120 – 121。

③ ［德］哈贝马斯：《交往行动理论·第一卷——行动的合理性和社会合理化》，洪佩郁、蔺青译，重庆出版社1994年版，第14页。

的纠缠不清，更因为无法确定理论合理性或实践合理性、形式合理性或实质合理性等合理性类型。难怪美国哲学家拉瑞·劳丹（L. Laudan）惊叹："20世纪哲学最棘手的问题之一是合理性问题。"[①]

（1）分析理性（reason）、有理性（reasonableness）与合理性（rationality）。"合理性"在英语中通常用"rationality"一词，但英文中的"rationality"一词用途广泛，从词义上讲，它一般具有两重意蕴，一是理性，二是合理性。用作理性时，它与reason一词有关联，如果不过深地追究，这两个词几乎可以等同。用作合理性时，它就是to be reason，是"符合理性""成为理性"，指在认识、思想、交流或实践中按照理性的方式或行为模式行动。我们可以说，合理性就是符合理性。因此，我们要先理解"理性"的概念。

在西方哲学传统中，理性（reason）一直是哲学家们的重要研究对象，整个西方哲学史就是一部理性研究史。理性概念源于前苏格拉底时期的"逻各斯"（logos）和"努斯"（nous）两个概念，这两个词都可译为"理性"，但侧重点大不一样。"逻各斯"（logos）在希腊语中指"谈话""言说"，后引申为"规律""尺度"，后发展出"逻辑"一词。"努斯"（nous）在希腊语中指"灵魂""心灵"，在阿那克萨戈拉（前苏格拉底时期哲学家）哲学中，它指理性灵魂或理性心灵，既是知识和运动的源泉，也是世界万物和谐的安排者。由"逻各斯"（logos）和"努斯"（nous）发展出来的理性不仅指人的语言、思维或思想，还指宇宙万物本身的理性、生命的理性，这表明，理性在哲学上包含认识论和本体论两个方面的内容。在苏格拉底、柏拉图和亚里士多德那里，理性获得了更明确的形式。苏格拉底通过与他人辩论的方式形成知识，在他那里，理性就是辩论及其中的逻辑。柏拉图则在本体论意义上理解理性，世界万物都是"理念"的模本，在他看来，"理念"就是万物之理性。亚里士多德是西方哲学史上第一个对理性问题进行系统研究的人，他认为，理性是人类的高级能力，明确提出"人是理性的动物"的观点，强调理性是人所独有的一种能力。理性概念的古典解释在现代理性主义哲学家笛卡尔那里得到了进一步发展，在某种意义上，我们可以将

---

① ［美］拉瑞·劳丹：《进步及其问题》，刘新民译，华夏出版社1999年版，第122页。

笛卡尔的"我思故我在"看成亚里士多德的"人是理性动物"的另一种表达形式。不过,笛卡尔对理性的认识更彻底,他对知识普遍怀疑之后,只承认人类思维本身(即理性)的绝对地位,理性在笛卡尔那里得到了强化。德国古典哲学家康德不是纯粹的理性论者或经验论者,但他对理性问题的研究更深入,在《纯粹理性批判》中,康德通过对理性的批判为人类理性划定范围,超出理性范围的人类活动是自由的领域。康德将理性分为理论理性和实践理性,前者属于知识领域(即科学知识理性),后者属于行动领域(即实践理性)。康德之后,西方哲学从语言分析、现象学意向性等角度对人类理性问题进行了更深入的研究。西方哲学中的理性概念体现在三个层面上,即以知识为核心的理性、以行动为核心的道德和以至善为核心的信仰。

英语中的"reason"衍生出"reasonable"或"reasonableness",中文一般译为"有理由的""有理性"或"有理性的",在哲学、政治哲学、伦理学等学科领域中经常被使用,并且与"rational"或"rationality"有关联,这些概念在哲学上的区分比较重要。亨利·西季威克在《伦理学方法》第三章中明确指出,我们用"合理的"(Rational)——无论是道德意义上的合理还是审慎意义上的合理——行为指那些被我们判断为应当去做的行为,而把终极目的看作"为理性所规定的"。他认为一种错误的行为基本上可以被认定为不合理的,且能够论证其不合理性,诉诸理性是所有道德说服活动的主要内容。休谟认为,理性意味着判断,永远不是意志的动机。[①] 在西季威克那里,"合理的"或"合理性"(rational or rationality)与道德直接相关,是判断道德正当性的根据,而理性或有理性(reasonableness)则是论证行为正当性的主要内容。当代美国著名的政治哲学家罗尔斯在《政治自由主义》第二讲开篇就对"理性的"(Reasonable)和"合理的"(Rational)进行阐述,为了区分这两个概念,他举了一个通俗易懂的例子。假如人们在争论一个问题,"假如他们的协商立场都非常强硬,他们的提议是完全合理的,但却是很不理性的,甚至是很无

---

① [英] 亨利·西季威克:《伦理学方法》,廖申白译,中国社会科学出版社1993年版,第47页。

礼的"①。在罗尔斯看来，理性（reasonableness）是一种道德品质，"成为理性的这一品质既不是由合理的推导而来的，也不是与合理的相对立，但它与利己主义是不相容的，倒是与有道德地行动这一品质相联系"②。

哈贝马斯则对合理性问题提出了不同的见解，他先从生活常识出发，"我们可以把男人和女人、孩子和成年人、部长和公共汽车司机称为合理的，但是不能把鱼或紫丁香丛林、山脉、街道或椅子称为合理的。我们可以把原谅、迟到、外科手术、战争宣言、修缮、建筑计划或大会决议称为不合理的，但是不能把暴风雨、事故、中彩票或疾病称为不合理的"③。在哈贝马斯看来，合理性概念与知识有密切的关联，但合理性很少涉及知识的内容，主要涉及具有语言能力和行动能力的主体如何获得和运用知识的问题。哈贝马斯从两个方面进行阐发：从合目的的行动对命题知识所进行的非交往运用出发，人们的预断，便是带有自我理解倾向的认识工具合理性概念；从语言行动对命题知识所进行的交往运用出发，不同的参与者克服了自己最初的主观见解，这种合理性通过论证演说实现自愿联合和认可而得以确立。

（2）分析合理性的类型。合理性概念可以通过与理性、有理性的比较而明晰，也可以通过类型划分使理解深入。根据不同的标准，可以将合理性分为理论合理性和实践合理性，也可以分为形式合理性和实质合理性。

理论合理性（theoretical rationality），是指人类的信念、意见、知识在形成和运用过程中的逻辑一致性和内在贯通性，是以科学知识为核心的合理性。实践合理性（practical rationality）则是指人类实践过程中的逻辑一致性和内在连贯性，是以实践行动为核心的合理性。哈贝马斯说，有论据的论断和有效的行动，确实是合理性的标志。④ 有论据的论断和有效的行动分别意味着理论的合理性和实践的合理性。理论合理性和实践合理性在哲学史上早被区分了，可以追溯到亚里士多德那里。亚里士多德的《物理学》《形而上学》就是寻求理论合理性的努力，而他的《尼各马可伦理

---

① ［美］约翰·罗尔斯：《政治自由主义》，万俊人译，译林出版社2002年版，第50页。
② 同上书，第51页。
③ ［德］哈贝马斯：《交往行动理论·第一卷——行动的合理性和社会合理化》，洪佩郁、蔺青译，重庆出版社1994年版，第14页。
④ 同上书，第31页。

学》《政治学》则是寻求实践合理性的努力。自亚里士多德开始，理论合理性和实践合理性的分野，形成了西方哲学在合理性问题上的悠久传统。① 西方哲学史中第一个真正认识到理论合理性和实践合理性问题的人是康德，康德的《纯粹理性批判》和《实践理性批判》分别研究了理论合理性和实践合理性的问题。如果我们按照康德的意图——在认识世界的过程中为知性划定界限，在实践的过程中给欲望以应有的限制，使自己的行为符合道德法则——分别为理论理性和实践理性赋予合理性，那么，我们所理解的合理性就需要在两个方面符合理性：一是理论理性方面，使对世界的认识符合理性；二是实践理性方面，使自己的行为（行为的目的以及为实现这一目的所选择的途径、方式等）符合理性。在这个意义上讲，康德的两大批判（《纯粹理性批判》和《实践理性批判》）表面上是对两类理性（理论理性和实践理性）进行研究，实际上，他的主要目的在于竭力阐明这两大理性如何符合理性。

形式合理性（formal rationality），是指在论证理论知识的科学性和实践行动的正当性时，从前提到结论的判断和推理过程具有逻辑一致性和内在连贯性，它以知识和行动的论辩过程为核心。实质合理性（substantial rationality）则是为理论知识的科学性和实践行动的正当性提供有说服力的辩护，包括证据、条件、理由等，它以知识和行动的论辩本身为核心。形式合理性用英文"argumentation"表示，实质合理性则可以用"argument"表示。② 形式逻辑和数理逻辑都属于形式合理性，抛弃了合理性的

---

① 2004 年，Alfred R. Mele 和 Piers Rawling 编辑了一本很厚的《牛津合理性手册》（*The Oxford Handbook of Rationality*）。这本手册汇集了当代西方诸多哲学大家（如 Onora O'Neill、Gilbert Harman）的关于合理性问题的论文。这本手册分为两个部分，第一部分是合理性的本性（The Nature of Rationality），第二部分是特殊领域的合理性（Rationality in Specific Domains）。在第一部分中，那些论文大都围绕理论合理性和实践合理性进行研究，并指出了理论合理性和实践合理性是亚里士多德以来的哲学传统主题。参见 Alfred R. Mele and Piers Rawling（ed.），*The Oxford Handbook of Rationality*, Oxford: Oxford University Press, 2004. 当代美国著名哲学家阿拉斯戴尔·麦金太尔（Alasdair MacIntyre）以亚里士多德为起点，梳理了实践合理性从古代到近代的流变过程，参见［英］阿拉斯戴尔·麦金太尔《谁之正义？何种合理性？》，万俊人、吴海针、王今一译，当代中国出版社1996年版。

② 应注意区分 argument 和 argumentation。在日常使用中，两者都可译为"辩论""对话""论辩"等，但在哲学使用中这些译法侧重点不同。argument 指论辩本身，主要包括论辩的理由、有说服力的证据、论辩需要的一些条件，而 argumentation 则指论辩的过程。

实质要件和价值因素,只专注于科学知识的逻辑一致性和推理的正确性。当然,这种对逻辑一致性的追求也反映在人类实践行动领域中,人们遵循人类理性原则来论证行动的道德正当性,反映出一种形式合理性。伦理学称康德伦理学为"形式伦理学",就基于这个原因。康德要求论证人类行动的正当性时严格遵守绝对命令的形式,其他东西都不足以成为行动正当性的判别标准。实质合理性主要体现在政治哲学和道德哲学研究领域,合理性与道德、正义、自由等概念联系起来,就是在实质的意义上使用合理性。阿拉斯戴尔·麦金太尔的《谁之正义?何种合理性?》对亚里士多德以来实践行动领域的实质合理性传统进行了梳理。在当代哲学家中,罗伯特·诺齐克和希拉里·普特南是研究形式合理性和实质合理性的代表,诺齐克著有《合理性的本质》(*The Nature of Rationality*)一书,侧重于形式合理性的角度,[1] 而普特南则把合理性概念引入科学知识领域和价值领域。[2]

二 政治的正义:道德的抑或规则的?

正义问题是政治哲学研究的永恒主题,当然也是一个十分复杂的问题。至今,政治哲学领域仍未对正义问题形成统一的认识,有多少个政治哲学家,就可能有多少种不同的正义观念。不过,对正义问题的研究不外乎从道德和规则两个方向展开,形成了德性正义论和规则正义论。前者将正义理解成行动上的德性或美德,属于政治正义的古典主义路线,而后者将正义理解成事实上的规则或有效,属于政治正义的现代主义路线。[3]

(1)德性正义论是政治正义的古典思路。德性正义论将正义看成一种基本的德性或美德,是古希腊雅典时代盛行的正义观念,柏拉图和亚里

---

[1] Robert Nozick, *The Nature of Rationality*, Princeton, New Jersey: Princeton University Press, 1993.

[2] [美]希拉里·普特南:《理性、真理与历史》,童世骏、李光程译,上海译文出版社2005年版。

[3] 德性正义论和规则正义论分别属于古典主义和现代主义,这并不是说古典政治哲学没有对政治正义的规则有效性进行讨论,也不是说现代政治哲学没对政治正义的道德正当性进行研究。实际上,在古希腊柏拉图和亚里士多德的政治哲学中,也有在秩序、规则等方面对正义问题的讨论,而在罗尔斯、哈贝马斯的政治哲学中,德性问题也是研究的重点。因此,简单划分德性正义论和规则正义论可能有失偏颇。

士多德是其重要代表。20世纪80年代，西方社群主义兴起，标志着德性正义论在当代的复兴，特别是以麦金太尔为代表的社群主义者对亚里士多德伦理学进行重新解读以求重振美德伦理学，为当今政治哲学领域关于正义问题的争论注入活力。①

按照古典主义的思路，正义是一种善（good），善是所有事物的本性或自然，这就是亚里士多德所说的，"一切技术、一切规划以及一切实践和抉择，都以某种善为目标。因为人们都有个美好的想法，即宇宙万物都是向善的"②。这里包含两层意思：一是善是一种理想状态，是一种目标，而不是一种现实，现实中的所有事物是不完善的，而只有在理想状态下，所有事物才可能会达到完善，也就是说，善是所有事物的"应当"或应该（ought）；二是这种向善是所有事物的本性、本能或自然（nature），不需要以任何外界事物作为支撑和条件，事物自身就是一个向善的个体。因此，人在本性上也是向善的，善是人之为人的一种品质。在亚里士多德看来，人的至善需要到城邦中去寻找，离开城邦而谈人的善，则完全没有意义。在这里，亚里士多德把幸福称为最高的善，又由于幸福是一种完全合乎德性的活动，因此，人的善就是合乎德性的生活，若德性有很多种，则须符合那最美好最完美的德性，而且人的整个一生都需要合乎德性。在亚里士多德那里，德性是一种品质，一种优秀的品质，这种优秀的品质正好成为公正（正义）的内在目的性追求。公正是一切德性的总汇，亚里士多德引用谚语来表明他的立场，公正（正义）作为一种完全的德性，比"星辰更加令人惊奇"，正义不是德性的一个部分，而是整个德性。

亚里士多德把正义看成一种德性的观点在柏拉图政治哲学那里也得到了体现。③ 柏拉图在《理想国》中通过苏格拉底之口表达，一个城邦建立起来之后，就需要有足够的灯光来照明，而这灯光就是正义，这正义灯光照耀之下的城邦是善的，而城邦之善体现在智慧、节制、勇敢和正义四个

---

① 美国伦理学家阿拉斯戴尔·麦金太尔（Alasdair MacIntyre）复兴亚里士多德美德伦理学传统的努力主要体现在《德性之后》《伦理学简史》《谁之正义？何种合理性？》等著作中。

② [古希腊] 亚里士多德：《尼各马科伦理学》，苗力田译，中国人民大学出版社2003年版，第1页。

③ 柏拉图是亚里士多德的老师，作者的这种写法或许想超越时间，但不太符合逻辑。——编者注。

方面。因此,在柏拉图看来,正义是一种善,也是最重要的一种善。柏拉图把人分为统治者、被统治者、军人、工匠、护卫、奴隶、自由人、妇女等种类,而他所谓的正义则是"每个人都作为一个人干它份内的事而不干涉别人份内的事"。①

政治正义的古典主义思路将正义问题理解成德性和善,在柏拉图和亚里士多德那里,德性与善并不是指人符合德性和善,而是指人趋向于德性和善,这就表明,人在本质上是不完善的,如何达至完善成为柏拉图和亚里士多德考虑的关键问题。亚里士多德明确地说,人在本性上是政治的,这里的"政治的"与"孤独的"相对应,也就是说,人不能孤独地生活,人之为人一定要与父母、朋友、城邦中人生活在一起,这样人的价值才能得到显现,人的完善也才能得到表达。总之,在亚里士多德那里,人是不能离开城邦共同体而生活的,离开城邦的人,"他要么是一位超人,要么是一个鄙夫"。② 这样,亚里士多德就从个体的德性推导出了共同体的至善,从个体与共同体的关系角度来讲,他把共同体放在了个体之前,个体需要在共同体内才能实现自我。大体上看,柏拉图的结论与亚里士多德一致的结论,即理想国是各个不同层级的人(奴隶、自由民、统治者、被统治者)实现自身价值的场所,在柏拉图看来,任何个体,只要不遵守固有的阶层序列,就严重违背了理想国的正义价值。"每个人必须在国家里执行一种最适合他天性的职务"③,柏拉图将这句话作为国家建立的总原则。如此看来,无论是亚里士多德还是柏拉图,都认为个人的主体性价值是由共同体确定的,这样,个体的独立地位就被共同体抹杀了。

(2)规则正义论是政治正义的现代思路。柏拉图和亚里士多德都试图把人类对良善生活的追求和实现这一追求的必要基础(即美德或内在的品质)作为伦理学的中心主题,遮蔽了问题的本质。按照现代政治哲学的理论诉求和现实关照,一个组织良好的社会不仅需要个体德性的内在达至,更需要规范制度的保障。相应地,政治哲学中的核心问题(即正义问题)的解决也就不仅需要正义的美德和具有正义美德的人,它更需

---

① [古希腊] 柏拉图:《理想国》,郭斌和译,商务印书馆1997年版,第154页。
② [古希腊] 亚里士多德:《政治学》,颜一译,中国人民大学出版社2003年版,第4页。
③ [古希腊] 柏拉图:《理想国》,郭斌和译,商务印书馆1997年版,第154页。

要某种规范原则的考量,也就是说,正义问题绝不只是一种对内在品质的探讨,更应该是对某种秩序与规则的追寻。

从规则入手讨论正义问题是现代政治哲学的基本思路,霍布斯、洛克、马基雅维利都持这种思路。20世纪70年代,以罗尔斯为代表的政治哲人企图恢复契约论传统,寻求一种正义规则的制定,这种对正义规则有效性的追寻日益成为当今政治哲学的主题。与古典政治哲学的德性正义论相比,现代政治哲学倡导的规则正义论在三个方面发生了根本性转变:一是从人性向理性的转变;二是从理想性向现实性的转变;三是从共同体优先向个体优先的转变。

近代启蒙哲学以理性为重要标志,理性作用于制定规则和安排秩序,这与传统政治哲学以人性为基点而崇尚美德的逻辑根本不同。作为现代政治哲学的奠基人,[1] 马基雅维利从根本上改变了传统政治哲学的人性视点,而将君主统治秩序建立在理性原则之上。"君主必须是一头狐狸以便认识陷阱,同时又必须是一头狮子,以便使豺狼惊骇"[2],这句箴言完全抛弃了道德人性,而求诸人的理性。尽管马基雅维利并没有论证理性在君主统治中的重大作用,但他对君主的告诫实际上就是理性的一种运用。在诉诸理性的问题上,霍布斯比马基雅维利更直接,他区分了人性的两种原则,即激情与理性,并且认为,从野蛮和孤独的战争状态过渡到文明而合群的和平状态靠的就是理性的调节力。如此,霍布斯依靠理性而建立起了走向人类和平、秩序与稳定的社会契约,社会契约成了现代政治哲学从规则有效与秩序合理性角度寻求社会正义的有力工具。

现代政治哲学立足现实,寻求政治正义的现实解决之道,这与传统政治哲学设定的遥不可及的至善目标形成了鲜明的对照。现代政治哲学的现实性与传统政治哲学的理想性大相径庭。亚里士多德认为人性向善,而不

---

[1] 列奥·施特劳斯在其所著的《政治哲学史》中把马基雅维利看成现代政治哲学的奠基人,参见[美]列奥·施特劳斯、[美]约瑟夫·克罗波西主编《政治哲学史》(上),李天然译,河北人民出版社1998年版,第324页。不过,他同时也认为霍布斯是"近代政治哲学的创始者",参见[美]列奥·施特劳斯《霍布斯的政治哲学》,申彤译,译林出版社2001年版,第2页。施特劳斯意义上的"近代"和"现代"其实是同一个时代,而在政治哲学史上,对于谁是近代政治哲学的奠基人,至今没有定论。

[2] [意]尼科洛·马基雅维里:《君主论》,潘汉典译,商务印书馆1997年版,第84页。

是人性本善，善是亚里士多德给个体设定的理想目标。但是，马基雅维利却视政治现实为目的，而把理性算计作为达到这一目的的手段。① 因此，美国著名的政治史家乔治·萨拜因（George H. Sabine）说，马基雅维利是一个真正的经验主义者，他的思想是从广泛的政治观察中和对政治史更加广泛的阅读中得来的。② 霍布斯、洛克等契约论者没有像马基雅维利那样遵守某种"普遍的利己主义"原则，他们的社会契约的缔结遵循的是"合理的自我保护"原则，这种自我保护的现实主义路径直接导致了霍布斯的利维坦并不是专制主义的代表，也直接导致了洛克把公众福利或权利作为政治权力的最终旨归。

柏拉图和亚里士多德等古典政治哲学家以个体德性为起点，推导出共同体才是个体完美德性（至善）得以实现的条件。在古典主义者那里，个体什么也不是，只有在共同体中才会有至善的可能，也正是在这个意义上，传统政治哲学中没有"自我"概念。现代政治哲学则否定传统共同体优先于个体的逻辑，将个体置于共同体之上。如果说这一点在马基雅维利那里还不是很明显的话，那么在霍布斯、洛克等社会契约论者那里则有直接体现。自然状态中，所有人通过同意，订立契约，建立政府，组成公民社会——社会契约的推导过程明显地将个体的同意放在优先地位，没有个体的同意，就不会有契约，也就不会有政府和公民社会，并且，经过契约而成立的政府和国家处于法律和所有公民的监督中。

近代政治哲学的逻辑原点是个体以及个体的理性，于是，正义问题就外化为个体如何运用理性制定规则和安排秩序的问题，在他们那里，共同体的正义不是道德德性，而是事实规则，这些规则包括抽象的规范性正义原则，也包括具体的法律规章制度。而共同体中的个体，遵守其中的规则和秩序就是正义，否则，就是不义。

---

① 马基雅维利关注政治现实但并没有完全抛弃道德。当代美国著名的政治史家乔治·萨拜因（George H. Sabine）说，马基雅维利的世俗主义同具有自然主义色彩的亚里士多德主义可能有着某种联系。马基雅维利从不避讳谈道德，却直接指责来世的基督教道德。因此，马基雅维利对道德的漠不关心并不代表他没有道德观念，实际上，不管他自己是否承认，他对君主统治的谏言是建立在普遍的利己主义之上的。参见［美］乔治·霍兰·萨拜因《政治学说史》（下册），［美］托马斯·兰敦·索尔森修订，刘山等译，商务印书馆1986年版，第395—402页。

② ［美］乔治·霍兰·萨拜因：《政治学说史》（下册），［美］托马斯·兰敦·索尔森修订，刘山等译，商务印书馆1986年版，第406页。

三 政治正义的合理性奠基

美国当代著名伦理学家阿拉斯戴尔·麦金太尔（Alasdair MacIntyre）在《谁之正义？何种合理性？》中指出，假如引导我们行为的标准是合理性的标准，我们会接受哪一种系统中的正义解释是十分自然的事。因此，要了解什么是正义，我们必须首先了解实践合理性对我们的要求是什么。[①] 麦金太尔勾勒出了正义与合理性之间的关系，即正义问题的探究要以合理性为基础。

（1）分析正义问题解决的局限与缺陷。政治哲学从一开始，就试图为政治现象的多种多样性提供正义的解释框架，但正义理论的解释从来没有达成过一致与共识。政治哲学大都试图从一些具体的情形中抽象出一些合乎人们思维的正义原则，导致有一百个政治哲学家，就有一百种完全不同的正义判断。关于正义的探究大致存在如下倾向：

其一，以往的正义理论大都在自己的地盘上开展工作。每一位政治哲学家在阐述自己的正义理论时，都出于自身的立场，当面对他人进行反驳时，也会找出大量的证据和材料为自己的正义观点辩护。诚如麦金太尔所言："在这种有关特殊类型问题的判断之广泛多样性的背后，乃是一组相互冲突着的正义概念，这些正义概念相互间在许多方面都处于鲜明的对峙之中。有些正义概念把应得概念作为中心概念，而另一些正义概念则根本否认应得概念与正义概念有任何相关性，有些正义概念求助于不可转让的人权，而另一些正义概念却求助于某种社会契约概念，还有一些正义概念则求助于功利标准。"[②] 在自己的地盘上开展正义问题的探究，将会陷入自说自话的境地，他人概念永远不能进入正义问题的视野。

其二，以往正义理论大都在历史与多样性中展开叙事。传统的对正义问题的判断总会陷入两种情境：一是历史情境，任何有关正义的探究都有其历史传统，也就是说，正义问题的论证在本质上是历史的；二是正义的多样化，即存在着多种正义而不是一种正义。迈克尔·沃尔泽曾

---

① ［美］阿拉斯戴尔·麦金太尔：《谁之正义？何种合理性？》，万俊人、吴海针、王今一译，当代中国出版社1996年版，第2—3页。

② 同上书，第1页。

言:"正义是一种人为建构和解释的东西,就此而言,说正义只能从惟一的途径达成是令人怀疑的,……正义原则本身在形式上就是多元的;社会不同善应当基于不同的理由、依据不同的程序、通过不同的机构来分配;并且,所有这些不同都来自对社会诸善本身的不同理解——历史和文化特殊主义的必然产物。"① 在麦金太尔看来,正是由于当代道德论证的多元化和它们固有的历史起源多样性,重释其历史传统的来龙去脉才是从根源上解决分歧的惟一途径。麦金太尔的解决方案方向跑偏了,以重释历史来化解正义的历史困境,势必会陷入一种历史主义的循环。

其三,以往的正义理论颠倒了正义与合理性的逻辑顺序。有哲学家认为,单纯的合理性并不能充分地证明正义原则的正当性,因为合理性出自选择者的公正选择,公正(正义)比合理性更为根本。② 正义原则被制定出来后,符合正义原则的才具有合理性,不符合正义原则的就不合理,这是政治哲学家们的常识性观念。但是,正义原则的推导必须符合某种合理性概念才能成功,正义的道德只有"作为一种合理性的约束从合理选择的无道德前提中才能产生出来"。③

(2)交往合理性为正义问题奠基。从德性正义论到规则正义论,对正义的理解绝不只是一种对外部客观秩序或规则的了解,也不只是一种对人之主体的内在美德的依赖,正义问题的探寻离不开人之主体理性(合理性)。然而,麦金太尔也看到,关于一般实践合理性之本性和特殊实践合理性的种种争论,显然和有关正义的争论一样是多方面的和错综复杂的。也就是说,理性或合理性论调本身并不能为政治正义问题的解决提供应有的方案,因为它存在着和正义问题同样的困境和分歧,因此,我们必须寻找解决这些困境和分歧的方法,发展出一种普遍的、能够为所有人接受的合理性标准。

正如哈贝马斯所言,从康德开始,现代性的哲学话语中一直就存在着一种哲学的反话语,从反面揭示了作为现代性原则的主体性——以主体为

---

① [美]迈克尔·沃尔泽:《正义诸领域:为多元主义与平等一辩》,褚松燕译,译林出版社2002年版,第4页。

② John Harsanyi, "Morality and the Theory of Rational Behaviour", *Utilitarianism and Beyond*, Cambridge: Cambridge University Press, 1982, pp. 56–62.

③ David Gauthier, *Morals by Agreement*, New York: Oxford University Press, 1986, p. 4.

中心的理性，即主体理性。在哈贝马斯看来，要走出主体理性或主体合理性的困境，"就必须从意识哲学范式转向交往范式"，因为只有这样才能彻底解决主体认识合理性的困境，才能消除穷竭意识哲学的症候。① 交往合理性承认人在生活世界中按照一定的规则，通过语言进行交流。主体是语言交往的主体，是主体间的主体，而非一个仅仅面对客观世界的主体。主客体间的关系变成了主体间性的关系。在这种主体之间的语言交往中，哈贝马斯特别指出语言交往应符合三个规则：真实性、规范性和真诚性。在这三个前提下，语言交往才不是虚假的骗局，才符合大家共同遵守的规范，才有严肃性和认真性。只有这样，交往才能进行，共识才能达成，理性才得以被贯彻，生活世界的殖民化才能被摧毁，和谐一致、其乐融融的团结社会才能建成。

首先，交往范式将自我与他人纳入一种共同的视景，从而摆脱了孤独自我的主体视域局限。如果我们认为以沟通为取向的行为模式是成立的，那么认知主体针对自身以及世界中的实体所采取的客观立场就不再拥有特权，相反，交往范式奠定了互动参与者的完成行为立场，互动参与者通过就世界中的事物达成沟通而把他们的行为协调起来。交往范式重构了自我与他人的关系，主体性之自我将他人作为认识与关涉的对象，而交往主体性则自由转换自我与他人之间的关系，他人不再是主体性之自我的统摄对象，而是同时作为自我的他人。诚如哈贝马斯所言，一旦自我做出行为，而他者采取了相应的立场，他们就进入了一种人际关系。这种人际关系是由言语者、听众和当时在场的其他人所具有的视角系统构成，这些视角相互约束、相互作用，并在语法上形成了一种相应的人称代词系统。不管是谁，只要经过这个系统的训练，就能学会用完成行为式的立场来接受第一人称、第二人称和第三人称的视角，并使这些视角相互转换。② 在自由平等的参与者所参与的具有包容性和非强制性的合理辩谈的语用学预设下，每个人都要兼顾别人的视景，并把自己纳入对别人的自我和世界的理解中。一种理想化的、扩展了的我们—视景就从这样一种视景连锁中显现出

---

① ［德］于尔根·哈贝马斯：《现代性的哲学话语》，曹卫东等译，译林出版社2004年版，第346—347页。
② ［德］于尔根·哈贝马斯：《现代性的哲学话语》，曹卫东译，译林出版社2004年版，第347—348页。

来。从我们—视景出发，人们共同检验他们是否想让一种尚存争议的规范成为他们共享实践的基础。①

其次，交往范式将有效性声称（valid claim）作为论辩的普遍基础，从而超越了正义的历史与多样性语境。在日常生活中，人们在相互交流时，有时为了说明某个观点的正确性，会引用一些案例，或者找出一些能够支撑这种观点的理论证据。在这种情况下，可能不同的人会因为不同的背景引用不同的案例或找出不同的理论依据来论证这个观点，这样就会导致某种理论上或事实上的不一致，从而使这个观点不具有普遍性，也就不可能具有有效性。但在交往范式中，每个人都会针对论辩的问题提出相应的论断，为使论辩得以进行，这些论断必须能够得到普遍认可或接受，从而成为共同的规范。在交往共同体中，每个成员的交往理性不以具体的案例或特别的理论来寻求某种理论上的确证，而是以有效性声称为唯一依据。交往范式下的有效性声称是普遍性声称和诉求，它超越了特定的历史情境以及多样的社会领域，因而能够规避以往正义理论的历史与多样化语境，从而为正义问题的探究提供一种合理性基础。

总之，可以肯定的是，关于正义的断言一定是一种有效性断言（validity claim），而一种有效性断言在句法上就不允许与其相冲突的断言同时成立。在有些学者看来，正义理论似乎可以多元并立，但任何一个正义理论的建构者不可能承认与其理论相反的正义理论也同样成立。因此，正义问题实质上是一个合理性问题，一个在沟通、交往与论辩意义上的合理性问题。

第三节　公开、秘密与两种合理性

正义问题的回答需要回溯到合理性上来，但是，不论理性还是合理性，也不论理论理性（理论合理性）还是实践理性（实践合理性），它们

---

① ［德］哈贝马斯：《理性公共运用下的调解——评罗尔斯的〈政治自由主义〉》，载［美］罗尔斯等《政治自由主义：批评与辩护》，万俊人等译，广东人民出版社2003年版，第26页。

都面临着两种不同的解释路径：认知的（Cognitive）还是交往的（Communicative）？认知合理性（Cognitive rationality）还是交往合理性（Communicative rationality）？当然，只有在交往范式中，政治正义的论证才会找到合理性根基，而主体认知合理性则难以承担政治正义的合理性论证。因此，将公开和秘密分别置于主体合理性和交往合理性之下，便可获得政治公开与秘密的正义依据，也能发现公开与秘密的不正义的理由。

一　主体合理性或交往合理性

从哲学上讲，近代哲学自笛卡尔始，便确立了理性的思维原则。笛卡尔对所有的知识进行批判和质疑，最后得到一个确定不疑的东西，那就是"我思"，"我思故我在"，"我思"意指我正在思考，如何思考，运用什么工具，在笛卡尔那里工具当然指的是理性，这样，笛卡尔就从理性的"我思"出发证明了我的存在并由此也证明了整个世界的存在。笛卡尔的哲学方法认为，人类知识来源于理性推理，而理性推理必须确立一个第一原则，从这个第一原则出发才能实现对所有人类知识的认识。笛卡尔之后，欧洲哲学传统中持同样观点的最典型的代表是斯宾诺莎和莱布尼茨，他们和笛卡尔一样认为，原则上所有的知识都可以通过理性推理获得。笛卡尔、斯宾诺莎和莱布尼茨等理性主义者对世界的认识与解释基于完全的主体合理性，在这个意义上，我们才说笛卡尔开创的西方理性主义传统从主体认知的角度去理解认识和理解世界，主体合理性属于认知合理性的范畴。

几乎与理性主义同时出现的欧洲经验主义却从不同的角度去认识世界，他们认为，人类的思想和观念来源于经验，人们通过对经验的直接感知来获得对世界的认识。英国哲学家洛克的"白板论"（tabula rasa）符合经验主义的解释，洛克认为人的心灵就像一张白纸，外界感觉材料被人感知后，在人的心灵里留下痕迹，这样也就产生了对世界的知识。表面看来，经验主义和理性主义思考问题的方式不一样，理性主义强调理性的第一原则，而经验主义则强调实际经验和感觉，但实际上，它们都从认知理性（合理性）维度去认识和理解世界。

康德似乎看到了经验主义和理性主义的困境——理性主义的第一原则没有根基，而经验主义根本就不能完成从感觉经验到先天知识的转变。康德清醒地认识到，理性主义的根基不稳和经验主义的先天知识缺乏必然性都是由主体认知理性（用主体去认识客体）造成的，于是，他试图调和理性主义和经验主义，主张用客体来符合主体。康德敏锐地看到认知理性（合理性）给理性主义和经验主义带来的灾难，但是，当用客体去符合主体从而形成主体对客体的认识时，康德的解释仍然是认知理性（合理性）的。

单一主体对世界的认识和实践符合认知合理性的解释路径，但是，当主体有两个及两个以上时，不论是理性主义、经验主义还是康德哲学，都不能给出合理的解释。不同的主体在认识同一问题时，很有可能会提出各自不同的合理性解释。因而，这里的合理性就面临合乎谁的理性更合理的问题，最终导致完全的混乱和不合理性。哈贝马斯看到了这种认知工具合理性的缺陷，为诠释合理性概念提供了一种新思路。

> 如果我们从语言行动对命题知识所做的交往运用出发，我们所做的预断，就有利于与近代逻各斯观点相联系的进一步的合理性概念。这种交往合理性概念本身表明，合理性归根结蒂就是通过论证演说促使自愿联合和获得认可的力量中心经验。通过吸取这种中心经验，不同的参与者克服了自己最初仅仅是主观的见解，并且借助合理地鼓动起来的信念的共同性，同时也借助客观世界的统一性，以及他们自己生活联系的内在主观性而得到确立。①

哈贝马斯通过先验语用学的分析寻找到交往合理性的概念，这种交往合理性完全不同于主体工具合理性，它对交往沟通过程中论辩参与者的主体性进行重新认定——一个合理的合理性概念不仅需要将人视为具有主体性的理性存在者，而且要让我们意识到这种主体性不是原子式的而是交往的。哈贝马斯将合理性分为三种，即认知合理性（epistemic rationality）、目的合理性（teleological rationality）和交往合理性（communicative rationality），其中，认知合理性是主体对世界进行认识的合理性，目的合理性是主体为了特定目的而进行的某种行为的合理性，而交往合理性则是在交往共同体内主体间达成共识的合理性。

---

① ［德］哈贝马斯：《交往行动理论·第一卷——行动的合理性与社会合理论》，洪佩郁、蔺青译，重庆出版社1994年版，第25页。

哈贝马斯的交往合理性概念在阿佩尔（Karl-Otto Apel）那里得到了响应。同样，阿佩尔依据语言先验解释学或先验语用学的线索制订出一套改造哲学的方案，因此比哈贝马斯更彻底。哈贝马斯的交往合理性并不具有完全的反事实（counter-factual）的本性①，但阿佩尔在他的理论中则坚持强调交往共同体的先天性和科学时代伦理学合理性基础的必然性。在阿佩尔看来，科学时代伦理学的合理性基础问题是佯谬问题，这是因为，只要将"一种合理性的论辩方式"引入对人文科学和元伦理学的价值中立性的质疑中，我们就可以完成从事实到规范的转换，从而认清"佯谬问题"的佯谬所在。这种合理性的论辩方式来源于"理想交往共同体的实现"和"对论辩之先天性的不可回避性进行先验语用学的反思"。②

二 两种合理性意味着什么？

我们从哲学史的角度对合理性概念进行了梳理，但两种合理性（认知合理性和交往合理性）到底意味着什么，是一个必须追究的问题，因为这涉及哈贝马斯、阿佩尔和翟振明等人抛弃主体认知工具合理性而主张交往合理性的理由，也涉及到底何种合理性可以成为一个行为主体的行为合乎理性的解释依据。

实际上，我们言说合理性问题时会不可避免地涉及合理性的两个维度，即合理性的存在论维度和合理性的价值论维度。"理性（reason）与它们是理性的真——这是一种事实联系——和相信理性为真相联系，……既然合理性（rationality）与理性（reason）相关或遵照理性而行事，合理性的作用依赖于事实世界和形成我们相信和按理性的基础行动的目标。"③

---

① 翟振明对哈贝马斯交往合理性和交往共同体的反事实本性有过深刻的分析，他认为，哈贝马斯把"道德问题"（moral questions）和"评价问题"（evaluative questions）分开，"道德问题"可以在理想的或反事实的交往共同体内得到解决，而"评价问题"的解决却需要依靠事实上的交往共同体和交往合理性。参见 Zhenming Zhai, *The Radical Choice and Moral Theory: Through Communicative Argumentation to Phenomenological Subjectivity*, Dordrecht: Kluwer Academic Publishers, 1994, pp. 18-21.

② [德]卡尔-奥托·阿佩尔：《哲学的改造》，孙周兴译，上海译文出版社1997年版，第308页。

③ Robert Nozick, *Nature of Rationality*, Princeton, News Jersey: Princeton University Press, 1993, pp. 119-120.

诺齐克在《合理性的本质》中对合理性的作用（the Function of Rationality）的描述刚好揭示出了合理性的两个方面，并将合理性分解为决定的合理性（Rationality of Decision）和信念的合理性（Rationality of Belief）。他试图将合理性的两个方面结合起来，但遗憾的是，诺齐克完全从认识论角度来诠释合理性概念，而将合理性的规范价值维度悬置了。应该说，所有认知合理性（Cognitive Rationality）的解释都未触及合理性的价值论维度，而只有交往合理性才能真正统合了这两个维度。

认知合理性解释不了规范价值问题，这一点被阿佩尔洞识。佯谬问题为什么在阿佩尔看来是一个"佯谬"的问题，而不是一个真正的问题，原因在于，科学时代的技术工具合理性探究的是事实，提供的是客观知识，而"任何规范都不可能从事实那里被推导出来"，从而不能完成从事实到价值的转换，也就不能为普遍的规范伦理学奠定基础。规范的价值论维度的缺失并没有为认知合理性的存在论维度提供支撑，相反，认知合理性因为交往性的缺失最终倒向了唯我论和独断论。

> 如果我们从合目的的行动对命题知识所做的非交往运用出发，我们所做的预断，就是有利于那种超越经验主义，而带有现代自我理解深刻烙印的认识工具合理性概念，这种认识工具合理性概念本身标明，卓有成效的自我论断，可以通过信息支配限定的周围世界条件，并通过思想适应限定的周围世界条件。①

这种合理性导致是单一主体与世界的二元对立，主体在认识和实践世界之前就已经对世界进行了对象化的本体论预设，它将整个世界工具化和手段化，把世界看成达成的目的的工具和手段。对一个主体而言，无论这个世界怎样，都是针对自身的挑战。这种合理性迎合了功利主义的要求，功利主义主张人类行为的唯一目的是求得幸福，行为主体不可避免地会把欲望的对象当作达成自己幸福的工具。这样，合理性就成为功利主义掠夺他人权利从而把他人看作工具的护身符，导致功利主义不能在自我与他人

---

① ［德］哈贝马斯：《交往行动理论·第一卷——行动的合理性与社会合理论》，洪佩郁、蔺青译，重庆出版社1994年版，第24页。

的关系上实现自洽。

主体工具合理性预示着主体的唯我独尊，而交往合理性永久地显现出他人，从而使主体和他人在交往行为中表现出地位上的对等。

康德的道义理论可以被用来解释这两种合理性所彰显出的内在意蕴。康德说，一切有理性的东西都要服从这样的规律：任何时候都不应把自己和他人仅仅当作工具，而应当作目的。① 在主体认知合理性的解释中，主体对客体的认识实际上已经将客体对象化了，客体成为了一个工具。而在交往合理性的解释中，行为主体通过沟通、对话、论辩与他人发生关系，他人不是主体欲望的对象，而和主体一起共同分享真实与意义，主体也并不把他人作为达到目的的工具，而是和他人一起共同承担风险与责任。这样，主体认知合理性必然导致的主体与世界的二元对立在交往合理性的视野中烟消云散了，被工具化、对象化了的世界变成了许多主体和许多他人一起组成的交往共同体，在这个共同体内，参与者（而不能说是主体，因为说出主体的时候就已经预设了对方）基于对等的目的与他人展开论辩以达成某种普遍共识。正如阿佩尔所言，作为平等的对话伙伴的所有成员的相互承认，乃是论辩共同体成立的一个前提，这个共同体成为他们的生活世界。

认知合理性解决不了的规范价值问题在交往合理性层面能够得到合理解决。阿佩尔在洞识认知合理性不能从事实推导出价值这一问题之后声称，无价值倾向的科学本身的客观性以道德规范的主体间有效性为前提，这样，凭着主体间先天有效性的要求，每个个体一开始就承认的公共论辩乃是对一切可能的有效性标准的阐明，从而也是对理性的意志的阐明，因此，"方法论唯我论"已在伦理学领域被克服了。② 阿佩尔由此认定，一般道德规范的有效性条件乃是包含着规范之辩护的语言游

---

① 哲学界对康德的道德规律存有争论，康德强调对主体理性的确认，从而强调从主体认知合理性的视角去理解世界，必然在逻辑上会导致对他人的对象化认识。因此，如何在把他人当作对象来认识的同时不把他人当作工具或手段，这是康德道义论面对的一个难题。

② 阿佩尔所说的"方法论唯我论"是指与他主张的交往共同体的先天性相对抗的哲学前提，在《作为社会科学之先验前提的交往共同体》一文中，阿佩尔对这种"方法论唯我论"进行了批判。他说，"统一科学"这一客观主义概念以"方法论唯我论"为前提，这个前提很明显是作为语言分析理论的新实证主义与传统意识哲学所共同具有的，这一前提与笛卡尔、洛克、罗素、胡塞尔的哲学并无二致。参见［德］卡尔－奥托·阿佩尔《哲学的改造》，孙周兴译，上海译文出版社1997年版，第172、332页。

戏的范式性条件，正是从规范有效性的理论话语的范式性前提那里可以推导出基本道德规范或伦理学准则。

实际上，阿佩尔试用先验语言学分析并从这种语言游戏中发现的交往共同体内的交往主体间的道德意蕴在翟振明那里愈加明晰。同样基于一种交往合理性的先验解释，翟振明赋予交往共同体内的每个成员以最本底的拷问：在交往共同体中，每个成员面对来自对方的提问时都会许诺或拒绝，"是或不是"（Be - Or - Not - To - Be）的哈姆雷特式的经典问题成为交往共同体内的每个成员必须做出的回答，如果你回答"是"你将继续留在交往共同体内，如果你回答"不是"或者拒绝回答，你将离开交往共同体，也将不再是人。正是在这样的回答中，每个人成为他自己，每个人也都会为"人的度规"（Humanitude）而生活。

通过对认知合理性和交往合理性意蕴（存在论意蕴和价值论意蕴）的阐释，我们的最终目的在于拷问哪种合理性可以成为行为的解释方案。毫无疑问，交往合理性是判断任何行为是否合理的试金石，任何行为只有在交往合理性中才能得到解释，在认知合理性中只会导致行为的不合理。

三 两种合理性之下的公开与秘密

理性是人的理性，人在运用理性认识世界和实践世界时要符合理性，因此，合理性对人而言具有根本的意义。正是在这个意义上，诺齐克才说，"合理性构成了人的特殊性，……合理性为我们提供了探究和发现任何事物的（潜在的）力量，它能使我们通过各种理性及其原则来控制和指导行为"[1]。但是，就两种合理性而言，主体认知合理性并不能为人的行为提供指导，只有交往合理性才能为人的行为提供解释的依据。

认知合理性在存在论和价值论这两个维度上显现出来的意蕴都不能成为公开行为的合理性的解释依据，也就是说，如果在认知合理性下谈论公开，那么最终得到的必定是一种不合理的公开。

认知合理性强调主体对客体的认识，当多个主体认识同一个客体时，如何协调和统一对客体的认识就是最大的难题，也是用认知合理性

---

[1] Robert Nozick, *Nature of Rationality*, Princeton, News Jersey: Princeton University Press, 1993, p. vi.

来解释主体行为时所面临的最大问题，必定不能得到正确的认识。有的人会认为这种公开是合理的，有的人会认为没必要进行这种公开，公开行为的必然性问题在认知合理性层面得不到根本解决。同时，认知合理性导致了阿佩尔意义上的"方法论唯我论"和独断论：世界以我为中心，因我而存在，我所说的就是真理。这种思维方式会使人对所有的解释缺乏认同，政治上的极权主义和独裁专制都会得到合理性解释。如果按照认知合理性的唯我论和独断论来解释公开行为，我们会发现，公开是行为主体的专权行为，公开的对象对公开的内容没有主动接收和接受的意愿，行为主体强行灌输公开的内容给公开的对象。

认知合理性缺乏价值论维度的考察，也不可能完成从事实描述到规范价值的转换，主体行为完全不进行行为正当性和道德价值的考虑。公开行为不论对公开的主体还是对公开的对象而言都没有价值上的诉求，公开行为的主体完全可以抱着"事不关己，高高挂起"的心态对来自对象的任何要求拒绝回应，公开的对象也不可能对公开行为主体有任何期望，公开行为本身也与道德价值无关。

公开行为的认知合理性解释所面临的问题在交往合理性的层面都会迎刃而解。在交往合理性中，不存在主体与客体之间的对立，不存在主客体的区分，交往共同体中的参与者以平等地位相互交往、辩论和交流，这些交往行为的目的在于达成共识。也许有人质疑这种共识能否达成，在这些人看来，这种共识如果不能达成，那么统一和协调他们之间的认识就成为一个问题，这样也就使交往合理性和认知合理性一样面临着困难。但是，我们应该看到，哈贝马斯、阿佩尔所一贯主张的交往合理性并没有机械地停留在达成共识的层面，而是进一步强调交往共同体中的成员之间的交往行为的对等性和自主性。因此，公开行为主体并不把公开对象看成实现某一目的工具，而是把公开对象看成是与主体对等的个体。并且，公开行为的必然性问题也能够在交往合理性层面得到解决。某一行为需不需要公开，或者说可不可以公开，通过参与者之间的辩论与交流等交往行为而得到答案。同样，公开不是行为主体自己意识的结果，也不是权力干预的产物，而是参与者共同拥有的事业。公开行为的主体有效地回应公开对象的要求，公开对象主动、积极地参与公开行为，他们之间没有主动和被动的关系，只有一种相互关系，这样，交往合理性就能保证公开行为不会滑向唯我论和独断论。

阿佩尔已经论证了交往范式从事实描述向规范价值转换的哲学可能，意味着交往合理性视野中的人类行为出于人的内在要求，这种内在要求体现了"真正的人"（being human）（即翟振明意义上的"人的度规"（humanitude）的人）所具有的本性。[①] 诚如阿佩尔所言，任何论辩参与者都承认交往共同体的所有成员的一切要求，这些要求能够由理性来辩护，参与者也有义务去辩护自己对他人的所有要求。此外，交往共同体成员也有义务去考虑一切潜在成员的所有潜在要求。潜在要求必须是交往共同体的关切对象。[②]

阿佩尔意义上的对他人的关切和对他人要求的回应绝不是功利的，而是出于自己内心的。在这个意义上，公开行为不是行为主体自己的独断专行，也不受别人胁迫指使，更不是为了自己的利益或任何功利的目的，而是出于内心积极践履"人的度规"的承诺。

因此，认知合理性之下的公开行为是不合理的公开，交往合理性之下的公开行为才是合理的公开。这样，根据两种合理性对公开行为的解释，我们可以罗列现实政治生活中不合理的公开和合理的公开的情形。

一方面，下列情形下的公开一定是不合理的公开：行为主体受他人强迫的公开；行为主体向公开的对象强行公开相关内容；行为主体出于功利目的的公开行为；行为主体公开相关内容后不期待公开对象的回应；行为主体为了达到某种效果而对公开对象进行操纵的公开（即操纵性公开）。

另一方面，合理的公开一定是这样的：公开出于行为主体的责任；公开不受他人强迫，也不出于任何功利的目的；愿意接受公开对象的任何批判、交流、辩护；行为主体一定与公开对象处于平等的地位，不会强加任

---

① 翟振明通过对本底抉择概念的阐释完成了从事实向价值的哲学转换，指出人应该在理性的基础上过一种有价值的生活，这种有价值的生活一定不源于外界的某种需求，而源于一个理性的人的内心的召唤。翟振明教授创造"人的度规"（Humanitude）的概念，用它来说明"真正的人"或"人的本质"，这种人的本质不是经验层面的或认知合理性层面的，而是先验层面的及交往合理性层面的。参见 Zhenming Zhai, *The Radical Choice and Moral Theory: Through Communicative Argumentation to Phenomenological Subjectivity*, Dordrecht: Kluwer Academic Publishers, 1994。

② ［德］卡尔－奥托·阿佩尔：《哲学的改造》，孙周兴译，上海译文出版社1997年版，第330—331页。

何自己的主观意志于公开的对象之上；行为主体对公开对象的任何诉求都能进行有效回应。

两种合理性对公开行为的解释表明，秘密行为也可以在两种合理性中得到理解。秘密只有在交往合理性中才会符合政治正义的要求，而在认知合理性中，所有的秘密都是不正义的。我们同样可以罗列现实政治生活中不合理的秘密和合理的秘密的情形。

一方面，下列情形中的秘密是不合理的秘密：行为主体为了功利的目的进行保密；行为主体受他人指使或胁迫进行而进行保密；行为主体打着公开的旗号而干着秘密的事情，如伪装；行为主体为了某种高贵的目的而进行的保密，如意识形态宣传；行为主体把他人当作工具而没有尊重他人的人格尊严的保密。

另一方面，合理的秘密一定是这样的：保密出于行为主体自己的责任；这种秘密行为是一种自由行为，它不受他人指使或强迫；这种秘密行为本身愿意接受任何批判、交流与辩护，也就是说，秘密行为本身能够被公开批判、辩论与交流；行为主体在保密过程中不能对保密对象进行人格尊严上的损害，不会把保密的对象当成行为主体实现自己利益的工具；秘密行为的主体与客体处于完全对等的地位。

应该承认的是，上述的行动合理性考量属于经验描述，我们不可能将所有的公开与秘密的合理和不合理的情形都描述出来。同时，我们也面临着把认知合理性和交往合理性作为判断公开与秘密行为是否合理的言说困境，毕竟，认知合理性和交往合理性不具有实际上的可操作性。但是，两种合理性在抽象层面上的哲学反思为公开与秘密的合理性认定提供了解释路径——认知合理性之下的公开与秘密行为都是不合理的，而所有处于交往合理性考量之下的公开与秘密行为都必然合理。因此，我们的任务便是，把现实政治生活中形形色色的公开与秘密行为置于认知合理性和交往合理性之下，从而在规范层面对公开与秘密行为进行批判性检视。

第三章　政治哲学传统中的公开与秘密

自古希腊雅典时代以来，以柏拉图和亚里士多德为代表的西方贤哲对秘密和公开问题进行了讨论。从脉络上看，这种讨论分两条线索展开。第一条线索是对政治中的秘密进行辩护，以柏拉图、马基雅维利、西季威克等为代表，分别从现实主义和功利主义的视角对伪善、欺骗、隐瞒等政治中的秘密进行辩护。第二条线索是对政治中的公开进行论证。亚里士多德之后，政治公开在共和主义、自由主义、政治正义、道德论证等言说语境中不断出现，公开性观念成为共和主义政治的重要观念，公开性原则成为自由主义民主政治的基本原则，公开性条件也成为证成政治正义和道德正当性的必要条件。

第一节　为秘密辩护：从柏拉图到西季威克

政治中的秘密有多种形式，如撒谎、欺骗、伪装、隐瞒、国家机密等柏拉图、马基雅维利、西季威克对政治中的秘密进行了有力的辩护。他们辩护的目的不尽相同，柏拉图出于哲学王统治的目的论证了"高贵的谎言"的正当性，马基雅维利出于对当时意大利现实政治的痛心疾首而主张一种"欺骗的（deceit）政治"，西季威克则出于功利的考量论证了一种"隐蔽的（covert）道德"。

一　柏拉图与高贵的谎言（Noble Lie）

在国家政治生活中，人们经常会碰到这样的问题——统治者在实施政治统治过程中是否可以使用谎言，在政治生活中是否可以进行意识形态的宣传？此类问题对于政治家们也许不是难以回答的问题，但对于政治哲学家们，却是深刻的哲学问题。古希腊哲学家柏拉图借用隐喻似乎肯定了谎言，在《理想国》中，作为哲学家的柏拉图并没有忘记哲学家的真正使命即"我们必须把真实看得高于一切"①，但借用苏格拉底之口表达了对待谎言的态度。

柏拉图区分了三种不同类型的谎言。第一种谎言是"真的谎言"。柏拉图认为，真的谎言"乃是一种不论谁在自身最重要的部分——在最重要的利害关系上——都最不愿意接受的东西，是不论谁都最害怕它存在在那里的"。"上当受骗，对真相一无所知，在自己心灵上一直保留着假象——这是任何人都最不愿意最深恶痛绝的。"由此，柏拉图认为，"真的谎言是不论神还是人都深恶痛绝的"②，是一种"恶"，它会导致受骗者灵魂上的无知。第二种谎言是"嘴上讲的谎言"。柏拉图认为，嘴巴上讲的谎言只不过是心灵状态的一个摹本，是派生的，仅仅是形象而不是欺骗或真的谎言。对于这种类型的谎言，柏拉图则没有像"真的谎言"那样完全将其看成一种"恶"，他认为这种谎言是灵魂的不幸生成的一种幻象，它不是纯粹的谎言，有时对人大有裨益。为此，柏拉图对这种"嘴巴上讲的谎言"进行了区别对待，神明可以对凡人撒谎，凡人不可对神明撒谎，因为谎言对神明没有用处。同样，医生可以对病人撒谎，病人不可对医生撒谎，照此推理，统治者可以对被统治者撒谎，而被统治者不可对统治者撒谎。"国家的统治者，为了国家的利益，有理由用它（谎言）来应付敌人，甚至应付公民。如果一般人对统治者说谎，我们以为这就像一个病人对医生说谎，一个运动员不把身体的真实情况告诉教练，就像一个水手欺骗舵手关于船只以及本人或其他水手的情况一样是有罪的，甚至罪过更大。因此，在城邦治理者遇上任何人，不管是预言家、医生还是木工，或任何工匠在讲假话，就要惩办他。因为他的行为像水手颠覆毁灭船只一样，足以颠覆毁灭一个城邦。"③ 实际上，讲到这里，柏拉图已经承认了谎言在某种情况之下的正当性，不过，这种特殊的谎言必须被严格管理。"虚假对于神明毫无用处，但对于凡人作为一种药物，还是有用的，那么

---

① ［古希腊］柏拉图：《理想国》，郭斌和等译，商务印书馆1997年版，第88页。
② 同上书，第79页。
③ 同上书，第88页。

显然，我们应该把这种药物留给医生，一般人一概不准碰它。"①

第三种谎言是"高贵的谎言"，这种类型的谎言是柏拉图论证的重点。柏拉图在《理想国》第三卷的最后给我们讲述了这个"高贵的谎言"的故事。

> 城邦里的人是在地球深处被孕育成的，地球是他们的母亲，把他们抚养大，送他们到世界上来，因此，他们一定要把他们出生的土地看作母亲。……他们虽然一土所生，彼此都是兄弟，但是老天制造他们的时候，在有些人的身上加入了黄金，这些人因而是最可宝贵的，是统治者。在辅助者（军人）身上加入了白银，在农民以及其他技工身上加入了铁和铜。但是又由于同属一类，虽则父子天赋相承，有时不免金父生银子，银父生金子，错综变化，不一而足，所以上天给统治者的命令最重要的就是要他们做后代的好护卫者，要他们极端注意在后代灵魂深处所混合的究竟是哪一种金属。如果他们的孩子心灵里混入了一些废铜烂铁，他们决不能稍存姑息，应当把他们放到恰如其分的位置上去，安置于农民工人之间；如果农民工人的后辈中间发现其天赋中有金有银者，他们就要重视他，把他提升到护卫者或辅助者中间去。神谕曾经说过，铜铁当道，国破家亡。②

毋庸置疑，柏拉图是想借这个神话故事来说明城邦里的人应该遵守等级划分、维护整个城邦的秩序与和谐。问题在于，这种"高贵的谎言"最终是否能使城邦里的人相信，能否维护城邦等级秩序的稳定，其实柏拉图自己也并不那么肯定。波普尔敏锐地看到，柏拉图在借苏格拉底之口说出这种"高贵的谎言"时多次使用"说服"一词，"说服某人相信谎言，意思说得更准确些，就是误导或欺骗他"③。言外之意是，当统治者试图说服被统治者相信一种"高贵的谎言"时，被统治者可能相信也可能不

---

① ［古希腊］柏拉图：《理想国》，郭斌和、张竹明译，商务印书馆1997年版，第88页。
② 同上书，第128—129页。
③ ［美］卡尔·波普尔：《开放社会及其敌人》（第一卷），陆衡等译，中国社会科学出版社1999年版，第257页。

会相信。因此，柏拉图是否真希望城邦的统治者在统治过程中大量使用谎言，成了一个十分值得怀疑的问题。更吊诡的是，一个谎言要使自身成为真正的谎言，必须对接受谎言的人（对柏拉图而言接受谎言的人主要指被统治者）保守秘密，但实际上，苏格拉底在与格劳孔的对话时明确表示这是一个谎言。如此一来，谎言就失去了自身的神秘，也许，柏拉图主张"高贵的谎言"另有目的，将此作为一种"劝善的宗教"。

不论柏拉图论证"高贵的谎言"的目的为何，其后的哲学家们都自觉地将其视为一种政治统治的合理性辩护，这种辩护一直贯穿于整个西方政治哲学的发展。中世纪神学统治的合理性辩护实际上是柏拉图"高贵的谎言"在中世纪的变种。相对于柏拉图隐晦的哲学表达，意大利文艺复兴时代的政治学家马基雅维利则用现实主义的笔调将"哲学王"给了当时的意大利君王。在当代，柏拉图式"高贵的谎言"则以伪装的形式出现——"善意的谎言"（white lie）、神话（myth）、意识形态（ideology）等。

二 马基雅维利与伪装的政治①

马基雅维利是西方政治思想史上第一位将伪善运用于现实政治的思想家。马基雅维利身处文艺复兴发轫之地意大利，深受人文主义影响。人文主义强调人的美德在政治生活中的作用，但是，马基雅维利的思想与人文主义有很大的不同。他认为，一个君王永远不应按照传统的合乎道德的方式行事。因此，为了尽可能地达到统治目标，君主就不应该使行动始终合乎道德。马基雅维利提出了具有强烈攻击性并且完全异于传统的政治立场。

首先，马基雅维利对君主的品质进行了罗列。

> 有人被誉为慷慨，有人被贬为吝啬；有人被认为乐善好施，有人则被视为贪得无厌；有人被认为残忍成性，有人被认为慈悲为怀；有

---

① "伪善"或"伪装"（hypocrisy）指一个人实际上不具有而假装具有某种信仰、意见、美德、观念、思想、感觉、特征、标准等。（Hypocrisy is the state of pretending to have beliefs, opinions, virtues, ideals, thoughts, feelings, qualities, or standards that one does not actually have.）"伪善"的直接目的是欺骗他人，因此伪善是一种欺骗，是秘密的一种方式。

人被认为食言而肥，有人被认为言而有信；有人被认为软弱怯懦，有人则被认为勇猛强悍；有人被认为和蔼可亲，有人则被认为桀骜不驯；有人被认为淫荡好色，有人被认为纯洁自持；有人被认为诚恳，有人则被认为狡猾；有人被认为脾气僵硬，有人则被认为容易相与；有人被认为稳重，有人被认为轻浮；有人被认为是虔诚之士，有人则被认为无信仰之徒。①

马基雅维利列出这一份君主应该拥有的美德的清单之后，就对君主"应该遵守"的传统美德进行了批判。当然，马基雅维利并不完全否认慷慨、乐善好施、诚实守信、慈悲为怀等美德对于君主的作用和意义，他也没有排除美德和恶行之间的中间道路，但文艺复兴时期对传统美德观念的反叛在马基雅维利那里达到了一个新的高度。② 实际上，马基雅维利对传统美德观念的批驳，要求君主在必要的时间、地点以及必要的场合中，通过吝啬、残酷、不守信等恶行来获得臣民的爱戴、尊敬和赞扬，从而避免蔑视、憎恨和责难的发生。

（1）马基雅维利论慷慨与吝啬。马基雅维利认为，慷慨对于君主而言本来是好的，但是如果一个君主依靠慷慨的做法不能获得荣誉和名声，那么这种慷慨需要被抛弃。"一个人如果希望在人们当中保有慷慨之名，就必不可免地带有某些豪侈的性质，以致一个君主常常在这类事情上把自己的财力耗尽。"③ 想保有慷慨之名的君主会横征暴敛，最终使他的臣民憎恨他。因此，马基雅维利指出，一名英明的君主，对于吝啬之名就不要介意。理由在于，吝啬或节约可使国家收入丰盈，从而能够抵御战争，能够建功立业而不加重臣民的负担，这样，臣民就会认为这位君主非常慷慨。为了论证自己的观点，马基雅维利以教皇朱利奥二世、法国国王路易

---

① ［意］尼科洛·马基雅维里：《君主论》，潘汉典译，商务印书馆1997年版，第74页。

② 尽管马基雅维利并没有说在传统道德和恶行之间有折衷的道路可走，但从《君主论》的字里行间可以看出马基雅维利并不是一个反道德传统的极端主义者。施特劳斯认为，马基雅维利向整个宗教传统与哲学传统发出了挑战，但马基雅维利一再强调，在他的观点与传统观点之间，事实上存在着一种妥协迁就。参见［美］列奥·施特劳斯《关于马基雅维里的思考》，申彤译，译林出版社2003年版，第384—385页。

③ ［意］尼科洛·马基雅维里：《君主论》，潘汉典译，商务印书馆1997年版，第76页。

十二和西班牙国王费尔迪南多来说明将慷慨伪装成吝啬多么重要。然而，马基雅维利的论证逻辑似乎并不严谨，历史上或现实中一定也存在着通过吝啬而最终不能达到慷慨之目的的事实，但这并不影响马基雅维利的观点的强烈的破坏性，使传统美德成为一种恶行。

（2）马基雅维利论仁慈与残酷。马基雅维利首先承认，君主一定希望被人认为是仁慈的而不是残酷的。他以切萨雷·博尔贾为例来论证君主对"残酷"这个恶名不应介意，"在所有的君主当中，新的君主由于新的国家充满着危险，要避免残酷之名是不可能的"①。不过，马基雅维利并不建议君主过分残酷、过分自信或过分猜疑，因为那样可能会使臣民憎恨。马基雅维利明确地意识到，臣民的憎恨对君主来说没有好处，臣民的爱戴对贤明的君主而言也绝不是一件好事，因此，寻求中间道路是马基雅维利的任务。马基雅维利认为，被人畏惧比被人爱戴要好，但君主在使臣民畏惧的时候，应当这样做——即使自己不能赢得臣民的爱戴，也要避免自己被臣民憎恨。

（3）马基雅维利论狡诈与守信。马基雅维利通过历史试图证明，那些曾经建立丰功伟绩的君主们都不是很重视守信的人，相反，他们大都是些懂得运用诡计的人。马基雅维利的这一观点在当时惊世骇俗，这一观点使他迅速被传统的道德家视为"恶魔般邪恶的人"。因此，后世的评论家们也将此类情形说成"马基雅维利主义"或"马基雅维利式的"，列奥·施特劳斯"马基雅维里是一个邪恶的人"，"他恶名昭著，成为政治思想和政治行为中背信弃义不择手段的经典化身"②。马基雅维利以亚历山大六世为例，指出一位君主常常需要背信弃义，不讲仁慈，这种狡诈的方式可以取得好的效果。"一位君主必须有一种精神准备，随时顺应命运的风向和事物的变化情况而转变，如果可能的话，他还是不要背弃善良之道，但如果必需的话，他就要懂得怎样走上为非作恶之途。"③ 也就是说，一个成功的君主既要学会模仿狮子，又要学会模仿狐狸。

（4）马基雅维利论蔑视与憎恨。马基雅维利坚称，君主应该避免被蔑

---

① ［意］尼科洛·马基雅维里：《君主论》，潘汉典译，商务印书馆1997年版，第79页。
② ［美］列奥·施特劳斯：《关于马基雅维里的思考》，申彤译，译林出版社2003年版，第2页。
③ ［意］尼科洛·马基雅维里：《君主论》，潘汉典译，商务印书馆1997年版，第85页。

视和憎恨,君主如果能够避免这些事情,即使有其他丑行也不会有什么危险,因此,马基雅维利警告君主,要像提防暗礁一样提防这些事情。君主如果不受蔑视和憎恨,使臣民对他满意,就能很好地对付内忧外患。不论是内忧还是外患,马基雅维利开出的药方就是君主不要被人民的轻视和憎恨。马基雅维利特别探讨了臣民的阴谋问题,他认为,当人民对君主满意而没有轻视和憎恨的时候,君主对那些阴谋(私谋和共谋)无须担心,但是如果人民对他抱有敌意和怀有怨恨,那么他对任何一件事、任何一个人都必须提心吊胆。① 既然蔑视和憎恨对于君主而言如此重要,那如何不受人蔑视和憎恨就成为君主需要考虑的事情。传统观点认为,善行使人得到人们的尊重和爱戴,恶行则会招致人们的蔑视和憎恨。但是,马基雅维利与传统不同,认为善行同恶行一样可以招致憎恨,而恶行则有可能带来好的结果。因此,马基雅维利号召君主"为着保存自己的国家往往被迫做不好的事情",例如,容忍军队的残暴与贪婪,迎合贵族的腐化堕落。

总之,马基雅维利对君主的忠告颇有创见,与传统道德观念很不一样,因此,马基雅维利被列奥·施特劳斯称为"现代政治哲学的奠基人"②。

三 西季威克与隐蔽的道德

如果撒谎或欺骗的方式最终导致最大多数人的最大幸福,那么,功利主义便能够容纳善意的谎言和必要的谎言,承认撒谎、欺骗、隐瞒和秘密在功利主义语境里的正当性。但是,古典功利主义者(如边沁和穆勒)并不支持秘密,甚至同情公开观念,而在功利主义的继承者和修正者亨利·西季威克(Henry Sidgwick)那里,我们却看到了哲学史上对撒谎、欺骗、隐瞒和秘密最强烈的辩护。

在我们的日常生活中,讲真话是一个非常简单的问题,许多道德学家因其简洁性和明确性而把讲真话作为一个无懈可击的伦理准则。但在西季威克看来,这种观点并不为人类常识所肯定,因为常识并没有清楚地说明

---

① [意]尼科洛·马基雅维里:《君主论》,潘汉典译,商务印书馆1997年版,第90页。
② [美]列奥·施特劳斯、[美]约瑟夫·克罗波西主编:《政治哲学史》,李天然译,河北人民出版社1998年版,第324页。

诚实究竟是一种绝对的独立的义务还是某种更高原则的具体运用。将讲真话作为伦理义务的准则，是康德道德理论的基本态度。康德认为，谎言是对人的尊严的放弃，是人的尊严的毁灭，因此，人在任何时候都应该诚实。西季威克承认康德观点在某种程度上的合理性，如，为着自私的目的而说谎，尤其因为恐惧而说谎，这种说谎就是卑鄙而低贱的。但西季威克认为，康德的观点违背了常识道德，常识道德并没有明确肯定讲真话是不需要证明的绝对义务，也没有肯定人人都有听别人讲真话的权利。为了从常识道德角度对康德的讲真话的伦理准则进行批驳，西季威克用了三个类比。

第一个类比：为了自卫或为了保护他人而杀人，一般认为是正当的行为；同样，为了更有效地保护我们或他人的权利不受侵犯而撒谎，也应该被认为是正当的行为。

第二个类比：我们没有人能否认战争中有序而有步骤的杀人在某些情况下的正当性，同样地，在法庭辩论中，律师们在严格的规则和界限内的不诚实也应该被视为正当的。

第三个类比：如果对一位病人说假话才有可能控制不好的后果，那大多数人会毫不犹豫地说假话；同样，也没有人认为对孩子们不需要知道的事情说假话会导致不正当；这就表明，当撒谎或欺骗的目的是增进被欺骗者的利益时，常识道德也承认这种撒谎正当性。[①]

诚然，常识道德为西季威克反驳康德的观点提供了有力的武器，但是，西季威克也并不完全认可常识道德的观点。比如，在争论最多的宗教欺骗问题上，常识道德明确反对为了宗教利益而说谎，但在西季威克看来，常识道德的这种观点应该受到批判。一方面，因为宗教真理是凡人不能马上领悟的、需要运用某种虚构的方式的，"用一种假相来暗示"；另一方面，对于一些宗教禁忌，我们可以合法地不用谎言来进行隐瞒。通过回答的自然推论间接地使人产生一种反面的虚假信念，或者诱使询问者去追索一种错误线索，就达到了"用一种真话来隐瞒"的目的。西季威克进一步追问：就算讲真话如康德所说是一项绝对义务，有时讲真话是一种隐瞒；当讲假话是一项绝对不被允许的行为时，有时讲假话是一种对真相

---

① [英]亨利·西季威克：《伦理学方法》，廖申白译，中国社会科学出版社1993年版，第331页。

的揭示。西季威克认为，基于某种功利的考量，常识道德并不为人们所接受。

西季威克认为，人们的相互信任在某些特殊情况下受到损害并不必然是恶，甚至可以是我们最想得到的结果，也就是说，说假话有时是我们最想采用的方式而由其导致的结果也是我们最想得到的。例如，被问不该问的问题，以谎话作回答应该是被期待的。同样，为了防止无赖们从诚实者的诚实里占便宜，以假话来对付假话是正当的。将西季威克的这一观点通过前文提及的那种先验观点的审查，便可发现，在上述情况下，人人都知道可以说谎，但说谎并没有变得无用，不仅如此，在撒谎被普遍理解为正当的情况下，不诚实行为就能长时间地部分有效。西季威克仍然以法庭为例，认为律师的义务就是代表他为之辩护的犯罪者去尽可能合理地陈述，巧妙的辩护常常会形成律师真诚地相信当事人无罪的印象。

因此，我们不能假定：按照被普遍运用必定是恶的准则做事永远是不正当的。也就是说，我是正当的，则处于类似情境下的人都是正当的。西季威克看到了其中的冲突。这条公理在实践上意味着，如果所有人都真诚地相信那种行为将不会为人们普遍效仿，像那位行为者那样去做就将是正当的，而如果那种行为事实上被效仿了，正当的信念就不存在了。[①] 这条公理在实践上并不能得到运用，但是，如果我们在实践中强行运用那条公理和先验的观点，我们就会注意到不说真话所带来的重大危险，在西季威克看来，这种危险构成了讲真话的强有力的功利主义论据。西季威克在诚实与撒谎、说真话和说假话上的观点直接影响了他对公开与秘密问题的判断。

  按照功利主义原则，在某些情况下，公开地宣传一件事是不正确的，而私下地去做却是正确的；公开地向某些人讲授某种观点是错误的，而公开地向另一类人讲授它却是正确的；公开地做一件事是错误的，而相对秘密地去做它却是正确的。甚至，私下地以劝告或榜样推

[①] ［英］亨利·西季威克：《伦理学方法》，廖申白译，中国社会科学出版社1993年版，第334页。

荐某件事是错误的，而完全秘密地去推荐却是正确的。这些结论看上去都有自相矛盾的特点，然而，在具体事例中，它们却在一定程度上为常识所承认。例如，在公开讲话中表达妨碍社会生活的宗教意见或政治意见通常被认为错误的，然而以著作来表达这类意见却被视为合理。……因此，功利主义的结论是，秘密使一项否则便不正当的行为变得正当这种见解自身就应当是相对秘密的，同样，内行人才有的道德观点保持在内行人中间是有利的。如果这种隐瞒难以持久，常识抛弃那些如仅让明智的少数人知道便能产生功利的理论就可能是值得欲求的。①

应该承认，西季威克从常识道德出发对康德式的说真话的伦理义务观点进行了批判，同时基于后果主义立场对"隐蔽（covert）的道德"或"少数人的道德"（esoteric morality）进行了证成。无疑，这种道德立场与康德、罗尔斯、T. M. 斯坎伦（T. M. Scanlon）等人的观点有很大不同，英国哲学家伯纳德·威廉姆斯（Bernard Williams）甚至将西季威克的"少数人的道德"（esoteric morality）斥为"政府大厦的功利主义"（Government House utilitarianism）。② 瑞士哲学家拉扎里-纳德克（Katarzyna De Lazari-Radek）和彼得·森格（Peter Singer）对 T. M. 斯坎伦和伯纳德·威廉姆斯的观点进行批判，为"少数人的道德"（esoteric morality）辩护。③

第二节 共和主义视域中的公开

古希腊伯利克里时代以来，民主共和就一直被西方政治学界奉为理想的政治理念。亚里士多德是共和主义思想的开创者，他提出"人天生是

---

① ［英］亨利·西季威克：《伦理学方法》，廖申白译，中国社会科学出版社1993年版，第497—498页。

② Bernard Williams, *Ethics and the Limits of Philosophy*, London: Fontana, 1985, p. 109; Bernard Williams, "The Point of View of the Universe: Sidgwick and the Ambitions of Ethics", *Cambridge Review*, Vol. 7, 1982, p. 189; Bernard Williams, *Utilitarianism for and Against*, Cambridge: Cambridge University Press, 1973, p139.

③ Katarzyna De Lazari-Radek and Peter Singer, "Secrecy in Consequentialism: A Defence of Esoteric Morality", *Ratio*, Vol. 23, No. 1, 2010, pp. 34–58.

一个政治动物"的政治理念。大哲学家康德是其思想的重要继承者，将共和政体看成一种良好的政体形式和世界永久和平的重要保证。20世纪70年代，美国政治学家汉娜·阿伦特试图恢复西方自亚里士多德以来的共和主义政治传统，提出将行动作为人之为人的根本条件的论断。波考克（John Pocock）和斯金纳（Quentin Skinner）不断挖掘共和主义的思想资源，从而促成了近半个世纪以来共和主义传统在当代的真正复兴。

一 亚里士多德：人天生是一个政治动物

在《政治学》中，亚里士多德提出了一个著名的论断："人天生是一个政治动物。"① 这一论断一方面可以看成亚里士多德的政治宣言（人是一定要过城邦生活的），另一方面更可看成亚里士多德共和主义政治理论的出发点。亚里士多德对"人天生是一个政治动物"进行了三种论证。

第一种论证来自于对城邦或政治共同体起源的探索。亚里士多德认为，政治共同体的最初来源是两种共同体，即男人和女人的共同体、主人和奴隶的共同体。在这两种共同体中，首先形成的是家庭，因此，亚里士多德将家庭看成政治共同体的最初形态，"家庭是为了满足人们日常生活需要自然形成的共同体"，"当多个家庭为着比生活必需品更多的东西而联合起来时村落就产生了"。② 但是，村落的形式并不完善，为了生活的美好最终会形成一个趋于完善的共同体，亚里士多德认为这个完善或自足的共同体就是城邦。

第二种论证来自对人的完善或自足的诠释。《尼各马科伦理学》开篇，亚里士多德就指出了宇宙万物的向善本性，"一切技术、一切规划以及一切实践和抉择，都以某种善为目标"③。人也不例外，亚里士多德强调，现实中的人是不完善的潜在形式，不过，人具有独特的语言能力和理性能力，能够不断地摆脱不完善而朝完满的方向前进。在亚里士多德看来，真正的善或终极的善就是自足，自足是不依靠他物而只依靠自身的一

---

① ［古希腊］亚里士多德：《政治学》，颜一、秦典华译，中国人民大学出版社2003年版，第4页。

② 同上。

③ ［古希腊］亚里士多德：《尼各马科伦理学》，苗力田译，中国人民大学出版社2003年版，第1页。

种满足,但是,"自足并不是就单一的自身而言,并不是孤独地生活,而是既有父母,也有妻子,并且和朋友们,同邦人生活在一起,因为,人在本性上是政治的"①。在亚里士多德那里,人的自我完善需要在城邦中实现,而不能以孤独个体的形式完成,脱离城邦的任何个体,都不能最好地实现自我德性的完善。在这个意义上,只有那些在城邦中生活的人才是真正意义上的人。

第三种论证来自对"至福是不需要朋友的"观点的反驳。根据亚里士多德的观点,自足是一种一无所缺的存在,是一种至福,因为自足代表了一种万善俱备的状态。由此很多人认为,一个自足、幸福和德性完满的人,不需要朋友了。针对这种观点,亚里士多德进行了有力的反驳,他认为这种观点把自足和至福当成孤独,是非常荒唐的,任何个体都不会选择单独一个人去拥有一切善。"人是政治动物,天生要过共同的生活,这也正是一个幸福的人所不可缺少的,他具有那些自然而善的东西,但还要和朋友在一起,和高尚的人在一起,这显然比和陌生人在一起为好,所以,幸福应该有朋友。"② 在《政治学》中,亚里士多德表达了同样的观点,"人天生就是一种政治动物,人们即便并不需要其他人的帮助,照样要追求共同的生活,共同的利益会把他们聚集起来,各自按自己应得的一份享有美好的生活"③。

英国学者马尔干(R. G Mulgan)曾在其论文《亚里士多德:人是一个政治动物》(Aristotle's Doctrine That Man Is a Political Animal)中指出,亚里士多德的"政治动物"至少在三个不同的层面上使用:指人为了城邦的需要,这种城邦与其他社会制度相容;指人为了城邦的需要,这种城邦与其他社会制度相容;指人和其他一些动物共享的需要,与相同物种里的其他成员共享集体活动。④ 马尔干的阐释未必令人信服,但亚里士多德

---

① [古希腊]亚里士多德:《尼各马科伦理学》,苗力田译,中国人民大学出版社2003年版,第1页。
② 同上书,第202页。
③ [古希腊]亚里士多德:《政治学》,颜一、秦典华译,中国人民大学出版社2003年版,第82页。
④ R. G. Mulgan, "Aristotle's Doctrine That Man Is a Political Animal", *Hermes*, Vol. 102, No. 3, 1974, pp. 438 – 445.

的这一箴言的确有模糊之处，在政治概念愈益泛化的今天更加模糊更甚。不过，人的完善需要在城邦（不管你对城邦一词如何理解）中实现，孤独的个体在亚里士多德看来没有任何价值和意义。在这个意义上，自我对他人和整个城邦敞开，公开是作为个体的自我以城邦成员的身份在城邦中展开实践活动的必要条件，离开这一条件，个体的自我将会失去存在的空间。在亚里士多德那里，公开具有天然的合理性。城邦内的实践主体一旦保留自身，就具有了一种德性上的恶，而在亚里士多德那里，人性向善的前提被预设了，人始终向善，道德上的恶与人的善性相违背。

亚里士多德关于公开——城邦中的个体对他人和城邦敞开——具有天然合理性的观点直接影响了他的政体理论，他以增进公民共同利益还是保护统治者私人利益为标准划分正常的政体和蜕变的政体，同时又以城邦最高权力机构为一人、少数人或多数人所掌握为标准划分出正常的政体和蜕变的政体的各三种形式。亚里士多德认为，三种蜕变的政体不是好的政体形式，而三种正常的政体形式中，执政者为多数人的共和政体是理想的政体形式。亚里士多德对共和政体的极端推崇完全基于他的认识，他认为公开的合理性在于公开是城邦中无数个体的自然本性，城邦中的个体都有过城邦生活的本性，都有向善的本性，城邦治理的最好路径当然就是以共同利益为宗旨的共和政体，只有在共和的政体中，个体的生命形式才能得到完美的体现。

二 康德：共和政制与永久和平的保证

自由主义作家习惯把康德政治哲学归入自由主义，[1] 这并不奇怪，因为在康德政治哲学中，思想与言论自由、国家治理的法治原则、乐观主义

---

[1] 英国学者 D. Manning 在对自由主义的基本立场进行分析后明确指出康德是属于自由主义传统的，参见 D. Manning, *Liberalism*, London: Dent, 1976, pp. 75 – 78。Reinhold Aris 在他的《德国政治思想史：1789—1815》中，通过对德国政治思想的广泛考察，得出"康德是自由主义在德国的第一位代表"的结论，参见 Reinhold Aris, *History of Political Thought in Germany From 1789 - 1815*, London: Routledge, 1965, p. 104。Leonard Kriegerd 在对德国的自由概念进行总结的基础上，和 Reinhold Aris 同样，认为康德是德国自由主义的代表，参见 Leonard Kriegerd, *The German Idea of Freedom: History of a Political Tradition*, Chicago: University of Chicago Press, 1972, p. 86。中国学者李梅对康德政治哲学进行了系统研究，其研究完全基于自由主义的视角。参见李梅《权利与正义：康德政治哲学研究》，社会科学文献出版社 2000 年版，第 10—17 页。

的政治态度等具有自由主义特色的观念在康德的文字里不时出现。不过，人们更愿意将康德归入共和主义，① 这不仅因为康德明确地提出了"共和体制才是完美地符合人类权利的惟一体制"的观念，更在于他将这种体制作为国家稳定和世界永久和平的保证。

在《永久和平论——一部哲学规划》中，康德认为，"永久和平第一项正式条款：每个国家的公民体制都应该是共和制"②。为了阐释这一观点，康德按两个标准对国家形式进行划分。一是根据掌握最高国家权力的人是一个人、一些人还是公民社会的所有人，国家形式可分为专制政体、贵族政体和民主政体，相应的国家权力为君主权力、贵族权力和人民权力，这是按照统治的形式（forma imperii）进行分类。二是根据国家运用全权的方式，国家形式可分为共和的或专制的，这是按照政权的形式（forma regiminis）进行分类。对于前一种分类方式，专制政体和贵族政体应该被抛弃，是不合法的国家形式。令人难以理解的是，康德对民主政体的态度完全违背常识。"民主政体在这个名词的严格意义上就必然是一种专制主义，因为它奠定了一种行政权力，其中所有的人可以对于一个人并且甚而是反对一个人而做出决定，因而也就是对已不成其为所有的人的所有的人而做出决定，这是公意与其自身以及自由的矛盾。"③ 在康德看来，后一种分类方式更重要、更根本，因为这种分类表达了国家统治性质是否符合正义原则的问题，毫无疑问，共和政体下的国家统治是正义的，而专制政体下的国家统治是不正义的。

考察康德的政体分类理论，使我们想起亚里士多德，康德依据掌握最高国家权力的人是一人、少数人还是多数人来区分国家的形式，与亚里士多德的政体分类学说的第一类形式如出一辙。亚里士多德根据政治统治的

---

① 当然，共和主义和自由主义并不一定处于相对立的位置，尽管有研究者将二者对立起来。如当代共和主义政治史研究两座重镇之一的 J. 波考克（John Pocock），通过援引伯林的两种自由概念，明确肯定了共和主义的自由观与自由主义的自由的核心价值无法兼容。但是，更多的人会将共和主义和自由主义调和，昆廷·斯金纳（Quentin Skinner）是典型代表。

② ［德］康德：《历史理性批判文集》，何兆武译，商务印书馆2005年版，第109页。

③ 从字面上看康德，很容易对康德关于民主政体的观点产生误解。康德所指的民主政体不是现代意义上建立在代议制基础上的民主政治模式，这从康德为代议制的辩护中可以看出，康德所反对的民主政体只是古希腊时期的直接民主制度。参见［德］康德《历史理性批判文集》，何兆武译，商务印书馆2005年版，第111页。

目标是共同利益还是私人利益区分出了正常的政体和蜕变的政体，康德则根据国家运用权力的方式区分出了共和政体和专制政体，他们的区分在整个西方政治哲学中都属于异类。康德认为，"共和主义乃是行政权力（政府）与立法权力相分离的国家原则"①。这说明，康德的共和主义实际上是一种分权，康德共和主义的观点更似洛克的分权理论。在此意义上，诸多研究者视康德为自由主义者而不是共和主义者。康德通过两种途径论证了一种共和主义的政治观念。

第一种论证来自其对消极公民与积极公民的论述。自以赛亚·伯林（Isaiah Berlin）提出两种自由概念以来，消极自由和积极自由就成为学术界判别自由主义和共和主义的重要标准。波考克（John Pocock）借用两种自由的概念断言共和主义是以一种积极参与为核心的积极自由，使共和主义与自由主义所主张的消极自由从根本上无法兼容。② 笔者并不认为积极自由和消极自由的概念可以成为区分自由主义和共和主义的独有标准，但必须承认，共和主义者集中塑造了一种积极公民的形象，这在康德的政治著作中也得到了很好的体现。康德在反驳霍布斯式的社会契约理论时提出了公民状态的三个先天原则，第一条原则就是作为人的每一社会成员的自由："作为人的自由，没有人能强制我按照他的方式而可以幸福，而是每一个人都可以按照自己所认为是美好的途径去追求自己的幸福。……国家中的每一个人都把共同体看成母亲的怀抱或把祖国看成是父亲的土地，……就共同体的成员乃是一般地能够享有权利的生命而言，这种自由权利就是属于作为人的共同体的成员的。"③ 在《法的形而上学原理》中，康德再次提到公民权利的三个属性，并明确谈到了消极公民和积极公民的问题。康德认为消极公民不具有政治上的

---

① ［德］康德：《历史理性批判文集》，何兆武译，商务印书馆2005年版，第111页。
② 波考克的这一观点出现在1981年发表的关于马基雅维利的一篇论文中，参见 John Pocock, "The Machiavellan Moment Revisited: A Study in History and Ideology", *Journal of Modern History*, Vol. 53, No. 1, 1981, pp. 49–72. 共和主义的另一位得力干将佩迪特对共和主义进行了系统研究，并从伯林的两种自由概念中引申出了第三种自由概念即"无支配的自由"，这一说法在学术界并未得到足够的认可，参见［澳大利亚］菲利普·佩迪特：《共和主义：一种关于自由与政府的理论》，刘训练译，江苏人民出版社2006年版。
③ ［德］康德：《历史理性批判文集》，何兆武译，商务印书馆2005年版，第195—196页。

独立自主性，而只有积极公民才"成为这个国家完全的公民"，因此，"必须让他们有可能在他们的国家内提高自己，从消极公民到达积极公民的条件"。①

　　第二种论证来自其对共和主义中的公开观念的探讨。自由主义和共和主义都强调政治中的公开观念，但自由主义把国家当作追求私人利益的平台，其公开活动的目标是为了保证获取私人利益的正当性，而共和主义对政治公开的强调则倾向于公共利益的诉求和主张，强调政治共同体是实现公共利益的平台或机构，通过公开形成一种公共精神，这是共和主义思想的基本内核。康德充分论证了公开观念在人类文明和共和政体中的普遍适用性。在《答复这个问题：什么是启蒙运动？》中，康德把理性的公开运用作为启蒙运动的判别标准，指出启蒙运动就是"要有勇气运用你自己的理智"，"必须永远要有公开运用自己理性的自由，并且惟有它才能带来人类的启蒙"。② 在《重提这个问题：人类是在不断朝着改善前进吗？》中，康德以公开性原则为出发点论证了世界朝着美好方向前进的观点，"禁止公开化，也就妨碍了一个民族朝着改善前进，哪怕是在有关他们的最低要求上，亦即仅仅有关他们的自然权利上"。③ 康德更把公开观念看成政治与道德具有一致性的判别标准，在《论永久和平——一部哲学规划》中，康德运用公开的观念提出了政治正义的具有普遍性意义的先验公设。应该说，公开的观念是康德政治哲学中的重要主题，很多自由主义者也极有可能由此指证康德具有自由主义的本性。但是，这一类人没有看到，康德对公开观念的论证是在共和主义的框架内进行的，这可从他对卢梭"公意"概念的批判性吸收和社会契约的阐释中找到证据。④ 卢梭认为，公意是共同体中人民达成的共识，这种共识是全体人民一致意见的表达。康德也认识到共识或公意

---

　　① ［德］康德：《法的形而上学原理——权利的科学》，沈叔平译，林荣远校，商务印书馆 2005 年版，第 140—141 页。
　　② ［德］康德：《历史理性批判文集》，何兆武译，商务印书馆 2005 年版，第 23—25 页。
　　③ 同上书，第 169 页。
　　④ 康德政治哲学与卢梭政治哲学的亲缘关系，学术界已有公论。一般认为，康德继承了卢梭政治哲学的遗产，特别是卢梭的公意理论和社会契约观念。最著名的就是德国哲学家卡西尔对康德与卢梭之间亲缘关系的论述，参见 ［德］卡西尔《卢梭·康德·歌德》，刘东译，生活·读书·新知三联书店 2002 年版。

对统治正当性和合法性的重要意义，不过，卢梭不能解决的公意通过立法机关多数决定的问题在康德那里得到了合理解决。康德认为，在社会契约中，人民的一致同意就意味着已经将立法机构中的多数决定看成了公意。"一群有理性的生物为了保存自己而在一起要求普遍法律，但是他们每一个人又秘密地倾向于把自己除外，他们应该是这样地安排并建立他们的体制，以至于彼此防止这种秘密的私心。"① 秘密的私心只能被公开的强制性法律——这代表了公意的力量——阻止。康德克服了卢梭公意理论的固有困境，通过对卢梭公意理论的批判性诠释和对卢梭契约理论的重新构架，康德更加坚信了公民社会中共同利益的重要性。

康德是一个理想主义者，也是一个乐观主义者，他通过共和体制设想了世界永久和平的可能，"惟有共和的体制才是完美地符合人类权利的惟一体制"，而共和制也是"由一个民族全部合法的立法所必须依据的原始契约观念而得出的惟一体制"。因此，共和体制能更好地体现大自然的合目的的要求，也就理所当然能够保证世界永久和平的真正实现。

三　阿伦特：人的条件

犹太人汉娜·阿伦特无疑是当代西方最具原创性的政治理论家之一，她秉承古希腊亚里士多德传统，企图恢复共和主义的地位。《人的条件》(*The Human Condition*, 1958) 是阿伦特的重要著作，她认为人的条件并不是生物学意义上的有生命的人的条件，而是作为政治生命而存在的人的条件。在这个意义上"人天生是一个政治动物"在阿伦特那里得到呈现。阿伦特从人的三种最基本的活动出发来探讨拥有生命的人的三个基本条件，这三种活动是劳动、工作和行动。

> 劳动是相对于人体的生理过程而言，每个人的自然成长、新陈代谢等都受到劳动的制约，劳动控制着人的整个生命历程。……工作营造了一个与自然界截然不同的"人工"世界，这个世界本身意味着对所有个人生命的突破和超越。工作作为人的条件之一，是一种现世

---

① [德]康德：《历史理性批判文集》，何兆武译，商务印书馆2005年版，第129页。

性。……行动是指人们而不是人类居世的群体条件。一切人的条件都与政治相关，而群体性则是所有政治生命的重要条件，不仅是充分条件，而且还是必要条件。①

阿伦特赋予劳动、工作和行动全新的内涵。关于劳动，阿伦特从洛克说起，认为自从洛克发现劳动是一切财产的来源之后，劳动的地位被无形地抬高了，这种抬高在亚当·斯密和马克思那里达到了顶峰，特别是在马克思那里，劳动概念被赋予双重内涵，劳动成为区别人与动物的根本标志。阿伦特认为，马克思的劳动概念与传统观念完全对立，并且自相矛盾。② 阿伦特通过对洛克、斯密和马克思的劳动观念的批判，认为劳动只不过是人作为一个动物物种存在的一种方式，只满足类似于动物生命需求的需求的一种活动。因此，劳动对应的是人的生命性，由此产生的是"消费者社会"。阿伦特认为工作的过程有人的主观意识在里面发挥作用，而劳动则是纯本能的活动。"制作，即技艺者的劳动，存在于对象化的过程之中。……人就其是一个技艺者而言已经被工具化了。"③ 人类把工作的所有对象对象化和工具化了，由此形成了功利的世界、交易的世界。如果说劳动和制作都可以在孤独的情况下完成，而行动则意味着"面对他人的言行网络"。阿伦特对行动概念进行现象学的解释，"行动者总是在其他行动者中行动"，"行动是行动者在言行中的自我展现"，④ 这些是海德格尔式的现象学语言。她甚至说，没有言行的生活一片死寂，这也就不再是一种人类生活。如此看来，阿伦特将包含言谈的行动看成人之为人的根本，离开这一根本，人将不再是真正的人。由此，阿伦特设想了人类公共事务得以解决的美好前景——每个人都积极参与公共事务，最终

---

① ［美］汉娜·阿伦特：《人的条件》，竺乾威等译，上海人民出版社1999年版，第1页。

② 阿伦特在《人的条件》和《马克思与西方政治思想传统》里对马克思的劳动理论提出了批评。参见［美］汉娜·阿伦特《马克思与西方政治思想传统》，孙传钊译，江苏人民出版社2007年版。

③ 阿伦特认为康德理论中存在着功利主义倾向，但她并没有完全否定康德的观点，而是沿着康德的道路继续前行，指出一个工作的人是一个"市场化"的人、一个"交易"的人。参见［美］汉娜·阿伦特《人的条件》，竺乾威等译，上海人民出版社1999年版，第151页。

④ ［美］汉娜·阿伦特：《人的条件》，竺乾威等译，上海人民出版社1999年版，第191、178页。

达成某种共识。尽管阿伦特没有明确地如此说,但指向了这一方向。哈贝马斯对公共领域和商谈理论的开拓性研究基本上和阿伦特的行动理论保持了一致。

阿伦特强调,行动只发生在公共领域,也就是说,私人领域的所有活动都不是阿伦特意义上的"行动"。[①] 这意味着,发生在公共领域的行动不可能在秘密状态下进行,行动只有在向他人展现的过程中才能存在,孤独个人的自言自语或者孤独个人对着镜子的自我表演与行动完全不相干。也就是说,一个人参与公共事务的行动一定是公开的。公开固然是阿伦特行动概念的隐含意义,也作为人的条件是人所应具有的独有特性,行动理论彰显出来的公开观念是阿伦特思考所有社会政治问题的基础。

阿伦特强烈反对极权主义。首先,阿伦特对极权主义组织进行层层剖析。极权主义在权力夺取之前的先锋组织,极权主义的精英组织和极权主义的军事组织,大都通过假公开或真秘密的方式进行活动,如欺骗性的宣传、谎言、密谋、组建秘密会社等。其次,秘密警察和集中营式的全面统治是极权主义的重要特征。在阿伦特看来,秘密警察做着秘密的、不可告人的事情,如建立居民的秘密档案、对"危险分子"秘密镇压或处理、创建秘密会社等。集中营更是极权主义的重要标志,集中营实行全面的秘密统治,里面的人相互隔离,和外面的人也完全隔离,极权主义政权中的每一个人都时刻面临着进入集中营的危险,处于秘密的、不确定状态中的人时刻生活于恐惧之中。最后,极权主义把意识形态和恐怖作为实行全面统治的重要手段。意识形态是"软性的",本指一种错误的观念,以潜移默化的方式说服人们,直接与谎言、欺骗相关。恐怖是"硬性的",在阿伦特那里,恐怖与孤立直接相关。"恐怖只有对那些相互隔离孤立的人才能实施绝对统治,所以,一切专制政府主要关注的事情就是造成这种孤

[①] 阿伦特在《人的条件》中对私人领域和公共领域专门进行过探讨。除阿伦特外,哈贝马斯也专门就公共领域问题进行过深入研究。在公共领域和私人领域的分界问题上,哈贝马斯和阿伦特的观点有很大的分歧,这是政治哲学中的重大问题。准确界分公共领域和私人领域,还需要学界继续进行研究。参见 [德] 哈贝马斯《公共领域的结构转型》,曹卫东等译,学林出版社1999年版。

立,孤立是恐怖的开端,它也总是恐怖的结果。"① 阿伦特主张公共领域中行动的公开,反对公共领域中任何秘密的行为。在《共和的危机》(Crises of The Republic)中,阿伦特探讨了政治中的谎言问题,她承认,美国五角大楼解密文件表明美国的内外政策大量使用了谎言、欺骗,这些谎言很容易被美国国民相信,阿伦特坚持公开性立场,对美国政府的谎言行为进行批判。②

第三节 自由主义言说中的公开

自由主义是当今西方世界主流的意识形态,它倡导个体权利、自由、理性、平等、宽容、宪政等基本价值理念。自由主义尽管一直被西方国家奉为圭臬,但也受到了来自社群主义、共和主义的攻击。自由主义发展至今,内部各派别间纷争不断,自由主义在内外夹击中壮大和发展。自由主义倡导公开,主张公开的政治。自由主义政治传统以霍布斯、洛克、穆勒为主要代表。霍布斯以他的自然权利和社会契约理论,为自由主义做了思想准备,洛克在霍布斯理论的基础上将同意作为政治正义的合法基础,穆勒则论证了一种完全的思想自由或言论的自由。

一 霍布斯:"利维坦"与自由主义的吊诡

"霍布斯是现代式政治哲学的开创者",如果我们承认这个基本判断,那么霍布斯就不可能是专制主义的辩护者,而是现代自由主义的代言人。自由主义和专制主义的标签可以同时贴在霍布斯上,这在西方政治哲学史上是一个奇迹。霍布斯到底是专制的辩护士还是自由的先驱者,这在政治

---

① [美]汉娜·阿伦特:《极权主义的起源》,林骧华译,生活·读书·新知三联书店2008年版,第591页。

② 阿伦特在《共和的危机》中关于政治谎言的论述并没有引起学者们的关注,实质上,阿伦特对政治中谎言的否定与她的行动理论一脉相承,她一直坚持行动中的公开性,也就在某种程度上否定了政治中的谎言,但阿伦特又对政治谎言表现出一定的同情。参见 Hannah Arendt, "Lying in Politics: Reflections on the Pentagon Papers", *Crises of the Republic*, New York and London: Harcourt Brace Jovanovich, 1972, pp. 1–48。

哲学上实乃一个谜题。① 不过，如果将公开性原则纳入我们的视野，并将其作为判断专制与自由的标准，那么，我们便能证明霍布斯政治哲学中的自由主义倾向。

个体与共同体的关系问题是西方政治哲学的基本问题。在西方政治哲学史上，这一问题有两种相互对抗的思考路径：一种路径认为共同体的存在先于个体，以亚里士多德为代表；另一种路径认为个体先于共同体，以霍布斯为代表。在亚里士多德建构的模式中，作为共同体的城邦是先在的善，先于个人的存在，个人只有在城邦里才有意义，也才能为"人"。"城邦作为自然的产物，并且先于个人，其证据就在于，当个人被隔离开时他就不再是自足的，就像部分之于整体一样。不能在社会中生存的东西或因为自足而无此需要的东西，就不是城邦的一个部分，它要么是只禽兽，要么是个神。"② 在霍布斯建构的模式中，不存在事先设定的共同体或国家，国家通过授权形成，国家的本质是"一大群人相互订立信约、每人都对他的行为授权，以便使他能够按其认为有利于大家的和平与共同防卫的方式运用全体的力量和手段的一个人格"。③ 按照霍布斯的逻辑，作为共同体的国家是个人的集合，孤独的个人为了各自的幸福和生命的保全而结成国家，离开了个人的国家将成为乌托邦。

当亚里士多德说人天生是一个政治动物时，亚里士多德已经把城邦看

---

① 霍布斯在其重要著作《利维坦》中塑造的"利维坦"形象，是世人将霍布斯看成专制主义的辩护者的主要证据。而通过《利维坦》《论公民》等著作霍布斯表露出来的利己主义道德观和建立在个人主义基础之上的契约理论，又成为政治哲学史家们将霍布斯看成现代自由主义开创者的重要原因。西方政治哲学史不乏将霍布斯看成专制主义辩护人的学者，如麦克利兰认为霍布斯从根本不是契约的社会契约出发为专制主义进行了合法性论证，参见［美］约翰·麦克利兰《西方政治思想史》，彭淮栋译，海南出版社2003年版。钱永祥也持同样观点，他否认霍布斯是一个自由主义者，明确指出霍布斯是一个绝对主权论者。参见钱永祥《纵欲与虚无之上：现代情境里的政治伦理》，生活·读书·新知三联书店2002年版，第289—297页；钱永祥《伟大的界定者：霍布斯绝对主权论的一个新解释》，载渠敬东编《现代政治与自然》，上海人民出版社2003年版，第127—168页。另一方面，更多的学者愿意认为霍布斯是一个自由主义者，如施特劳斯等。参见 Leo Strauss, *Nature Right and History*, Chicago: University of Chicago Press. 1953；［美］列奥·施特劳斯《霍布斯的政治哲学》，申彤译，译林出版社2001年版。

② ［古希腊］亚里士多德：《政治学》，颜一、秦典华译，中国人民大学出版社2003年版，第5页。

③ ［英］霍布斯：《利维坦》，黎思复、黎廷弼译，杨昌裕校，商务印书馆1997年版，第132页。

成一个封闭的实体了,作为共同体的城邦是自足的,不需要从个人那里获得养分,更不需要从其他实体那里获得支撑,共同体不对任何人或任何实体敞开。霍布斯的思路则完全异于亚里士多德,当霍布斯说国家的本质在于个人的授权时,霍布斯就已经把国家看成是生成的了,是基于个人的同意而生成的共同体,这个共同体对个体而言时刻敞开着。在霍布斯那里,"利维坦"作为国家的代表被赋予了巨大的力量,"人们的统治者的巨大权力,我把这种统治者比之于利维坦,"这种"利维坦"在上帝那儿被称之为"骄傲之王"。① 利维坦的这种巨大力量,是世人将霍布斯看成专制主义代言人的理由。但是,霍布斯笔下的利维坦必须接受个人的授权才会产生巨大的力量,利维坦也必须对所有人敞开,况且,利维坦并不会永恒的存在,不是善或完美的化身,它"会死亡,也会腐朽"。

社会契约是霍布斯的立论根据,可以分为两块来理解,一块是契约达成之前的自然状态,另一块是契约达成之后的公民社会。霍布斯认为,自然状态是"所有人对所有人的战争状态",在这种状态下没有秩序可言,人与人之间只有无序的碰撞。为了寻求保存,所有人达成契约并结成政治社会,于是就有了国家,有了"利维坦"。依照霍布斯的观点,从社会契约中能够逻辑地推导出政治义务、服从、公平正义,但问题的关键在于,建立在义务、服从与正义之上的公民社会是通过何种方式得以维持的,也就是说,从社会契约中并不能逻辑地推导出利维坦的统治方式与原则。不过,霍布斯没有逃避这个问题。

一是,利维坦依靠武力还是依靠理性进行统治?霍布斯认为理性才是利维坦寻求政治秩序的根本,这可在《利维坦》第二部分第三十章论主权代表者的职责部分中找到证据。"凡是一个人用武力或行动取得的东西,都是属于他的,这一点我已经证明是错的。""良好的建筑艺术是从理性原理中得来。……同样,在人类开始建立不完善和容易回到混乱状态的国家以后很久,才可能通过勤勉的思考发现出使国家的结构除开受外在暴力的作用外永远存在的理性原理。"②

---

① [英]霍布斯:《利维坦》,黎思复、黎廷弼译,杨祖陶校,商务印书馆1997年版,第248—249页。

② [英]霍布斯:《利维坦》,黎思复、黎廷弼译,杨祖陶校,商务印书馆1997年版,第262页。

二是，利维坦依靠谎言还是依靠真实进行统治？通常认为，霍布斯的权威主义主张人们对利维坦服从与恭顺，人们不需要知道或理解政治和政治安排，也就是说，人们不需要知道政治的真相。这样可以逻辑地推导出，利维坦是依靠谎言而不是依靠真相进行统治的。这种观点是对霍布斯的严重误解，霍布斯相信，人们知道或理解事情的真相是非常重要的，原因在于，霍布斯的政治义务是反直觉的（counter-intuitive），建立在对政治义务真相的知道与理解上。① 在《利维坦》第三十章中，霍布斯根据社会契约的观点，认为主权者的职责在于"为人民求得安全"，而达到这一目的的方式不是武力，也不是强迫，更不是谎言和欺骗，而是理性的教导。"教导"一词在这一章中出现的频率很高，这说明，霍布斯的利维坦表面上力量强大，但实际上是通过不断的教导来对人们进行统治。在霍布斯看来，人们应该尽量了解政治、理解政治，良法就是为人民的利益所需而又清晰明确的法律，条文要尽量简洁，用字要尽量恰当而又意义明确，人们不容易受诱骗。②

三是，利维坦依靠命令还是依靠建议进行统治？如果主权者以发布命令的方式对臣民进行统治，那么臣民对国家事务就不能有建议。反之，如果主权者为保全臣民的安全而采纳臣民的意见建议，那么，命令式的统治方式也就不适用了。利维坦到底依靠何种方式进行统治，霍布斯在对命令和建议的比较中已经做出了回答。霍布斯区别命令与建议，认为命令是为了本人的利益，而建议是为了别人的利益。问题在于，利维坦的权力来自人们的授予，利维坦的初衷在于保全人们的安全，因此，利维坦一定不是为了自己本身的利益而存在的，一定是为了臣民的利益而存在的。在这个意义上，利维坦不会使用命令的统治方式，而是积极接纳臣民的意见建议。"征求建议的人不论所问得的是什么，根据公道说来不能加以控告或惩罚，因为征求旁人的建议就是让他提出自己认为最好的意见。"③

---

① 美国学者杰里米·沃德专门研究了霍布斯政治哲学中的公开性问题，认为霍布斯的政治秩序不是利维坦依靠秘密或谎言统治的结果，参见 Jeremy Waldron, "Hobbes and the Principle of Publicity", *Pacific Philosophical Quarterly*, Vol. 82, No. 3-4, 2001, pp. 447-474。

② ［英］霍布斯：《利维坦》，黎思复、黎廷弼译，杨祖陶校，商务印书馆1997年版，第270、271、261页。

③ 同上书，第198—199页。

二 洛克：同意的观念

"自由主义者，特别是启蒙时代的自由主义者，相信政治秩序的维持不能依靠神秘、谎言、虚假意识、意识形态，启蒙时代的自由主义者都承认罗尔斯意义上的公开性原则。"① 毋庸置疑，洛克是近代西方自由主义的鼻祖，依据为他的有限政府论、分权原则以及他对私有财产的极力辩护。不过，洛克并没有论证过被自由主义奉为圭臬的公开性原则，但启蒙时代自由主义者的洛克的确又是公开性原则的最有力辩护者，他的辩护是通过同意的观念的论证实现的。

在自由主义理论中，个体是权利和价值的唯一承载。从古典自由主义到现代自由主义，这一原则一直没有改变，但也成了自由主义受攻击的焦点。当代社群主义的代表人物桑德尔对罗尔斯自由主义的自我概念进行批评，认为自由主义的自我是"无牵无挂的自我"。② 毫无疑问，无牵无挂的自我是原子式的自我。自由主义声称，个体是所有问题的根源，共同体与个体之间的关系是建构的关系，共同体是个体建构出来的，个体的存在先于共同体。自由主义只谈个体，这是桑德尔等社群主义者的结论。他们认为，自由主义从来不关注他人，更不关注共同体。桑德尔只看到问题的一面，而没有看到另一面，也就是，自由主义只说个体是权利与价值的唯一承载者，而没说个体没有对他人的关怀，更没说个体没有对共同体的关怀。自由主义没有直接说明自己是否拥有这样的关怀，不能由此断定自由主义就没有这样的关怀。实际上，自由主义原子式个体并不一定是无牵无挂的个体，而是关照他人的个体。霍布斯的自然状态下"人与人之间是战争状态"的个体是无牵无挂的个体，并不能证明霍布斯公民社会里的个体是无牵无挂的个体，同样地，罗尔斯的原初状态下"无知之幕"背后的个体可以是无牵无挂的个体，但罗尔斯并没有说秩序良好的社会里的个体是一个无牵无挂的个体。洛克从一开始就将"他人之爱"纳入自己政治思考的视野。

---

① Jeremy Waldron, "Hobbes and the Principle of Publicity", *Pacific Philosophical Quarterly*, Vol. 82, No. 3-4, 2001, p. 448.

② Michael J. Sandel, "The Procedural Republic and the Unencumbered Self", *Political Theory*, Vol. 12, No. 1, 1984, pp. 81-96.

洛克借用胡克尔的观点道出自然状态下人的本性。"人类基于自然的平等是既明显又不容置疑的,因而把它作为人类互爱义务的基础,并在这个基础上建立人们相互之间应有的种种义务,从而引申出正义和仁爱的重要准则。"① 按照洛克的观点,自然状态下的个人寻求自我保存,但与霍布斯完全不一样的是,洛克的原子式个体的自我保存不基于完全自利的动机,而要关注与自身相关的他人。在洛克那里,自然状态下的个人绝不会霍布斯意义上的冷若冰霜,而对他人充满了仁爱和义务。这种"他人之爱"构成了洛克思考自由、平等和独立问题的基础,洛克将自然状态定义为人的充分自由(perfect freedom)状态,但他同时表示,这种自由状态不是放任状态,而需要考虑他人关系造成的限制。人不能伤害他自己,也不能伤害他人,人与人是平等的,任何人都不得侵害他人的生命、健康、自由、财产等。他甚至要求"当人在保存自己不成问题时,他就应当尽其所能保存其余的人类"。② 在洛克那里,他人永远为个体敞开,这与霍布斯的自然状态的人形成了鲜明对比。在自然状态中,霍布斯将他人看成个体自身的地狱,个体自身与他人没有半点关系,他人永远不会走进个体自身的世界,个体自身是一个封闭的世界。而在洛克那里,他人不断走进个体自身的世界,个体自身是一个开放的世界。

同意的观念是洛克政府理论的核心。洛克在三层意义上使用同意的观念,一是政治共同体源于人们的同意。在自然状态中,人类天生自由、平等、独立,但这种美好状态并不能实现每个个体的自保,因此,有必要建立政治共同体,以更好地保护自己、财产、自由。在《政府论》中,洛克不厌其烦地表达,政治社会的创始是以那些要加入和建立一个社会的个人的同意为依据的。二是政治权威的合法性源于人们的同意。从第一层意义能够推导出代表政治共同体拥有权威、权威的主权者行使权威、权威的合法性基础在于人们的同意。洛克在论及法律效力和强制性时又强调了这点,"除非基于他们的同意和基于他们所授予的权威,没有人能享有对社会制定法律的权力"③。三是政治义务的必要性出自人们的同意。自然状态下

---

① [英]洛克:《政府论》(下篇),叶启芳、瞿菊农译,商务印书馆2007年版,第3页。
② 同上书,第4页。
③ [英]洛克:《政府论》(下篇),叶启芳、瞿菊农译,商务印书馆2007年版,第83页。

的人们基于同意结成政治共同体后，政治共同体根据个体的同意而行动，政治共同体便拥有对每一个人的权威，当人们同意建立一个由一个政府统辖的国家的时候，个体本有服从大多数人的决定的义务。

不难看出，同意的观念破开了社会契约中政治共同体与成员之间的壁垒。一是同意的观念预示着契约共同体向个体敞开。契约共同体是一个开放的共同体，一方面，契约共同体源于人们之间的协议，这个共同体是所有人的集合，离开单独的个体，这个共同体便不存在了，契约共同体是一个建构的过程。另一方面，契约共同体向所有人敞开。"只要一个人占有任何土地或享用任何政府的领地的任何部分，他就因此表示他的默认的同意……这不管他所占有的是属于他和他的子子孙孙的土地，或只是一星期的住所，或只是在公路上自由地旅行，事实上，只要身在那个政府的领土范围之内，就构成某种程度的默认。"① 二是同意的观念预示着个体向契约共同体敞开。每个成员通过同意主动接受政治权威的统治，对每个成员而言，政治权威是外在的可接受的东西，并不构成威胁，为保护每个成员而服务的，因此，政治权威与每个成员之间不是互相排斥而是相互依赖的。三是同意的观念预示着契约共同体内个体的相互敞开。霍布斯将自然状态描述成人与人之间的战争状态，在这种状态中，人与人之间是敌对的，最严重的后果便是相互毁灭，因此，每个成员为了自保必定会自我封闭。相反，洛克则认为自然状态是人类的自由、平等和独立状态，人与人之间通过同意结成政治共同体，人与人之间是友好和谐的，并且每个成员的自我保存是通过与他人合作实现的，在这个意义上，契约共同体内的每个成员相互之间拥有开放的心态。

三 穆勒论自由

公开与自由如一对形影不离的孪生姐妹，顽强的自由主义者也一定是

---

① [英]洛克：《政府论》（下篇），叶启芳、瞿菊农译，商务印书馆2007年版，第74页。洛克关于同意特别是缄默的同意（tacit consent）的观点在政治学史上受到了大量的批判与质疑。汉那·皮特金（Hanna Pitkin）认为，"同意"完全与洛克证成政治权威的理论没有关系；约翰·西蒙斯（John Simmons）认为，对洛克而言，"同意"只是论证政治义务的必要的而不是充分的条件。参见 Hanna Pitkin, "Obligation and Consent", *The American Political Science Review*, Vol. 60, No. 1, 1966, pp. 39 – 52; John Simmons, "Denisons and Aliens: Locke's Problem of Political Consent", *Social Theory and Practice*, Vol. 24, No. 2, 1998, pp. 161 – 182。

公开观念的有力辩护者,这在英国自由主义哲学家约翰·斯图亚特·穆勒（John Stuart Mill）那里体现得尤为明显。应该承认,穆勒是哲学上最支持公开讨论（思想自由和讨论自由）和个性自由的人。

穆勒运用伤害原则为思想自由和讨论自由辩护。在《论自由》中,穆勒这样描述伤害原则:文明共同体中的成员正当地运用一种权力以反对自己的意志,唯一的目的在于防止对他人的危害。① 根据伤害原则,穆勒总结了人类自由的适当领域——思想与讨论的自由、趣味与志趣的自由、个人之间相互联合的自由等。在穆勒看来,"如果本章的论据有任何真实性,那么,作为一个伦理信念,乃至任何学说,无论认为它怎样不道德,都应当有充分的表达它和讨论它的自由"②。一个学说或观念,无论内容多么不道德,都应当可以被自由地讨论或言说。在他看来,如果全体人中只有一个人持有不同意见,全体人要使那一人沉默不比那一人要使全体人沉默更正当,因此,穆勒认为,实践的、思考的、科学的、道德的、神学的意见和情操有绝对自由。一个意见只有假的或真的（谬误或真理）两种可能,穆勒认为,不论是真的意见还是假的意见,都需要被表达出来公开地进行讨论,不能用政治权威压制,哪怕是真确的意见。

首先,穆勒认为人类判断有可错性。穆勒认为,人类的判断具有永远的可错性,因此,任何一个人都没有权威代替全体人类决定问题,人类的判断要走向真理就需要接受他人的批判,向他人"保持敞开"。

其次,穆勒认可错误意见的积极作用。穆勒认为,哪怕是错误的意见,也有其积极作用,因此,错误的意见不能被压制,应该允许自由公开的讨论。统治者或政府应该对错误的意见敞开,那些错误的意见可能而且通常包含部分真理,任何真理的判断从来就不是全部真理,只有与敌对意

---

① 穆勒的伤害原则以及由此引申出的两条格言表露了一种开放的心态,伤害原则是一条开放原则。其一,从形式上看,伤害原则始终以他人为关照,以他人为视域。一个人的行为只要对他人没有构成伤害,这个行为就是正当的。他人是判别个人行为正当性的基石,离开他人,这个原则便失去了根基。表面看来,他人是个人自由行为的障碍,但实际上,正是因为有他人的存在,个人行为的自由才有根基。其二,从内容上看,不涉及他人利害的个人行为永远是公开的,人可以自由行动,不受社会控制,也就不需要采取秘密方式行事。参见 [英] 约翰·密尔《论自由》,许宝骙译,商务印书馆2005年版,第18页。"穆勒"曾被译作"密尔",二名指同一人,本书采用现在常用的译法"穆勒"。——编者注

② [英] 约翰·密尔:《论自由》,许宝骙译,商务印书馆2005年版,第18页。

见发生冲突才能使所遗真理有机会得到补足。

最后，穆勒坚持人类真理的批判原则。如果一个判断是真理并且是全部真理，那似乎不需要接受自由讨论，但是，穆勒认为，哪怕是全部真理，也应该向他人敞开，接受他人的批判，这样才能保持真理的真确性。相反，在缺乏自由讨论的情况下，意见的根据被忘掉了，意见的意义本身也常常被忘掉了。在这个意义上，穆勒坚持人类真理的批判性原则就是坚持了人类真理的开放性原则。

除了坚持思想自由和讨论自由，穆勒还高度肯定个性的自由发展。穆勒认为，个性是人类福祉的重要因素之一，是一种内在价值。第一，个性的自由发展需要"自由与境地的多样化"，这种多样化是开放社会的象征。穆勒强调，凡是压制人的个性的都是专制的。在专制社会里，个性得不到发展，每个人按照千篇一律的方式生活。"读相同的东西，听相同的东西，看相同的东西，去相同的地方，所抱有的希望和恐惧是指向相同的对象，享有相同的权利与自由，握有相同的主张那些东西的手段。"① 穆勒完全予否定，这种相同的生活方式，认为这是专制制度下的生活方式。"人类要成为思考中高贵而美丽的对象，不能靠着把自身中一切个性的东西都磨成一律，而要靠在他人权利和利益所许的限度内把它培养起来和发扬出来。"② 第二，只有个性的自由发展才会有"首创性"。在穆勒看来，首创性是一个有价值的因素。③ 他告诫人们，现有的一切美好事物都是首创性的果实，任何社会都要保障首创性。穆勒坚持认为，首创性最集中地体现在天才身上，而这些天才的产生需要一些条件，其中最重要的条件就是保障天才自由生长的"土壤"，让天才在自由的空气里自由呼吸，充分发挥个性，社会向所有人开放，让所有人自由发挥个性。在这个意义上，专制或建立在专制之上的封闭统治在任何地方对于人类的前进都是一个持久的障碍。

---

① ［英］约翰·密尔：《论自由》，许宝骙译，商务印书馆2005年版，第86页。
② 同上书，第74页。
③ 约翰·穆勒将首创看成发现真理的重要途径，这并不意味着穆勒认为真理会随着时间而改变其真值，穆勒在《论自由》中有这样的话"过去的真理在什么时候已不是真理"，这很容易造成人们对穆勒观点的误解。参见［英］约翰·密尔：《论自由》，许宝骙译，商务印书馆2005年版，第75—76页。

第四节 政治正义语境中的公开

西方政治哲学从柏拉图开始,就把正义问题作为研究的重要主题,正义问题并没有统一的答案。当代社群主义的代表人物麦金太尔(A. Macintyre)在梳理了从荷马史诗想象中的正义到休谟的正义理论的正义史后提出到底是"谁的正义"的问题。不过,现代政治哲学关于正义问题的争论出现了一种趋向,那就是,公开性越来越被用作判别政治正义的标准,公开性成为政治正义的一个重要条件,其中的代表人物是康德和罗尔斯。

一 康德:公共权利的先验公设

在《论永久和平——一部哲学规划》中,哲学家康德提出了一个公共权利的先验公设:关系到别人权利的行为的准则与公开性不相容,就不正当的。① 对于这个公设,康德并没有像他对道德哲学中的道德律令(绝对命令)那样进行详细的论述与论证,但这个公设在康德政治哲学中具有举足轻重的地位,是理解康德政治哲学的关键线索。

康德提出公共权利(公法)的概念,并从中抽象出公开性的原则。康德告诉我们,政治与道德存在分歧,在客观上(理论上)道德与政治之间根本就没有任何分歧,在主观上这种分歧却可能始终存在着。那么如何达到一致?康德认为人的权利是解决政治与道德一致性的重要工具。由权利概念出发,康德架设了一座连接政治与道德的桥梁,正如康德通过附录二的标题告诉我们的,根据公共权利的先验概念论证了政治与道德的一致性。康德基本认同大多数法学家对公共权利(公法)概念的看法,因此他并没有对公共权利(公法)概念进行过多表述。但有一点是明确的,公共权利(公法)不是说权利(法)是公开的或可以公开宣告的,而是"国家之内人与人的、或者还有各个国家相互之间各种不同的在经验中形成的关系"。从这一概念出发,康德把公开性作为对所有公共权利(公

---

① Hans Reiss (ed.), *Kant: Political Writings*, Cambridge: Cambridge University Press, 1991, p. 126.

法）进行抽象后留下的唯一东西，也就是说，公共权利的核心是公开性，同时，每一项权利都要求本身包含这种形式的可能性，可见公开性对于公共权利（公法）的重要性。

康德对公共权利（公法）的所有质料进行考察从而抽象出公开性这一原则，并认识到权利问题的根本在于正义问题，而公开性是公共权利（公法）抽象后留下的唯一东西，因此，公开性与正义问题有着天然而紧密的联系。正如康德所说的，所有与权利有关的东西都包含着公开性的形式，因为在康德看来，没有公开性形式，就不会有正义，而权利来自正义，因此没有公开性也就没有权利。

康德对政治与道德一致性的论证是根据公共权利（公法）的先验概念进行的，这一先验概念是对公共权利（公法）的所有经验材料进行抽象得到的，也是抽去国家的与国际的权利（法）中的全部经验之后才得到的。这意味着，这项先验的公式，摆脱了一切经验条件的限制而具有普遍的形式。

康德认为先验公设是纯粹理性的一次实验，是简易可行且可以在先天理性中找到的标准。如果公开性能够与行动者的准则相结合，则这一行动就能够通过这一公式的检验。如果公开性没有和行动者的准则相结合，则设想中的要求（法律要求）的虚假性（违反权利性或违法性）马上就可以被识别出来。

康德的这一公式实际上表明行为准则与公开性的相容是行为正当的必要条件。逻辑上讲，要对这一必要条件进行辩护，就需要重点说明行为准则与公开性不相容。因此，康德主要从国家权利、国际权利和世界公民权利三个方面用了大量的思想实验（纯粹理性的实验）来说明行动的准则与公开性在哪些情况下不相容。

第一，行动的准则与公开性处于完全"二律背反"状态，即行动的准则是秘密的，秘密的行动就会客观上与公开性不相容。比如，在国际关系中，国家统治者的双重身份往往使其处于这种境地，他有责任遵守他向其他国家许下的诺言，当他面对本国的民众时，他又不得不违背原先向其他国家许下的诺言，这样就出现了对公开性原则的自相矛盾的表达。

第二，行动的准则（政策）公开后，根本就不受欢迎或遭到所有人的反对，这也会导致准则与公开性不相容。可以分两种情况来讨论。一种情况是不受欢迎,首先有一个预见,如果无法预见,就还需要进行讨论(批评性的争论)。比如,政府出台一项税收政策,首先政策决策人就要预测这项政策是否受欢迎,如果完全不受欢迎,则这项政策实施(公开)后就会违背决策人的意愿,从而出现准则与公开性不相容的情况。如果决策人不能预见政策受不受欢迎的情况,那么就应该对这项税收政策展开讨论,听听公众的意见,这样就能知晓这项税收政策受不受欢迎。对于一项政策,如果我们不需要经过预见和讨论就能先天地知道其必然地受到普遍的反对,那么此政策与公开性肯定不相容,这就是第二种情况,即行为的准则或政策受到必然的普遍的反对。

康德认为这两种不相容都导致了行为的不正当,但是,诚如康德所言:"如果某一行为者的准则是正义的,他的准则就将是可以公开的,但若该行为者足够强大,以致他敢于蔑视世界的反应而公布他的不正义计划,那么他的准则也将是可以公开的。可见,就某一行为的道德而言,其准则的可公开性是一个必要条件,但不是充分条件。"① 美国当代政治哲学史家列奥·施特劳斯看到了康德这一公设的隐含意义,认为康德对公共权利的先验公设实际上排除了任何秘密行为具有正当性的可能,从而简单地将公开与秘密进行分割。

二 罗尔斯:公开性与正义

在《正义论》中,罗尔斯提出了一个组织良好的社会所必须具备的条件,即公开性条件。② 在《政治自由主义》中公开性条件得到回应与加强,并被称为"充分的公开性条件"。③ 和康德一样,罗尔斯把公开性作为政治正义的重要条件。

罗尔斯认为,一种正义原则必须遵守其形式要,件即公开性条件,

---

① [美]列奥·施特劳斯、[美]约瑟夫·克罗波西主编:《政治哲学史》,李天然等译,河北人民出版社1998年版,第685页。

② John Rawls, *A Theory of Justice*, Cambridge, Massachusetts: The Belknap Press of Harvard University Press, 1971, p. 5.

③ 万俊人先生将罗尔斯《政治自由主义》中的"the publicity condition"译成"公共性条件",依笔者所见,应译为"公开性条件"。John Rawls, *Political Liberalism*, New York: Columbia University Press, 2005, p. 67.

如果违背，正义原则的合法性基础就不存在了。在他看来，原初状态中的各方如果真正要选择一种正义的原则，就需要建立起一种正当的观念，但这些正当观念也需要一些限制，罗尔斯称其为"正当观念的形式限制"。他一共列出了五项必备的条件，公开性条件是其中之一：原初状态中的各方假定他们是为了一种公开的正义观而选择原则的。他们假定，每个人都知道接受这些原则是契约的结果。[1] 公开性条件的目的是使各方把各种正义观作为被公开承认的和充分有效的社会生活道德法典。[2]

正当观念要遵循公开性，正义原则首先应该符合正当观念。罗尔斯把正义原则与功利原则对立，他认为，功利主义虽然尽力保障最大多数人的最大幸福，却不能保障每个人的利益，功利主义可能也会要求对社会整体的忠诚和正义感，但这会导致人们放弃个人利益，这样，功利主义的论证体系就是不稳定的。一个正义的观念要得到某种共识的支撑，只有公开性条件能够实现，而这种条件在功利原则那里是没有的。当一种正义观通过社会体系的实现得到了公开承认，并带来了相应的正义感，这种正义感就是稳定的。[3] 当正义原则被公开承认时，每个人的自由才会得到保证，每个人体会到自我尊重感的满足，在这个意义上，公开性条件的真正本质就是尊重。功利主义缺少自尊的支持，罗尔斯断言，在一个功利主义的社会里，人们较难信任自己的价值，除非同情和仁爱能够被普遍深入地培养，否则正义观就有动摇的危险。

当罗尔斯从原初状态中的无知之幕推导出两个正义原则的时候，他的目的是要将两个正义原则运用于社会基本结构，因此，作为一种制度安排的公共规则要求人们遵循社会的正义原则。"当谈到一种社会的基本结构是一种公开的规范体系时，我的意思是说，每个介入的人都知道当这些规范和这个人参与规范规定的活动是契约的结果，知道规范对自己及别人提出的要求，知道别人同样知道这一点。诚然，这一条件在现实制度中并不总能被满足，但这是一个合理简化的假设。将用于社会安排的正义原则被

---

[1] John Rawls, *A Theory of Justice*, Cambridge, Massachusetts: The Belknap Press of Harvard University Press, 1971, p. 133.

[2] Ibid..

[3] Ibid., p. 177.

人们理解为公开的。"① 罗尔斯认为，一个组织良好的社会一定是一个公开的正义观念能有效调节的社会，离开公开性，正义原则就不存在，社会秩序也不可能良好。

当罗尔斯从《正义论》转向《政治自由主义》时，他从公开性条件转向对公共理性观念的探讨。公共理性的实现要建立在充分的公开性基础上，罗尔斯发展出了一种公共理性学说。② 在罗尔斯那里，公共理性的观念建立在互惠和公民义务的核心概念之上。

首先，罗尔斯没有直接指出互惠原则是公共理性的基础，但是，公共理性的限制意味着，在基本政治问题上，各种宗教的或非宗教的完备性学说给定的理由永远无法进入公共理性。在《政治自由主义》中，罗尔斯提出了自由主义的合法性原则问题：什么样的原则和理想才是公民们平等共享终极政治权利和相互证明的正当合理性呢？罗尔斯排除了宗教的和非宗教的各种完备性学说，并不在于这些学说是假的，而在于缺少互惠的标准。在罗尔斯看来，互惠原则建立在理性公民的基础之上，理性是公民的一种能力，这种理性的能力——我们能够并相互能够接受其他公民正当行动的理由——构成政治权力运用的合法性基础。罗尔斯认为理性是公共的，这意味着，通过理性"我们才作为平等的人进入了他人的公共世界，并准备提出或接受各种公平的合作项目"。③ "公平合作项目是每一个参与者都可以理性接受的——假如其他人也同样接受它们的话。"④ 因此，只有建基于互惠基础上的各种学说之重叠共识，才能进入公共理性的视野。互惠的观念是一个在罗尔斯的《正义论》中没有发展出来的观念，但是在《政治自由主义》中，这一观念处于政治自由主义中的公共理性理念

---

① John Rawls, *A Theory of Justice*, Cambridge, Massachusetts: The Belknap Press of Harvard University Press, 1971, p. 56.

② 美国的查里斯·拉摩尔（Charles Larmore）认为，在罗尔斯20世纪80年代的诸多论文和《政治自由主义》中，公开性条件被扩展为详细而复杂的公共理性理念，在《正义论》中得以完全展现的公开性概念，成为了公共理性的根基，这样，在《正义论》中处于边缘位置的公开性观念便随着罗尔斯讨论主题的转换而成为被关注的焦点。参见 Charles Larmore, "Public Reason", *The Cambridge Companion to Rawls*, Cambridge: Cambridge University Press, 2003, p. 380。

③ John Rawls, *Political Liberalism*, New York: Columbia University Press, 2005, p. 53.

④ Ibid., p. 16.

的中心。①

公民义务②是罗尔斯公共理性理念的核心。罗尔斯谈到对公共理性的新见解时，提出作为一种民主理想的公民义务（the duty of civility）位于公共理性的中心地位。③ 他说，公共理性还包括合乎理性和尊重公民义务的政治美德，这些公民的美德有助于有关政治问题的理性的公共讨论的发生。④ 公民义务不是一种法律义务而是一种道德义务，使一种理性的公共讨论可能发生。这种义务要求公民相互解释清楚，也包含了倾听他人意见的态度，和在对别人的观点做出理性回应——接受他人合乎理性的友好意见或修正我们自己的观点——时保持的公平心。罗尔斯批驳了把公民义务看成纯粹的个人道德的观点（即把倾听他人意见和与他人辩论看成个人的事情）。因此，公民义务促进了公民之间的相互辩谈，而这种辩谈是公共理性所要求的。

应该承认，公开性在从正义原则到公共理性的理论转换中起到了非常重要的作用，暗含了罗尔斯坚定不移的理论立场与现实关怀：一个秩序良好的社会必须满足充分的公开性条件，保证政治正当的公共证明（public justification）的彻底进行。

第五节 道德论证视野中的公开

道义论和功利主义是西方道德哲学中贯穿始终的两个派别，它们之间的对立和冲突构成了西方伦理道德哲学争论的主流。道义论在康德那里得

---

① Charles Larmore, "Public Reason", *The Cambridge Companion to Rawls*, Cambridge: Cambridge University Press, 2003, p. 372.

② civility 一词可译为礼貌、礼仪、谦恭等，《政治自由主义》一书的中文译者万俊人先生将其译为"公民义务"，笔者认为不妥，但又找不到更好的译法。因此本书对于罗尔斯的这一重要概念仍沿用万俊人先生的译法。

③ John Rawls, *Political Liberalism*, New York: Columbia University Press, 2005, p. 253. 至于这种义务何以成为公共理性的核心，罗尔斯并没有进行说明，但是戴维·桑达尔（David Thunder）从这种义务的内容和根据出发对这个问题进行澄清。参见 David Thunder, "A Rawlsian Argument Against the Duty of Civility", *American Journal of Political Science*, Vol. 50, No. 3, 2006, pp. 676–690.

④ John Rawls, *Political Liberalism*, New York: Columbia University Press, 2005, p. 224.

到了经典的表述，而功利主义在约翰·穆勒那里得到了长足的发展。如果根据道义论和功利主义就政治公开进行正当性论证，那么最终可能陷入完全不能调和的境地。但有趣的是，以康德为代表的道义论和以边沁为代表的功利主义都为政治中的公开行动进行辩护。

一 康德式道义论与公开

根据《斯坦福哲学百科全书》"道义伦理学"（deontological ethics）词条，道义论有以主体为中心的道义论（agent - centered deontological theories）、以受体为中心的道义论（patient - centered deontological theories）、契约论道义论（contractarian deontological theories）、康德式道义论（Kantian deontological theories）等多种形式。① 在道德哲学传统中，不只存在一种特定的康德道义论，罗尔斯、哈贝马斯等哲学家延续了康德道义论传统。② 应该承认，康德式道义论不仅为政治中的公开提供正当性证明，而且道义论中的普遍化原则、人性原则以及意志自律与自由原则，都隐藏着公开的观念。

首先，普遍化原则其实就是公开性原则的另一种表达。你的行动的行为准则通过你的意志变为普遍的自然规律，是康德极力维护的道德行为正当性的普遍化原则。在他看来，一个行为的正当性完全依赖于其行为准则能否普遍化，而行为准则的普遍化在现实操作层面完全建立在公开性之上，在某种意义上，普遍化就是公开化。尽管康德没有明说，但实际上康德把普遍化原则看成道德哲学领域中的绝对命令，把公开性原则看成政治

---

① Larry Alexander and Michael Moore, "Deontological Ethics", https：//plato. stanford. edu/entries/ethics - deontological/, 2016.

② 翟振明指出，康德的绝对命令学说会面临更严重的困难：在许多场合，当我们把一些人作为目的时，我们不得不把另一些人仅仅用作工具。翟振明表示还没看到康德理论走出这个困境的可能。罗伯特·诺齐克同样注意到康德道义论的局限，诺齐克在为他的最小国家理论寻找道德上的边界约束时，对边界约束所反映出的康德主义的根本原则进行了批评性分析，最终认定，不要以某些特定的方式利用人们，如果不得不利用这些特定的方式，也要将这种方式的使用减少到最低程度，从而保障他人神圣不可侵犯的原则。诺齐克其实并没有真正解决康德主义的缺陷，而只是为了适应他的极端自由主义思想向康德命令式的箴言做了退让。这种退让也正好说明，康德箴言的确存在理论上的困境。参见翟振明《康德伦理学如何可以接纳对功利的考量》，《哲学研究》2005 年第 5 期；[美] 罗伯特·诺奇克《无政府、国家和乌托邦》，姚大志译，中国社会科学出版社 2008 年版，第 38—39 页。

哲学领域中的绝对命令。①

其次，人性原则把他人纳入视野，这种视野是公开的视野。人在任何时候都是目的而不是手段，这是康德道德哲学中的重要论断，它告诉我们，如果你将他人作为一种工具，那么，你的行为不可能正当。在康德看来，人一旦被作为工具，人之间的关系将充斥着谎言、欺骗和隐瞒，甚至可能会为了自己的目的毁灭他人，他人与你的关系有发生断裂的危险。人性原则要求人们把他人作为行为的目的，你的行为要时刻以他人为关照。康德的人性原则又被称为尊严原则，人是目的的同时就被赋予了尊严，这个尊严既是自身价值的体现，也是他人赋予的，在一个人的行为中，他人永远是需要被关照的主体，而不是纯粹的客体。

最后，意志自律与自由原则与公开的观念有着千丝万缕的联系。康德认为，每个理性存在者的意志都是善良意志，因为每个意志都能将自身的准则变成普遍规律，永远不会有冲突，而普遍规律以公开性为支撑，意志的普遍立法就是公开立法。同时，每个理性存在者都是目的王国的成员，并且都是意志自律的主体，每个理性存在者都有完全的意志自由，他们不用服从任何法律规律，也不服从任何异己的意志，他们是目的王国里自由的主体。"任何一个作为自在目的的有理性的东西，不论它所服从的是什么样的规律，法律必定同时也要被看作是普遍立法者。正由于它的准则如此便于普遍立法，有理性的东西才以其自在目的而与众不同，同时也使它自身具有超乎一切自然物的尊严与优越性。"②

康德式的道义论与公开性观念有着紧密关联，直接导致秉承道义论传统的道德哲学家们在研究现实道德政治问题时坚持公开性原则和政治公开的观念，其中最具代表性的人物便是康德、罗尔斯和哈贝马斯。

毋庸置疑，康德在道德哲学中对道义论原则的坚持使他在思考政治问题时也同样坚持绝对命令中的普遍化原则，普遍化原则在康德的政治

---

① 康德的公开性公式是不是来源于道德律令中的普遍化公式，即公开性公式是否是普遍化公式在政治领域中的运用，罗尔斯曾经表示答案是肯定的，戴维·卢班引用罗尔斯的话并强调了康德的公开性公式与普遍化公式间的联系。参见 David Luban, "The Publicity Principle", *The Theory of Institutional Design*, Cambridge: Cambridge University Press, 1996, p. 180.

② [德] 伊曼努尔·康德：《道德形而上学原理》，苗力田译，上海人民出版社 2005 年版，第 59 页。

哲学中就体现为公开性原则。在《论永久和平———一部哲学规划》中，康德从国家权利和国际权利的全部经验中抽象出了公共权利的先验公设，这个公设与康德绝对命令的普遍化原则非常相似，是康德的绝对命令的普遍化原则在政治哲学中的运用。在康德的政治哲学中，公开的观念是贯穿康德政治思考的重要主题。首先，康德把理性的公开运用作为启蒙的重要标志。"启蒙运动除了自由外不需要任何别的东西，而自由的东西之中最无害的东西是，在一切事情上都有公开运用自己理性的自由。……必须永远要有公开运用自己理性的自由，并且惟有它才能带来人类的启蒙。"[1] 其次，康德把公开的观念作为世界永久和平的重要保证。世界永久和平需要各国达成一些条款，康德认为，凡是秘密保留了未来战争的材料的和平条款都不是有效的条款，世界和平必须建立在公开性原则之上。最后，康德还把公开性原则作为检验公民的不服从正当与否的根据。在康德看来，当公民想摆脱暴君的统治而实行反叛时，反叛行为的正当性只需要经过公开性原则的检验：公民能够公开宣布反叛，说明这个国家的统治已经走入绝境，公民有权利推翻暴君的统治；公民密谋推翻现行统治，说明这种反叛不具有正当性。总之，康德在思考政治问题时大都从公开性原则出发，在这个意义上，康德是西方政治哲学传统中第一个明确且集中地从公开性角度思考政治问题的思想家。

罗尔斯一再声称，他的正义理论试图复兴自康德以来的社会契约论传统，同时也是对功利主义的批判和对康德道义论的坚持。公开性原则是罗尔斯正义理论的重要原则。第一，罗尔斯将公开性作为正义观的前设条件。"在目标各异的个人中间，一种共有的正义观建立起公民友谊的纽带，对正义的普遍欲望限制着对其他目标的追逐。我们可以设想一种公开的正义观，正是它构成了一个组织良好的人类联合体的基本条件。"[2] 罗尔斯提出两个正义原则（即平等自由原则和差别原则），其中，自由原则只有在公开性的前提下才能实现，如果失去公开性而陷入

---

[1] [德] 康德：《历史理性批判文集》，何兆武译，商务印书馆 2005 年版，第 25 页。译文根据汉斯·赖丝（Hans Reiss）编辑的版本，且略有改动，参见 Hans Reiss (ed.), *Kant: Political Writings*, Cambridge: Cambridge University Press, 1991。

[2] [美] 约翰·罗尔斯：《正义论》，何怀宏、何包钢、廖申白译，中国社会科学出版社 1988 年版，第 5 页。

某种秘密或专断之中,平等自由将不可能实现。差别原则承认了社会总体上的不平等,但罗尔斯对不平等有严格限制,特别是差别原则的地位和职务向所有人开放的内容,使公开性成为罗尔斯保护地位低下者的有力武器。第二,罗尔斯在论证正义原则时一直坚持公开性。在原初状态中,罗尔斯设置了人们拥有正当观念的五个限制条件,其中,第一、二个限制强调正义原则的普遍有效性和正义原则应用的普遍性,假定每个人都能理解这些原则,并且在思考中运用它们。另外,罗尔斯直接把第三个限制条件定为公开性条件,在这里,罗尔斯承认了康德绝对命令中包含的某种公开的观念。"就康德的绝对命令要求我们按照一个人作为一个理性存在要自愿为一个目的王国立法这一原则行动而言,他的理论中明显地包含了公开性的条件。"① 第三,公开性原则也是罗尔斯的正义原则在社会基本结构中得以实现的重要规则。在社会基本结构中,罗尔斯强调规则的公开性:社会基本结构中的每一个人都知道这些规则,也清楚地知道别人也同样知道这些规则。在罗尔斯看来,这是正义的社会不可缺少的东西。

德国哲学家尤尔根·哈贝马斯(Jürgen Habermas)另辟蹊径,通过对康德道义论的主体间性的改造,提出了具有普遍意义的道德原则。交往合理性、交往行动、对话伦理、公共领域等这些哈贝马斯式的词汇,为哈贝马斯重新诠释康德式的公开观念开辟了道路。第一,哈贝马斯的对话伦理是彻底的公开伦理。哈贝马斯的对话伦理包含两个道德原则:一是 U 原则(普遍化原则,the principle of universalization),为了满足每个人的利益而共同遵守某项规范,其后果与副作用可以被所有受到该项规范影响的人接受;二是 D 原则(对话伦理原则,the principle of discourse ethics),只有全部参与实际对话并受该对话影响的人都认可的规范,才是有效的规范。② 毫不夸张地说,哈贝马斯的对话伦理比康德的绝对命令和罗尔斯的正义原则更直接地言说着一种公开的观念,所有人都必须接受规范带来的影响,有效的规范必须是所有人参与并认可的规范,这种规范对所有人的

---

① [美] 约翰·罗尔斯:《正义论》,何怀宏、何包钢、廖申白译,中国社会科学出版社 1988 年版,第 133 页。

② Jurgen Habermas, *Moral Consciousness and Communicative Action*, Cambridge and Massachusetts: MIT Press, 1995, pp. 120 – 121.

公开以及所有人之间的开放心态正是对话伦理的要点。第二，哈贝马斯的公共领域是向所有公众敞开的领域。哈贝马斯在《公共领域的结构转型》中表示，公共领域最常用的范畴和公众、公共性、公开化有着密切的联系，而与公共场所、公共建筑、公共招待会毫无关系。① 诚如艾格尼丝·库（Agnes S. Ku）所言，哈贝马斯的公共概念（the notion of public）在三个不同维度上使用：公共领域和私人领域（public sphere versus private sphere）、公众和大众（public versus mass）、公开和秘密（publicness versus secrecy）。② 第三，哈贝马斯通过审议民主和商议性政治的构建为政治公开性的实现提供了帮助。总之，哈贝马斯的理论为我们重新思考公开性问题提供了新视野。

二 公开观念的功利主义论证

功利主义名目繁多，有行为功利主义（act utilitarianism）、规则功利主义（rule utilitarianism）、快乐主义等功利主义变种。但功利主义的正统形式为杰里米·边沁（Jeremy Bentham）、约翰·斯图亚特·穆勒（John Stuart Mill）以及古典功利主义的最重要的发展者亨利·西季威克（Henry Sidgwick）的哲学。

功利主义不能为政治中的公开提供必然性辩护。用最大多数人的最大幸福来评估政治中的公开和秘密，必然会有两种的结果，要么公开带来最大多数人的最大幸福，要么秘密带来最大多数人的最大幸福。因此，从功利主义出发，公开性未必能得到辩护。同时，从公开性的角度来看，最大多数人的最大幸福这个功利主义的原则，会出现遮蔽"少数人"的结果，因此，这个原则是一个排斥或遮蔽部分人的原则，是一个秘密原则。

功利主义不能为公开行为的正当性提供必然性辩护，直接导致功利主义在公开与秘密的正当性论证上的分裂：一派极力主张人类活动中的公开性原则，认为公开行为能够带来个体的幸福，进而带来共同体幸福总量的增加，代表人物有杰里米·边沁、约翰·穆勒；另一派则承认秘密对人类

---

① ［德］哈贝马斯：《公共领域的结构转型》，曹卫东等译，学林出版社1999年版，第2页。

② 参见 Agnes S. Ku, "Revisiting the Notion of 'Public' in Habermas's Theory – Toward a Theory of Politics of Public Credibility", *Sociological Theory*, Vol. 18, No. 2, 2000, pp. 216 – 240。

活动的重要性，认为秘密符合功利主义的基本要求，代表人物有亨利·西季威克。

杰里米·边沁是功利主义中和是哲学史上第一个对公开性问题进行全面研究的人。① 在《杰里米·边沁的著作集》（The Works of Jeremy Bentham）中，边沁用了整整一章研究公开的观念。②

在《论公开性》中，公开性法则（the law of publicity）成为重要的政治法则。边沁对公开性没有进行总体上的描述，而是将其作为政治会议（political assembly）必须运用的一项法则，他在这一章里开门见山地指出："在我们进入会议的讨论之前，最重要的法则的目的是确保公众的信任，……这个法则就是公开性。"③ 边沁探讨了会议中应该公开的对象（objects to which publicity ought to extend），包括：每个提议的要旨；支持和反对提议的要旨；每个提议的分配；每一方的投票数量；投票者的姓名；作为最终决策基础的报告。同时，为了避免对会议过程产生质疑，边沁认为，根据会议的性质和事件的重要性，应该公布一些会议的整个过程：对会议中所有事情的公布；记录谈话者们的问题和回答的缩写员的雇用；对同一主题之下不可靠的内容的宽容；允许陌生人旁听。④ 这样作为一种政治会议的公开就完成了任务。

边沁将公开性观念置于政治会议的讨论范围之内，还把公开作为一种使统治者负责任和使被统治者信任的透明化机制，强调作为一种策略的公开观念可以反对不诚实和欺骗。边沁为支持公开性法则提供了六个理由，其中，前两个理由直接涉及透明化机制。

第一个理由：限制会议成员履行他们的义务（to constrain the members of the assembly to perform their duty）。这里，边沁把公开性作为持久和普

---

① 参见 Dilip P. Gaonkar and Robert J. McCarthy, "Panopticism and Publicity: Bentham's Quest for Transparency", *Public Culture*, Vol. 6, No. 3, 1994, p. 554。

② 也许有人会反驳，在康德、罗尔斯以及哈贝马斯那里，公开性问题也同样得到过关注。但反驳者也不得不承认，杰里米·边沁专门对公开性问题进行讨论，而这种讨论在其他人的著述里根本看不到。参见 Jeremy Bentham, "Of Publicity", *The Works of Jeremy Bentham*, Vols. 11, Vol. 2, Edinburgh: William Tait, 1843。

③ Jeremy Bentham, "Of Publicity", *The Works of Jeremy Bentham*, Vols. 11, Vol. 2, Edinburgh: William Tait, 1843.

④ Ibid..

遍的威慑。"政治权力的诱惑越大,公开性就越必要,这也成为抵御这种诱惑的最强有力的理由,公众的监视是持久和普遍的理由。"① 在公众的监视之下,将不会有秘密,在边沁看来,那些隐藏自己秘密的或不愿接受反对意见的人才会反对透明化机制的运用。"公开性的敌人有三类:罪犯,他们寻求逃离别人的注意;暴君,他们害怕听到公众舆论,寻求控制公众舆论;懦弱或好逸恶劳的人,他们为了掩饰自己的无能而不愿意抛头露面。"②

第二个理由:确保人民的信任和立法机关的措施被认同(to secure the confidence of the people and their assent to the measures of legislature)。为了确保立法过程的合法性,边沁认为,排除秘密是保证人民信任的关键。"怀疑总是与神秘相关。犯罪活动总是在秘密的伪装之下进行。如果我们不担心什么东西被别人看到,我们为什么要隐藏自己呢?在黑暗中伪装的犯罪活动是值得向往的,同样,在白天无罪的行走在外面也是值得向往的。"③ 当然,边沁强调将不诚实或犯罪活动暴露于开放中,目的并不是为了纠正错误,在他看来,公开性的最大好处在于从源头上扼杀罪恶或不诚实的东西。因此,统治者们的行为暴露于公众的目光之下可以很好地防止腐败。为了证明公开性对政府的重要性,边沁比较了两种类型的政府,即秘密的政府和开放的政府,开放的政府"拥有力量、刚毅和名声,而这些秘密政府则不可能提供"。④

总体上看,六个辩护理由都指向对统治者和被统治者之间透明关系的描述,透明是合法化的源头,秘密是不满(罪恶)的源头。当民众怀疑政府时,如果政府仍然以秘密或神秘的态度对待民众,可能会引起民众的不满甚至是反抗。但是,如果政府能将这种怀疑公之于众,民众的疑虑就会消失。因此,边沁设想,在召开政治会议时,统治者应该尽量允许记者进行报道,告诉公众真相,不要搞秘密行动,这样才能确保公众的信任。

---

① Jeremy Bentham, "Of Publicity", *The Works of Jeremy Bentham*, Vols. 11, Vol. 2, Edinburgh: William Tait, 1843.

② Ibid..

③ Ibid..

④ Ibid..

正如边沁看到的,"不信任"是公开性法则的"基本特质",公开性方式是不信任的体制。好的政治制度都基于不信任。如果没有权威,没有滥用权威的诱惑,我们应该对哪些人不信任呢?① 边沁在《论政治策略》中将"不信任的监视"运用于议会程序的各个方面。②

应该承认,边沁并没有说他对公开性法则的支持与认同是以功利主义为根据的,但可以肯定的是,功利主义是边沁思考所有问题的基础和出发点,对公开性法则的研究应该不会例外。约翰·穆勒更明确地将功利主义作为论证公开性问题的理论基础,不过他在为公开讨论与思想自由进行辩护时,将功利主义原则转换成伤害原则。总体上看,几乎所有功利主义者都倾向于为公开的观念而不是秘密的观念辩护,哪怕如西季威克这样的运用功利主义对秘密进行过中立辩护的功利主义者,也倾向于支持公开能够带来最大多数人的最大幸福,充其量,他只是支持某些情形下的秘密罢了。在这个意义上,功利主义和道义论也许能够达成某种和解。

---

① Jeremy Bentham, "Of Publicity", *The Works of Jeremy Bentham*, Vols. 11, Vol. 2, Edinburgh: William Tait, 1843.

② 边沁论公开性的内容出自《论政治策略》的第二章,《论政治策略》的原题为: An Essay On Political Tactics, Or Inquiries Concerning the Discipline and Mode of Proceeding Proper to Be Observed In Political Assemblies: Principally Applied to the Practice of the British Parliament, and to the Constitution and Situation of the Nati。参见 Jeremy Bentham, "Of Publicity", *The Works of Jeremy Bentham*, Vols. 11, Vol. 2, Edinburgh: William Tait, 1843。

第四章　政治秘密的合理辩护

自西方启蒙传统以来，自由主义者们始终相信，政治秩序只有远离神秘、谎言、意识形态的宣传等政治秘密才能够得以维系，在这一观念引导之下，公开性原则一直被视为西方民主社会得以良好运转的有效原则。不过，政治哲学家们对政治中的秘密不加省察而一味地否定其存在价值和正当性，这势必会陷入公开与秘密问题上非此即彼的错误判断之中。正确的态度是，暂时搁置公开与秘密的价值预设，保留一种客观中立的立场，然后对政治中的秘密及其变种做一种理论上的考察。从哲学根本上看，交往合理性能够为人类行动提供一种合理性辩护，因此，要论证政治中的秘密及其变种的政治正当性与合理性，就需要放在交往合理性的视角下进行考量，交往合理性能够为政治中的秘密及其变种提供一种合理性解释。

第一节　政治秘密的多重面孔

根据词义，"秘密"一词通常指有所隐藏、隐瞒、隐蔽、掩饰等，不为人知，或不让人知道的事情或事物，它与公开相对而言。从"秘密"一词的日常运用上看，其词义简单明白，没有太多模糊之处，但在实践上，秘密或政治秘密却以多重面孔出现，这直接导致这一概念在理解上的困难，以及在论证政治正当性与合理性时可能陷入的困境。大致地看，秘密概念在现实政治的日常运用中通常以三重面孔的形式出现：第一重面孔是指秘密地保守信息，秘密地去做一些事情，从政府信息保密到国家机密，是这种面孔的主要表现；第二重面孔是指政治中出现的一些黑暗行动或以秘密形式呈现的不光彩行动，如腐败、脏手、暗杀、密谋等秘密政治；第三重面孔是指以秘密的形式呈现的一些政治谋略或技巧，如政治谎言、欺骗或伪善伪装等。当然，这三重面孔可能无法完全展示政治秘密的全貌，但有理由相信，我们可以通过对这三重面孔的澄清而形成对政治秘密的整体认识，从而为政治秘密的合理性辩护提供基础。

一　第一重面孔：从秘密、保密到国家机密

秘密的第一重面孔是在日常意义上使用的，一般不带感情色彩，其意主要指不让人知道，秘密地保守信息，如秘密文件、秘密往来等，还指秘密地去做一些事情，如秘密计划、秘密行动等。当在现实政治中来看秘密的这一重面孔，则有很多较为常见的政治术语出现，如秘密投票、秘密审议、政府信息保密、国家机密等，大致看来，这些政治术语暗含了三种语境：

第一种语境来自于政治行动的秘密实践。在政治实践中，通常认为总有一些政治活动需要通过秘密的方式进行，最常见的例子就是秘密投票、秘密选举、秘密审议等。秘密投票是指在投票做决策时采取一种无记名投票的方式，即采取投票的方式进行选举或表决时，选举人或表决人不必在选票或表决票上写上自己的姓名，以无记名的方式填写选票，不向他人公开，然后由本人亲自将选票或表决票投入票箱。而秘密选举指的是选举中的一种表决方式，是无记名投票选举，是秘密投票原则在选举活动中的运用。从秘密选举的效果上看，实行秘密选举，有助于选民或代表在不受外界干扰与影响的情况下，更加自由地表达各自的想法和观点，选举自己信任的人。例如，中华人民共和国现行选举法规定，全国和地方各级人民代表大会的选举，一律采用无记名投票的方法。这一法律规定要求选举人在选举时只须在正式代表候选人姓名下注明同意或不同意，也可另选他人或者弃权而无须署名，选举人将选票填好后亲自将选票投入票箱，这样，选举人的意思表示是秘密进行的，他人无权干涉。在政治实践中，秘密投票或选举有助于决策或选举的科学性、民主性和公正性，因此能够得到普遍的接受与认可，但在政治思想史上有一个人是例外，他就是约翰·穆勒（John S. Mill）。穆勒是公开投票而不是秘密投票的坚定支持者，在他看来，秘密投票在很多场合下是有道理的、也是必须被采用的，但他并不认

为秘密投票在任何场合下都比公开投票可取。①

秘密审议是另一种秘密的政治实践。从词义上看，"审议"（deliberation）有两种含义：一是"慎思"、"思考"或"深思熟虑"等，另一是"商议"或"讨论"等。相应地，秘密审议也有两层意思：一是宽泛意义上的，任何个人对一件事情的慎思、思考或深思熟虑等都属于秘密审议，这其中包括个人对事件的观察、信息的传递与思考以及看问题视角的转换等，当然这样做的时候可能不可避免地会有讨论与交流产生；二是狭窄意义上的，不论多少人在一起讨论审议，只要是以关起门来的心态从而不让其他人介入的讨论和审议就是秘密审议。在政治实践中，秘密审议多被运用在狭义上，即将秘密审议视为一群人关起门来共同讨论某个议题，不向外界公开。

第二种语境来自于政府信息的保密要求。现代民主政治都要求实行政府信息公开，但在践行政府信息公开的同时，也要求建立健全政府信息保密制度，在"公开是原则、保密是例外"的指导下，对一些涉密的政府信息或文件给予保密。至于哪些政府信息需要公开，哪些政府信息需要保密，在理论上很难确立起明确的范围界限，但在实践上，一般都对哪些政府信息需要公开，哪些政府信息需要保密有一个基本的判断。② 对于世界各国政府而言，大都在制定政府信息公开相关政策或法律的同时，也会出台政府信息保密的规定。例如，中国政府在1988年就审议通过《中华人民共和国保守国家秘密法》，并于2010年对该法进行修订，在这部法律中，提出那些"涉及国家安全和利益的事项，泄露后可能损害国家在政治、经济、国防、外交等领域的安全和利益的，应当确定为国家秘密"。③ 美国早在1946年杜鲁门总统时期就发布了第一个旨在规范行政机关间信息保密和传递制度的命令，即《关于对政府档案更有效利用、传递以及处理的规定》，直到20世纪90年代，克林顿和布什总统时期，美国出台了《保密的国家安全信息》，从而建立起了美国现行的保密制度，在这部法律中，提出了八类可以保密的信息，

---

① [英] J. S. 密尔：《代议制政府》，汪瑄译，商务印书馆2007年版，第154页。
② 周汉华：《我国政务公开的实践与探索》，中国法制出版社2003年版，第281—307页。
③ 《中华人民共和国保守国家秘密法》（2010年4月29日第十一届全国人民代表大会常务委员会第十四次会议修订）第二章第九条。

这八类包括军事计划、外国政府信息、情报活动、外交活动、与国家安全有关的科技事项、美国政府保护核设施的计划、与国家安全有关的基础设施易受攻击的信息以及与大规模杀伤性武器有关的信息等。实际上，世界各国政府都不同程度地制定国家安全和政府信息保密的相关规定和法律，这一方面是为了国家和政府的有序运行，另一方面也是为了保障公民的权利。

第三种语境来自于政治公开的挫败风险。在有些政治活动或其他相关活动中，如果采取公开的形式可能会导致活动本身无法开展，因此必须采取秘密的方式，其中最典型的例子就囚徒困境（the prisoner's dilemma）和罗尔斯的"无知之幕"。囚徒困境是这样的——两个人作案后被警察抓起来，分别关在两个独立的不能互通信息的牢房里进行审讯。警察告诉每个人：如果两人都抵赖，各被判一年；如果两人都坦白，各被判六年；如果两人中一个坦白而另一个抵赖，坦白的放出去，抵赖的被判十年。于是，每个囚徒都面临两种选择：坦白或抵赖。然而，不管同伙选择什么，每个囚徒的最优选择是坦白：如果同伙抵赖、自己坦白的话放出去，不坦白的话判一年，坦白比不坦白好；如果同伙坦白、自己坦白的被判六年，不坦白的话判十年，坦白还是比不坦白好。结果，两个嫌疑犯都选择坦白，各判刑六年。如果两人都抵赖，各判一年，显然这个结果好。囚徒困境是博弈论中非零和博弈的基本案例，也是现代经济学、公共选择理论的重要案例，这一案例在于说明人类理性的局限性——个人的理性会导致集体的非理性，而我们的关注点则在于审讯囚犯时必备的条件即囚犯之间信息保密。站在警察的立场，如何使囚犯招供，设置困境无疑是一个不错的选择，这就必须在使两个囚犯保守秘密的前提下才能进行。如果允许两个囚犯相互知晓对方的意图，他们就会选择有利于他们自己的回答，最终的审判将会失去意义。因此说，在囚徒困境中，让囚犯之间相互保守秘密是一种可行的审判方案。

罗尔斯也为我们提供一种类似于囚徒困境的情境。为了寻找正义原则，罗尔斯假定了人们处于无知之幕（the veil of ignorance）的背后："没有人知道他在社会中的地位，他的阶级出身，他也不知道他的天生资质和自然能力的程度，……处于原初状态中的人们也没有任何有关他们属于什么世代的信息。"① 表面看来，无知之幕封闭了原初状态中各方的信息，这似乎走向了得出正义原则所需要的公开性条件的反面，但实际上，正是基于这种保守秘密的状态，各方才不再具备通常意义上的讨价还价的基础。罗尔斯认为，如果不设置这道秘密的帷幕，原初状态中的人可能就会选择有利于自己的原则，这样最终可能会导致偏见和欺骗，也就不可能建立起任何确定的正义理论。因此，无知之幕给各方营造了一个正义的环境，这种环境为一种正义原则的导出提供了根据。毫无疑问，囚徒困境和无知之幕同时为我们提供了一种设想，政治行动的公开会导致行动自身的挫败，因此保守秘密就成为政治行动的唯一选择。

二 第二重面孔：从腐败、密谋到秘密政治

秘密的第二重面孔以政治行动的秘密面貌示人，在通常情况下，这种政治行动以秘密的形式进行，如果将之公开化，则这种政治行动将不可能成功或者是受到民众或当局的唾弃。其中最典型的例子就是腐败、密谋以及在极权主义统治下盛行的秘密政治。

第一个例子是腐败。腐败或政治腐败是现实政治生活中较为常见的政治行为，如果深入考察腐败行为的发生机制或挖掘腐败的根源，便会发现秘密是腐败的护身符，没有秘密作掩护，腐败行为将很难得逞，或者说，腐败行为一旦曝光，将受到公众的质疑和谴责。例如，美国洛杉矶辖内的贝尔市于2010年发生了一件轰动的事件，简·艾丽斯是贝尔市的一位贫民，多年靠拾荒为生，有一天在贝尔市政府门前收购了一大堆工作废纸，在整理那些废纸的时候，发现了一张贝尔市官员们的工资单，上面清楚地写着包括市长、警察局局长等人的年薪清单，其中市长年薪高达79万美元，比总统奥巴马的收入还高很多，艾丽斯看到这份工资单后，非常愤怒，决定以演讲的方式宣传这件事，结果，艾丽斯的宣传引发洛杉矶乃至全美的高度关注。在这个例子中，贝尔市官员的高额年薪是在公众和上级政府官员不知情的情况下发放的，这无疑是一种腐败行为，当艾丽斯将这一腐败行为向公众公开时，便激起了公众的愤怒。试想，如果贝尔市政府

---

① [美] 约翰·罗尔斯：《正义论》，何怀宏、何包钢、廖申白译，中国社会科学出版社1988年版，第136页。

官员公开地发放高额年薪，这在现实中是行不通的，这一腐败行为不可能发生，因此唯有通过秘密的方式进行，向公众隐瞒真相。不过，理论上看，公开的腐败是有可能发生，特别是当一个官员的权力足够大时，可能形成公开的腐败，但公开的腐败与秘密的腐败在其性质上并没有区别，都是公共政治生活不能容纳的。

第二个例子是密谋。密谋是指秘密地谋划，秘密地计划，因此时常说"秘密计划""秘密组织""秘密安排"等，不过，当我们说"秘密地计划"时，则可以是一种中性的表达，例如我们正在给他秘密地计划一场生日派对，但当我们说"密谋"时，则可以肯定的是，这一密谋的事件带有某种"坏"的性质。布瑞恩·凯利（Brian L. Keeley）在其密谋理论中曾就密谋的性质进行过深入剖析，指出"密谋指向某种'邪恶'目的，当然，这种邪恶是针对他人或官方而言"。[①] 密谋一词大多运用于社会政治领域，政治上的密谋即政治密谋主要指暗杀领袖人物、事件的关键人物或推翻政权等。第二次世界大战时期出现过一次著名的企图密谋刺杀希特勒而发动政变的行动。

第二次世界大战前夜，纳粹德国的陆军和军事情报局内部就出现了推翻希特勒纳粹政权的计划，军界密谋组织与民间人士、政治团体、抵抗组织以及其他秘密社团会面讨论反纳粹政权的事宜。但直到1940年，希特勒因对法战争的胜利而获得国内强大的支持，在这样的情况下，密谋计划不得不流产。1942年，一个由海宁·冯·崔斯考（Henning von Tresckow）上校领导的新的密谋集团开始出现，随后，战争的局势已经出现了扭转，陆军与民间密谋分子认为，只要希特勒被刺杀，就有与西方盟国和谈的空间，并可以阻止苏联侵入德国。1943年，一位年轻的德国陆军上校克劳斯·冯·施陶芬贝格加入密谋集团，负责规划和执行对希特勒的刺杀行动。他相信，德国正被希特勒一步步地推向灾难，若不刺杀希特勒将会是道德上更大的恶。1944年7月20日，施陶芬贝格在东普鲁士拉斯滕堡的基地引爆

---

① Brian L. Keeley, "Of Conspiracy Theories", *The Journal of Philosophy*, Vol. 96, No. 3, 1999, pp. 109–126.

公事包内的炸弹,但并没有成功地将希特勒炸死。希特勒下令将所有涉案人员全部逮捕并处以极刑,最终逮捕了 7000 多人,处决了 4980 人,这一密谋行动最终以失败而告终。①

从上述密谋事件来看,在事情败露之前,所有的行动都是以秘密的方式进行,如若刺杀行动暴露,这对于密谋者们而言无异于灭顶之灾,密谋行动也不可能再进行下去,因此,以秘密的方式行事是密谋行动的前提。

最后一种情境是极权主义统治下的秘密政治。秘密政治是一种游离于国家制度之外的政治机构和政治活动展示出来的政治状况,它往往与专制制度、极权主义、独裁统治等紧密联系在一起。在这类政治形态中,权力拥有者出于自身利益考虑,完全不顾国家制度的约束,或者国家制度本身允许政府当局以秘密的方式行事,从历史上看,如果一个国家秘密政治风行,那一定是这个国家政治最为黑暗的时代。

美国政治学家汉娜·阿伦特在《极权主义的起源》中深刻地描绘了极权统治中的秘密警察制度,她提到,极权主义国家大都"拥有一支秘密警察和间谍机构","一切专制主义都倚重秘密警察,感到自己的人民比外国民族威胁更大"。并且,"秘密警察在极权政体下垄断某些重要情报,他们变成了国家最大秘密的托管人"。② 秘密警察统治的重要工具是档案,"秘密警察有这个国家里每一个居民的秘密档案,仔细列出了人们之间的许多关系,包括偶尔相识的朋友、真正的友情,直到家庭联系,只要去发现被告的这些关系,他们的罪行在他们被捕之前就已经客观地确定了"③。在实行秘密警察统治的国家,如斯大林时期的苏联、希特勒时期的德国等,奉行控制、隔离等政策。俄国秘密警察干部由斯大林亲自控制,党卫军突击队由希特勒亲自控制,即使在战争时期,它们都与军队配合行动,却都受自己的法律节制。在德国,特别婚姻法将党卫军和居民中

---

① 朱少华在《鹰爪下的羔羊:德军闪击波兰》第六章第四节详述了"佐森密谋",即第二次世界大战中有名的"七月密谋"。参见朱少华《鹰爪下的羔羊:德军闪击波兰》,蓝天出版社 2010 年版。

② [美]汉娜·阿伦特:《极权主义的起源》,林骧华译,生活·读书·新知三联书店 2008 年版,第 528—536 页。

③ 同上书,第 543 页。

的其他人分开，党卫军不许在党员会议里参加讨论，内务人民委员会成员同样保持谨慎，特别注意不与党内贵族的其他部分联络。① 正如阿伦特看到的，在这些极权主义国家，在秘密警察的监视之下，整个国家人民会陷入一种歇斯底里的焦虑、捕风捉影的猜忌和无时不有的恐惧之中，实际上，秘密政治成了恐怖统治。

美国伦理学家希瑟拉·博克（Sissela Bok）在《秘密：游走于掩饰与揭露之间的道德》（*Secrets: On the Ethics of Concealment and Revelation*）中特别讨论了秘密与权力的问题。她认为，秘密与权力结合在一起是极端危险的。对于所有的人来说，秘密都带有腐败和非理性的危险。如果他们对别人有不寻常的权力，而权力又是秘密运用的，那么滥用权力的诱惑就会非常之大。② 在她看来，政治统治运用秘密手段，这会增加行政官员滥用权力的危险，秘密政治迫害的卑劣和败坏，及其对全体国民的良心摧残，正是苏联式统治给所有前东欧国家和其他类似国家带来的一大祸害和道德灾难。

三 第三重面孔：从谎言、欺骗到政治伪装

秘密的第三重面孔以扭曲的方式出现，它常常被当作狡诈、撒谎、欺骗、偷偷摸摸、鬼鬼祟祟、伪善与伪装等，从而成为光明正大的反面。把秘密与保守秘密的手段区分开来有助于看清秘密的面孔，一般意义上的秘密都只是表示隐瞒真相、秘密地行动、不说出来、不让人知道，如政府信息保密、国家机密、秘密投票与审议以及腐败、密谋等，而保守秘密的手段则意味着通过一些手段或方式让别人不知道，如沉默、撒谎、欺骗、伪善与伪装等。

撒谎和欺骗是经常辩论的哲学话题。在日常生活中，撒谎和欺骗可能一直伴随着我们，如对别人礼貌与客套，因为头发脱落而戴一顶假发，等。但在哲学上，撒谎与欺骗是最严重的哲学问题之一。《斯坦福哲学百科全书》（*Stanford Encyclopedia of Philosophy*）就"撒谎与欺骗"（the def-

---

① [美]汉娜·阿伦特：《极权主义的起源》，林骧华译，生活·读书·新知三联书店2008年版，第539页。

② Sissela Bok, *Secrets: On the Ethics of Concealment and Revelation*, New York: Pantheon Books, 1982.

inition of lying and deception）给了如下定义：我撒了一个谎，表明我有意向一个人表达了一个被认为是假的陈述，而那个人却认为我的这个陈述是真的。① 从意涵上看，欺骗与撒谎非常接近，但撒谎是一种欺骗，而欺骗却未必是一种撒谎。不论撒谎与欺骗在概念上有何种差别，而在事实上，说谎者与被说谎者、欺骗者与被欺骗者之间都隔着一层秘密的帷帐。

  政治中存在着大量的谎言，这是一个不争的事实。有人说，专制政权下的政府比民主制度下的政府更容易说谎或欺骗民众，专制政权为了维护其专制统治，可能会更多地对民众进行说谎或欺骗，但这并不能说自由民主制度下政府对民众的谎言就少，实际上，自由民主国家也存在着大量的秘密或谎言。在公职人员说谎的案例中，最常受到谴责莫过于前总统尼克松。在水门事件中，据一份来自白宫的录音资料显示，尼克松当时说，发生了什么都与我无关，你们得把我撇得干干净净，他们要动用第五修正案或其他什么的，随他们去，只要计划不曝光就行了。尼克松企图掩盖侵入民主党总部的真相，直到参与入侵水门大厦的麦科德（James McCord）在法庭供认，背后还有更大的阴谋，尼克松在总统办公室的录音才曝光。尼克松在水门事件中明显说谎，他的谎言不是为了完成国家外交政策的任务，而是要隐瞒自己对这桩罪行的知情，其动机只是为了保住总统的位子，最终因为真相被揭穿而导致其辞职下台。② 尼克松在水门事件中的说谎，其影响仅限于总统个人，而另一个美国总统约翰逊对美国民众隐瞒关于越南战局的负面消息，情况就严重多了。在越南战争期间，50 万美国士兵远赴越南，美国所投下的炸弹数量甚至超过第二次世界大战的总和，美国政府这场战争付出了沉重的代价，急于寻求谈判解决问题。约翰逊认为，如果要以谈判来结束这场战争，就需要让越南相信，他拥有美国国内舆论的支持，所以越南战场上的消息应对美国民众有所保留，而军方将领揣测约翰逊的心意，知道他只要美国打胜仗的漂亮画面以及越南战败的惨相，于是大量提供战事的正面消息。1968 年，越共发动全面攻势，胜利的假象于旦夕间瓦解，越共的攻势已经粉碎了美国假象的面具，约翰逊不

---

  ① James E. Mahon, "The Definition of Lying and Deception" http：//plato. stanford. edu/entries/the definition of lying and deception/, 2008.
  ② ［美］保罗·埃克曼：《说谎：揭穿商业、政治与婚姻中的骗局》，邓伯宸译，徐国强校，生活·读书·新知三联书店 2008 年版，第 260—261 页。

仅在用这种假象掩饰真实的战事进展，而且根本是在自欺欺人。说谎者沉浸其中，原来的事实视而不见，谎言最终会变成真相。①

伪善和伪装也是政治生活中的一种常见现象。伪善指一种假装很善良的样子，实际上内心充满着恶性，伪装则是为了不让人看到真实面目而作的装饰打扮，这两种现象中都有一个共同的东西，那就是假装，换句话说，就是把真实的东西掩盖起来，而给人一种假象。例如，有一种称为变色龙的动物，常常会变成与周围环境相同的颜色，伪装起来，以躲避其他动物的侵害。而在政治上，伪善和伪装经常被人视为一种政治技艺或谋略。例如，在《三国演义》中，周瑜打黄盖，一个愿打一个愿挨，周瑜假装打了黄盖一顿，黄盖假装因此不满而投降曹操，最终火烧赤壁，曹操实力大损，孙权在江东站稳脚跟，刘备也在天府之地建立政权，奠定了三国分治的局面。这一历史事件中，黄盖诈降其实是一种战争谋略，假装投降曹操以取得信任，最终实施火烧赤壁的计划而大败曹操。意大利政治学家马基雅维里更是将伪善与伪装上升到君王统治术的高度，在《君主论》中，他基于意大利的政治现状向当时的君王洛伦佐谏言，"由于狮子不能够防止自己落入陷阱，而狐狸则不能抵御豺狼，因此，君主必须是一头狐狸以便认识陷阱，同时又必须是一头狮子，以便使豺狼惊骇"②。为了实现这一政治箴言，马基雅维里告诫君主一定要学会伪装、弄虚作假、隐蔽真相，以至于最终具有像狐狸一样狡猾的习性。诚然，马基雅维里的这一观点深受诟病，但不可否认的是，他用现实主义手法描绘了一种公共政治生活的真实图景，可以毫不夸张地说，在当今政治民主化的时代，伪善和伪装作为一种政治权谋术仍然大量存在，并且深刻地影响着当今政治生态和发展格局。

第二节　政治中的秘密（1）：政治谎言

政治家们很少会否定谎言在政治中的地位和作用，在他们眼里，谎言

---

① ［美］保罗·埃克曼：《说谎：揭穿商业、政治与婚姻中的骗局》，邓伯宸译，徐国强校，生活·读书·新知三联书店2008年版，第263—264页。

② ［意］尼科洛·马基雅维里：《君主论》，潘汉典译，商务印书馆1997年版，第84页。

是一种追求国家利益的手段或方式，是一种政治统治的技艺和谋略。但是，谎言与政治之间的关系在政治哲学家或道德哲学家们那里却不一定是这样，撒谎与欺骗不仅是一个政治问题，它更是一个道德问题，因此，当我们追问政治谎言的正义与否问题时，实际上需要研究一般道德意义上对这一问题的看法。道德哲学领域要数德国哲学家康德最为旗帜鲜明地彻底地否认谎言的道德正当性，这为我们研究政治谎言问题无疑提供了一个很好的基点。因此，我们试从康德对谎言问题的论证出发，来研究政治中谎言的正当性问题。

一　康德与撒谎的权利

人有说谎的权利吗？我们到底在极端的情况下能不能说谎？善意的谎言有没有存在的正当性？如果将这样的问题放到康德道义论的思量之下，无一例外答案都是否定的。康德一再地向世人宣称，不能自杀，不能撒谎，不能欺骗，因为在他看来，这些行为都是与绝对命令相违背，都是对人的尊严的毁灭。正因为康德在这一问题上出奇的顽固与僵化，所以使得很多信奉康德道义论的人都对此问题避而不谈，敬而远之。

但是，说谎的正当性问题是检验康德道义论的一个重要案例。其实，问题的分歧不在于那种对别人有害的（恶的）谎言正不正当的问题（哪怕是最顽固的功利主义者，他也承认这种谎言的不正当性），而在于对一种"善意的谎言"（white lie）——康德称之为"仁慈的谎言"（philanthropic lie）——有无正当性的问题。

根据哥斯加德（Christine M. Korsgaard）的总结，康德在说谎问题上坚持两个主要观点：一个人不论在任何条件下为了任何目的都决不能撒谎；如果一个人撒谎了，那他必须对所有后果负责任，即使那些后果完全不能预见。[1] 这两个主要观点以及康德对说谎问题的反省主要出现在三种情景中。

第一种情景：康德在《道德形而上学原理》中，多次用撒谎、许诺等例子来进行说明，出于绝对命令的要求，任何人在任何情况下都不能撒

---

[1] Christine M. Korsgaard, "The Right to Lie: Kant on Dealing With Evil", *Philosophy and Public Affairs*, Vol. 15, No. 4, 1986, p. 326.

谎。在他看来，撒谎行为不能普遍化，"虽然我愿意说谎，但我却不愿意让说谎变成一条普遍规律，因为按照这样的规律，也就不可能作任何诺言"①。同时，他也认为，撒谎是把他人当作了手段从而贬损了他人的尊严。因此在康德那里，不能撒谎是一条绝对命令。

第二种情景：在《美德形而上学原则》（Metaphysical Principles of Virtue）中，康德把撒谎归为"自己义务的完全违背"（a violation of a perfect duty to oneself）。在一个诡辩问题的例子中，一个仆人对一个拜访者撒了一个谎，说他的主人不在家，在这同时，他的主人溜走了，但因为他有罪所以刚好被这个监视者逮捕了。正是在对这个问题的回答中，康德说："这应该谴责谁呢？当然，应该是那个仆人，因为他撒谎从而违背了他自己的义务，所有的后果都应该归责于他。"②

第三种情景：1797年，法国哲学家本杰明·康斯坦（Benjamin Constant）在《法兰西》（France）上撰文批判一个德国哲学家的道德原则即说真话是一种义务。康德为了回应康斯坦的这种批判，写了一篇《论一种假想的善良的谎言的权利》（On a Supposed Right to Lie Because of Philanthropic Concerns）的论文，在这篇论文中，康德一如从前那样坚持他的理论立场，并对康斯坦的观点进行了批驳。

不难看出，康德对撒谎问题的真正看法隐藏于第三种情景当中，正是在这一情境中，康德对于他备受诟病的"善良的谎言"（white lie or Philanthropic lie）的正当与否的问题作了正面而有力的回答，但可惜的是，正如阿伦·伍德所言，康德的回答一直陷于误解之中，为了澄清这种误解，有必要还原康德对康斯坦的批驳情景。

康斯坦在《法兰西》杂志上发表题为《论政治反应》（On Political Reactions）的论文，在这篇论文里，他表达了关于说谎问题的基本观点：

> 说真话是一种义务，如果这一道德原则无条件地得以遵守，那么，这对任何社会而言都是不可能。我们有非常直接的证据表明，一

---

① [德]伊曼努尔·康德：《道德形而上学原理》，苗力田译，上海人民出版社2005年版，第19页。

② Immanuel Kant, *The Metaphysical Principles of Virtue*, Indianapolis: Hackett, 1983, pp. 431–493.

个德国哲学家提出了这个原则,这个哲学家最终断言,一个杀人者正在寻找我们的一个朋友,而这个朋友正好躲藏在我们房子里,而如果我们对这个杀人者撒谎,那么我们则做了一件错事。①

康斯坦虽然没有指明这个德国哲学家是谁,但正如康德所理解的那样,这个德国哲学家就是康德,他所反驳的观点也正是康德道德形而上学所一贯坚持的原则。在康斯坦看来,康德坚持"说真话是一种义务",但是,"这种义务仅仅相关于有真的权利的人,但是,没有一个人用一个说真话的权利以此来伤害别人"②。

康德注意到了康斯坦观点中存在的谬误,在他看来,"说真话的权利"这种表达没有任何意义,因为这种说法没有将"主观上的说真话"和"客观上的真"区分开来,这最终将会导致一种奇怪的逻辑。于此,康德提出了两个问题:第一,如果一个人不能避免回答是或不是,那么这个人是否有说不真的权利;第二,为了阻止一件对这个人自己或他人威胁的不好的事情发生,他被迫制造这样的陈述,在这种陈述中,这个人是否一定得说不真的话。针对这两个问题,康德认为:

陈述中的真是对每个人的不可避免的形式义务,然而,这种真却可能对他或别人引起很大的不利。即使我说不真的话对他(逼迫我做如此陈述的人)并没有错,然而,我说这个被称为谎言(虽然不在法律意义上)的假话,在最本质的意义上对义务而言我仍然做了一个错误的事情。在我看来,谎言通常能带来一个没有信用的陈述(宣称),因此,所有基于契约的权利丧失它们的效力,这通常对人而言是错误的行为。③

康德由此完全地否定谎言的正当性,在他看来,谎言仅仅作为对别人有意识的不真的宣称,它不需要一定对别人有害这样的附加条件,就像真的义务不需要有任何附加条件一样,并且,谎言总是伤害别人,"总体上对人性的伤害,因为它违背了权利的源头"。

其实,不仅在康斯坦那里,对康德撒谎问题的所有质疑都来自于同样

---

① Immanuel Kant, *Grounding for the Metaphysics of Morals*, Indianapolis: Hackett Pub. Co., 1993, p. 63.

② Ibid..

③ Ibid., p. 64.

的思想实验,即"门前杀人者"的思想实验:

现在,有一个杀人者正在追杀我的一个朋友,而我这个朋友刚好躲藏在我房子里,那么,当这个杀人者来到我房子门前向我询问时,我应该说真话还是说谎话?

康德基于他的"不能撒谎"以及"真的义务"的观点指出,哪怕是这种情况,你都不应该撒谎。但是,要是我如实告诉杀人者,我的朋友在我的房子里,最可能的后果便是杀人者会到我房子里把朋友找出来,然后将其杀死,我作为他的朋友,当然不愿看到他被杀,因此我应该对杀人者说谎。针对这样的情形,康德却说,如果你撒谎说你的朋友不在房子里,但实际上他已经出去了(你不知道),结果他出去时刚好被那个杀人者碰到,最终你那朋友被杀人者杀了,这种情况下,你的谎言可能导致了那个人被杀。然而,如果你告诉杀人者真相,然而杀人者就会到你房子里搜查,而那个人有可能已经跑很远了,而不可能被杀人者发现,最终你的朋友保住了生命。

康德的回答的确切中了康斯坦式的反驳者们的要害,从而也为他彻底贯彻"不能撒谎"的道义论原则铺平了道路——任何谎言,不论其意图是多么的好,他必须对谎言所产生的后果负责,不论这种后果多么的不可预见。因此在康德那里,不能撒谎就是一种完全"无条件的理性的绝对命令"(unconditionally commanding law of reason),并且是一种基于契约之上的义务。

但是,康斯坦却不像康德那样,在他看来,这一原则在实践中存在着例外情形,因此康斯坦提出需要运用某种中间原则进行修正的可能。而康德认为,根本就不存在任何中间原则,康斯坦也不可能找到任何可行的中间原则,他对中间原则的寻找只不过是抛弃了"无条件的真"(unconditional truthfulness)之后而做出的一种必然反应。康德提醒我们注意,这里的危险不能理解为有害的危险(the danger of doing harm)而应该理解为有错的危险(the danger of doing wrong)。如果我说了真话,错事可能会发生,如果我撒了谎,但我没有对任何人做错事,然而我违背了权利原则。因此,要求别人为了自己的利益而撒谎的权利与所有的法则相冲突,因为每个人不仅有权利甚至有最严格的说真话的义务,不论这种真是否对他或自己有害。从根本上说,他没有选择的自由,因为真是无条件的义务，就此而言，康斯坦把这种说真话的义务寄托在这个人是否"有说真话的权利"（have a right to truthfulness）之上，也就必然会产生危险。

二 阿伦·伍德的辩护

阿伦·伍德是当代美国研究康德伦理学最有成就的学者之一，特别是他对康德的撒谎问题进行的一种重新诠释，成为当代在这一问题上的最好文献。在他看来，康德对说谎的观念与一般人不同，对"门前的杀人者"的例子，一般人认为康德采取了某种非常极端的道德立场，从而不能容纳常识道德给我们的日常生活当中留下的"必要的谎言"的案例。但阿伦·伍德却认为，康德采取了一种非常合理的立场，而大部分人对康德在这一问题上的观点都存在误解。

首先，阿伦·伍德认真看待康德对两种义务的划分，而这两种义务的区分源于康德的道德与伦理这一基本区分。在康德那里，道德关乎权利（正当），而伦理则关乎个人的良心。因此，"有意不说真话"（intentional untruthfulness）与两种义务相关，即权利的义务（a duty of right）和伦理的义务（a ethical duty to oneself），那么，这种"有意不说真话"到底是与哪种义务相违背呢？

阿伦·伍德认为，在康德那里，谎言被认为是对权利的义务的违背而不是对伦理义务的违背。正是如此，我们才可以说，康德并不把每个"有意的假陈述"（every intentionally false statements）都看成是谎言，只有那些违背了"权利的义务"的"有意的假陈述"才是谎言。阿伦·伍德注意到康德在对康斯坦的批驳中提到过的一个术语即"宣称"（declaration），尽管康德在那篇反驳的文章中对这一术语并没有给予太多的强调，但毫无疑问这一术语有其特别的含义。在康德那里，所有基于权利或契约原则而做的表达都可看成是一种宣称，如在法庭上所说的证言，以及基于一种契约关系而所许的诺言等。当然，康德也把一种宗教誓言看成是宣称。为了说明宣称与非宣称的区别，阿伦·伍德举了一个例子：

> 如果我无意中透露出我的汽车已经跑了35000公里，而你基于我透露的这一信息采取了相关行为，这些行为是由你决定的，因此你应该对你的那些行为负责；但是，如果你是想买我的汽车，我们是建立

在一种契约的关系之上，当我说汽车已经跑了 35000 公里，而实际上汽车跑了 135000 公里，那么，你可以控告我，我应该对我的这种宣称承担责任。①

如果一个人在宣称时有意做了假的陈述，那么，他这个宣称就是康德意义上的谎言，因为它是对权利的义务的违背。相反，如果没有权利与契约关系，那种假陈述就不是一种宣称。阿伦·伍德对康德的重新诠释完全建立在宣称与否问题上——如果是一种宣称，同时这一宣称是假陈述，那么这种宣称就是谎言，如果不是一种宣称，那这种假陈述就不是谎言。阿伦·伍德认为这是康德与康斯坦争论的关键所在。

"门前杀人者"的例子中，在阿伦·伍德看来，对杀人者说的话是不是一个宣称？这是判断是不是谎言的关键依据。如果是一个宣称，那么我就应该对杀人者说真话；如果不是一个宣称，那么就算是有意做了一个假陈述，也应该是允许的。阿伦·伍德认为，在康德那里，我对杀人者的回答，不属于宣称。既然这种回答不是在做宣称，那么在此情境之下做出的假陈述就不算是谎言，既然连谎言都不是，那我对杀人者说假话来挽救我朋友的生命就应该是允许的。但是，如果你在法庭上，检察官在控告你的朋友或兄弟犯了一级谋杀，当时需要你的证言。在这种情况下，你的证言是不是一种宣称呢？康德认为，在这种情况下，哪怕你和你的朋友或兄弟交情很好，你也应该说真话，因为你此时的证言是属于宣称，而宣称必须为真。由此看来，康德的观点并不如我们想象的那么极端，实际上，康德提醒我们，我们永远不能做虚假的宣称，因为这是说谎，但你在非宣称的情况下，做真的还是假的陈述都是可以接受的。

按照阿伦·伍德的诠释，康德与康斯坦在原则问题上并没有分歧。但是，康斯坦对"善意的谎言"和"必要的谎言"的接受，不可避免地会导致他对公共生活领域特别是政治生活中涉及人的权利的谎言的接受。而康德认为，政治人物的言论是属于道德宣称的范围，而不属于伦理的义

---

① Allen W. Wood, *Kantian Ethics*, Cambridge and New York: Cambridge University Press, 2008, p. 242.

务，因此，所有政治人物的宣称都应该为真，更为严重的是，当统治者说谎时，将会导致整个国家或社会的混乱。

在最严格的意义上，康德所谓的撒谎是做一个假的宣称，谎言是对"权利的义务"的违背（a violation of a duty of right）。但是，在康德那里，还存在着一种最宽泛意义上的与伦理的义务相违背（a violation of a ethical duty）的谎言，他说，

> 人类对自己义务的最大违背仅仅被认为是作为一个道德存在者（基于人性本身）对真的违背。在权利学说当中，只要有意不说真话违背了别人的权利，它就是一个谎言，而在伦理学说当中，这是很清楚的，没有来自于无害的权威的地方，就没有一个人内心有意说不真的话不被当作是谎言。①

康德指出，这种谎言是对"作为一个道德存在者自己义务的最大违背"，有意说谎时，人并不尊重自己，这是理解康德观点的关键。但正如阿伦·伍德所指出的，康德的观点并不极端，有意说假话有时候不仅不损害人的自尊，而且还是对人的尊严的另一种肯定。

康德谴责这样的行为，在别人毫不知情的情况下，你窥探别人的秘密。有时，在如此错误行为中保护你自己和肯定你的尊严的最有效的方式是用假话来回答那个窥探性的问题，有时目的可能是欺骗性的（正如当真的回答或拒绝回答将损害你的权利，你有取消它的义务），但是他们不能得到他们不应该问的那些真实信息。②

同样，在礼貌或客套用语中，康德认为并没有说谎（最宽泛意义上的谎言），因为说话者只是为了表示尊敬、好奇等，而不是为了有意说谎。但当别人问你一些隐私问题，如果你不真实回答这样的问题，这不会不道德。因此，在这个意义上，康德才说，"内在谎言"（the inner lie）——对自己撒谎或自我欺骗——无论如何都是错的。

---

① Immanuel Kant, *The Metaphysical Principles of Virtue*, Indianapolis: Hackett, 1983, pp. 431-493.

② Allen W. Wood, *Kantian Ethics*, Cambridge and New York: Cambridge University Press, 2008, p. 253.

三 政治谎言是否可能？

政治谎言是谎言中的一种类型，康德对所有谎言的彻底态度同样符合我们对政治谎言正当性的判断，那就是，只要称之为政治谎言的东西，我们都应该加以拒绝。当然，康德自己并没有说何为政治谎言，何为日常谎言，但在康德看来，政治谎言完全不同于日常生活中的谎言，因为日常生活谎言有可能不是真正的谎言，而政治谎言一定是做的一种康德意义上的"宣称"，这种"宣称"指向一种权利与契约关系。在这个意义上，康德反对任何政治上的谎言。

政治哲学史上，康德对待政治谎言的观点并不为部分政治学家们所认可，其中与康德观点最为不同的当数古希腊哲学家柏拉图、意大利政治学家马基雅维里和英国功利主义哲学家亨利·西季威克。

柏拉图把谎言分为两种情况，一种是一般人对统治者说谎，另一种是统治者对民众说谎，柏拉图认为，前一种情况是不能容忍的，一般人对统治者说谎罪恶巨大，这种谎言足以毁灭一个城邦，而后一种谎言则被柏拉图所认可。柏拉图用隐喻的形式道出了一种高贵的谎言，即上天在铸造统治者、护卫者和被统治者等人时在他们身上分别加入黄金、白银、铜铁等元素，上天把他们放在恰如其分的位置上，各得其所，各司其职。①

意大利思想家马基雅维里与柏拉图运用隐喻的方式根本不同，他依据那个时代的经验赤裸裸地宣称，"那些曾经建立丰功伟绩的君主们却不重视守信，而是懂得怎样运用诡计。""君主必须懂得善于运用野兽的方法，他就应当同时效法狐狸与狮子。……当遵守信义反而对自己不利时，或者原来使自己做出诺言的理由现在不复存在的时候，一位英明的统治者绝不能够，也不应当遵守信义。……君主必须深知怎样掩饰这种兽性，并且必须作一个伟大的伪装者和假好人。"②

功利主义者西季威克则基于一种常识道德和功利主义的立场在谎言问题上站在了康德的反面。西季威克认为，为了自卫或为了保护他人而杀

---

① ［古希腊］柏拉图：《理想国》，郭斌和、张竹明译，商务印书馆1997年版，第88、127、128、129页。

② ［意］尼科洛·马基雅维里：《君主论》，潘汉典译，商务印书馆1997年版，第83—84页。

人，人们一般认为这是正当的行为；同样，为了更有效地保护我们或他人的权利不受侵犯而撒谎，人们也应该认为这是正当的行为。由此可以推断，西季威克一定承认政治谎言存在的正当合理性，因为大多数的政治谎言大都打着保护民众权利或利益的旗号。西季威克的论调在法国思想家卢梭那里也得到了印证，卢梭认为，"为自己的利益而说谎，那是故意蒙骗人；为他人的利益而说谎，那是弄虚作假。为害人而说谎，那是故意中伤，这是谎言之中最坏的谎言。既无图利之心，又不损害自己和他人，即使说了谎言，也不算谎言。这不能算说谎，而只能算瞎说一气。"①

政治谎言问题仍然是当代政治学家们研究的重要问题，他们大都从政治现实的层面来理解政治谎言，汉娜·阿伦特是其中最为出色的一位。阿伦特有两篇重要文献涉及这一主题，一是在《共和的危机》（Crises of The Republic）中有她对当时"五角大楼文件事件"研究的《政治中的谎言》（Lying in politics）一文，另一篇是她的《真理与政治》一文，在这两篇文章中，我们依稀能够看到阿伦特对政治谎言问题的大致观点。

阿伦特区分了理性真理和事实真理两种类型，认为理性真理主要是指自"莱布尼茨以来数学的、科学的和哲学真理"，而事实真理则是"与政治最为相关的真理"。"从真理的角度看待政治，正如我现在所做的，意味着从外在于政治领域的立场看待政治。"② 在阿伦特看来，理性真理是在孤独中发现和实现的，从一开始就超越了众人的世界，超越了人类事务的世界，而事实真理，总是与他人联系在一起，它关注的是与众人有关的事件和情境，在这个意义上，事实真理"本质上是政治的"。阿伦特认为，理性真理，一个理性的真实的陈述的反面或者是错误或者是无知，如在科学中的情况，或者是幻想或者是意见，如在哲学中的情况。有意为之的假象，精心编造的谎言，只有在事实真理的领域才发挥它的作用。③ 阿伦特看到，在我们这个时代，事实真理与政治之间存在着空前的冲突，"面对权力的杀戮，事实真理幸存下来的机会确实是微乎其微，"它们面

---

① ［法］让-雅克·卢梭：《一个孤独的散步者的梦》，李平沤译，商务印书馆 2008 年版，第 45—46 页。
② ［美］汉娜·阿伦特：《真理与政治》，载贺照田主编《西方现代性的曲折与展开》（学术思想评论 第六辑），田立年译，吉林人民出版社 2002 年版，第 334 页。
③ 同上书，第 305 页。

临着从这个世界中被排挤出来的危险,取而代之的便是政治中的谎言。

阿伦特对谎言有两种分类,一是有组织的谎言（organized lying）和单个的谎言,另一是传统谎言和现代谎言。对于单个的撒谎者,阿伦特指出是一种独立地谋求自己好处的那种人,而作为一种有组织的谎言,则起着支配公共领域的重大作用。"在从柏拉图到霍布斯的关于真理和政治对立的长期争论中,显然没有一个人相信我们今天所知道的那种有组织的谎言可以成为反对真理的一种不可忽视的武器。"① 对阿伦特而言,传统谎言和现代谎言的区分更为明晰,他指出,在外交和政治计谋的历史中如此屡见不鲜的传统的政治谎言,通常或者与真正的机密——永远不会被公开的资料——有关,或者与那些尚未变成事实的意图或意向有关,……与此不同,现代政治谎言所大刀阔斧地处理的事物则完全不是什么秘密,而是实际上每个人都知道的。"传统谎言关心的只是特定的人,从来没有打算真的欺骗每一个人,它的目标是针对敌人的,打算欺骗的也只是这个敌人。"② 而现代谎言对于事实的操纵所造成的危险,谎言作为真理替代人们的生活:"他们希望欺骗一个社会范围内或者国家范围内的敌人,但结果却是,一个集团的全体人民,甚至整个一个民族,会自投他们的领袖本来希望用来对付他们的敌人的谎言的罗网之中。"③ 现代谎言与传统谎言的区分还表现在,现代谎言存在自我欺骗问题,而这恰恰是传统谎言概念中所不具有的,现代政治中大量存在的全面的谎言和谎言中包含的自我欺骗逻辑地形成一个网络,我们每一个人都毫无例外地处于这张网络之中。因此,"长期地和全面地用谎言代替真理的结果不仅是谎言现在被接受为真理,而真理现在被诋毁为谎言,而且我们据以在真实的世界找到自己位置的感觉——真假范畴乃是达到这一目的的精神手段之一——被摧毁了"④。

自始至终,阿伦特都未给予谎言或政治谎言以明确的定义,更没有对诸如意识形态、高贵的谎言抑或善良的谎言等是否属于一种政治谎言有明

---

① ［美］汉娜·阿伦特:《真理与政治》,载贺照田主编《西方现代性的曲折与展开》（学术思想评论 第六辑）,田立年译,吉林人民出版社 2002 年版,第 305 页。
② 同上书,第 327 页。
③ 同上书,第 329 页。
④ 同上书,第 331 页。

确的说法。在《真理与政治》开篇,她就抛出了当时人们在政治谎言问题上的惯常观点,即谎言被认为是必要的和正当的工具,不仅对于政客或煽动家是必要的,而且对于政治家也是必要的。阿伦特对政治谎言特别是"有组织的谎言"和现代政治谎言极力反对,但是,她并未对单个的谎言和传统谎言表达自己的政治立场,哪怕是对"有组织的谎言"和现代政治谎言,阿伦特的立场也并不是我们想象的那么坚决。在《政治中的谎言》中,阿伦特对于政治谎言并不感到沮丧,理由在于即使美国政府有着严密的分级保密制度,但最终也很难不为美国民众所知道,此外,她还看到,在美国民众那里存在着一种抵制破坏自由的力量的东西,她认为这是战胜政治谎言的希望之一,"无论老练的说谎者给我们编造的谎言有多大,即使他有计算机的帮助,它永远不会大到足以遮蔽无边的事实性"。[1]实际上,阿伦特允许美国政治中谎言的存在。

第三节 政治中的秘密(2):秘密审议

西方政治哲学诚如庄泽克(John S. Dryzek)所言出现所谓的审议转向以来,公开审议问题就自觉地纳入了研究者们的视野。作为审议民主的重要形式,公开审议或公共审议(public deliberation)受到绝大多数审议民主理论家的拥护与支持,而秘密审议却被理所当然地认为与审议民主的基本原则不相符合而抛弃。但实际上,在审议民主的争论中,有一种观点一直都存在,那就是秘密审议问题。从脉络上看,在秘密审议问题上有两种观点:一种观点是把秘密审议看成是一种个人慎思的审议,另一种观点是把秘密审议看成为关起门来进行的审议。在秘密审议的两种观点中,乔恩·埃尔斯特(Jon Elster)、丹尼尔·劳伦(Daniel Naurin)、西蒙·钱伯斯(Simone Chambers)以及戴维·斯达萨维奇(David Stasavage)等主张关起门来进行审议,而罗尔斯、罗伯特·古丁(Robert E. Goodin)则提倡一种内部审议式民主(deliberative democracy within),从而分别对秘密审议问题进行了很好的诠释。

---

[1] Hannah Arendt, "Lying in Politics: Reflections on the Pentagon Papers", *Crises of the Republic*, New York and London: Harcourt Brace Jovanovich, 1972, p. 7.

一 秘密审议：作为个人慎思的审议

将秘密审议看成是一种个人慎思的审议，这在审议民主理论中有两个代表人物：一个是罗尔斯，无知之幕的背后和公共理性的内心思虑，这种审议被视为一个独立于讨论或对话的过程；另一个是罗伯特·古丁，从外部集体审议到内部反思审议，这种审议关注讨论或对话前人们的思考权衡。不论是哪一种情形，它都只能是一种慎思并作为一种秘密审议的形式而出现。

第一种情形是罗尔斯的公共理性。在多种场合，罗尔斯都明确将他的公共理性看成是审议民主理论的组成部分。[1] 但是，迈克尔·萨沃德却一反罗尔斯自己的断言，坚称罗尔斯的公共理性观念与审议无关，从而断言罗尔斯不是一个审议民主理论家。[2] 萨沃德的观点值得回味与深究，他向我们展示了罗尔斯公共理性观念的另一面，即将公共理性视为公共人的一种内部思虑，而不是一种真正的对话与辩论。

为了弄清罗尔斯公共理性是否具有审议的性质，有必要顺着迈克尔·萨沃德的指引，返回到罗尔斯所描述的原初状态之中。罗尔斯这样设想原初状态：处于这一状态之中的每一个人也都处于无知之幕的后面，相互之间不知道"某些特殊事实"，然而他们知道人类社会的一般事实，在这样的状态之下，每一个人选择他所认为的正义观念。[3] 在这种描述中，非常明确地，处于无知之幕背后的人们，他们之间不可能有对话或辩论，在罗尔斯原初状态之中的审议里，就只存在完全的个人内心的权衡和思考，公开审议被完全排除在原初状态之外。

迈克尔·萨沃德和伯纳德·曼宁认为，罗尔斯的原初状态是公共理性

---

[1] John Rawls, "The Idea of Public Reason Revisited", *The University of Chicago Law Review*, Vol. 64, No. 3, 1997, p. 772.

[2] Michael Saward, "Rawls and Deliberative Democracy", *Democracy as Public Deliberation: New Perspectives*, Manchester and New York: Manchester University Press, 2002, pp. 112–130. 阅读过程中参考了王英津的中译，参见［美］迈克尔·萨沃德《罗尔斯与协商民主》，载［南非］毛里西奥·帕瑟林·登特里维斯主编《作为公共协商的民主：新的视角》，王英津等译，中央编译出版社2006年版，第60—76页。

[3] ［美］约翰·罗尔斯：《正义论》，何怀宏、何包钢、廖申白译，中国社会科学出版社1988年版，第136页。

的一面镜子,原初状态之中的个人审议是一种内部思考过程,因而公共理性也是一种内部思考过程。① 并且,他们一致认为,这种偏重于个人慎思的审议并不是真正的审议——迈克尔·萨沃德由此断言罗尔斯不是一个审议民主理论家,而伯纳德·曼宁则坚信罗尔斯原初状态意义上的个人不是圣人便是疯子,因为,在原初状态之中,"个体早就已经清楚地知道他想要的是什么,或者更准确地说,他早已拥有了可以对一切可能性方案进行评价的标准"②。

将罗尔斯的公共理性与审议联系起来似乎非常合理,但这一观点遭到了赛拉·本哈比和迈克尔·萨沃德的强劲反驳。本哈比扼要地指出,罗尔斯的公共理性是关于推断的界限而不是在公共场合实际的推理过程。迈克尔·萨沃德则认为,罗尔斯的公共理性"更具有非审议甚至是反审议的性质"。

罗尔斯提出的中心问题是:在对许多基本政治问题进行讨论和投票时,公民为什么要受公共理性的限制?他的回答是:只有当权力的运用符合宪法,而所有公民又是根据合理的原则和理念认可该宪法的实质时,政治权力的实践才是合理和正当的。迈克尔·萨沃德将罗尔斯的这一回答分解成五个内容:(1)意识到多元主义存在的理性和合理的公民;(2)会找到能够接受的特定规则或理念;(3)因此他们将同意包含这些规则或理念的宪法;(4)如果政治权力根据宪法而运用;(5)那么政治权力的运用是正当的。③ 迈克尔·萨沃德认为,只有前三部分内容涉及"公共理

---

① 迈克尔·萨沃德将罗尔斯的公共理性看成"一种出于相信正义概念和它对特定问题的含义而去寻找好的和正确的理由的内部思考过程",萨沃德认为原初状态中的个人审议也是一样。至于迈克尔·萨沃德如何将公共理性看成一种内部思考过程,笔者将在下文详述其论证过程。参见 Michael Saward, "Rawls and Deliberative Democracy", *Democracy as Public Deliberation*: *New Perspectives*, Manchester and New York: Manchester University Press, 2002, pp. 112 – 130. [美] 迈克尔·萨沃德《罗尔斯与协商民主》,载 [南非] 毛里西奥·帕瑟林·登特里维斯主编《作为公共协商的民主:新的视角》,王英津等译,中央编译出版社 2006 年版,第 60—76 页。

② Bernard Manin, "On Legitimacy and Political Deliberation", *Political Theory*, Vol. 15, No. 3, 1987, p. 349. 译文参考了谈火生《审议民主》的中译并略有改动,参见 [美] 伯纳德·曼宁《论合法性与政治审议》,载谈火生编《审议民主》,江苏人民出版社 2007 年版,第 157 页。

③ Michael Saward, "Rawls and Deliberative Democracy", *Democracy as Public Deliberation*: *New Perspectives*, Manchester and New York: Manchester University Press, 2002, pp. 112 – 130. 本译文参见王英津的中译并略有改动,参见 [美] 迈克尔·萨沃德《罗尔斯与协商民主》,载 [南非] 毛里西奥·帕瑟林·登特里维斯主编《作为公共协商的民主:新的视角》,王英津等译,中央编译出版社 2006 年版,第 60—76 页。

性",而在这三部分中进行推论是一个独立的、内向的和思考性的事件。并且,迈克尔·萨沃德看到,当罗尔斯试图把公共理性运用到具体案例中时,他大量使用的是"思考、想象和反思"等内部对话的术语,一个人也可以通过与自我头脑中假想的他人进行讨论。因此,罗尔斯的公共理性并不是真的要求公民同伴在公共场合争论,罗尔斯也就把公共理性与审议割裂了开来。在萨沃德看来,更为严重的是,公共理性的基础是原初状态提供的,而在原初状态之中,"反思性平衡的相关概念和公民对投票的独自的和思想性的评价,这些都使公共理性成为一个十足的非审议的概念"①。

第二种情形是罗伯特·古丁(Robert E. Goodin)的内部反思审议(internal-reflective deliberation)。罗伯特·古丁提出一种与"外部集体审议"(external-collective deliberation)相对的"内部反思审议"(internal-reflective deliberation),从而试图寻找"内部反思"和"公开讨论"之间的分界线,更有意义的是,罗伯特·古丁将他的这一发现系统化并提出一种"反思的民主"(reflective democracy)模式。②

不可否认,决策之前进行面对面的公开讨论(罗伯特·古丁称为"外部集体审议")面临的最大困境在于,规模越大讨论越不可能的问题。几个人甚至几十个人集在一起面对面进行讨论,这没人能够否认其可行性,但是,一旦人数增加到几百上千甚至是上万人之后,如何集在一起进行讨论然后决策,这就是一个很大的问题。正因如此,公共审议的实践备受一些严肃审议理论家们的诟病,如埃尔斯特、桑德斯等,罗伯特·古丁也对审议实践的这一困境进行了严肃的批评,并提出了内部反思审议问题。

罗伯特·古丁认为,审议民主面临的挑战是,对任何一个距离遥远的

---

① Michael Saward, "Rawls and Deliberative Democracy", *Democracy as Public Deliberation: New Perspectives*, Manchester and New York: Manchester University Press, 2002, pp. 112–130.

② Robert E. Goodin, "Democratic Deliberation Within", *Philosophy and Public Affairs*, Vol. 29, No. 2, 2000, pp. 79–107; Robert E. Goodin and Simon J. Niemeyer, "When Does Deliberation Begin? Internal Reflection Versus Public Discussion in Deliberative Democracy", *Political Studies*, Vol. 51, 2003, pp. 627–649; Robert E. Goodin, *Reflective Democracy*, Oxford: Oxford University Press, 2003.

大规模社会而言，如何找到一些理想的审议方法，而在这样一个社会里，安排面对面的讨论是完全不可能的。然而，改变我们从"外部集体"到"内部反思"模式的注意力，转换民主审议的大量工作到每个人头脑里面，这样我们可以削减大众社会审议民主的负担。为了对这一观点进行辩护，我想把这种内部反思过程在普通的谈话情境中充当主角。① 据此，罗伯特·古丁试图把个人内部反思审议放在比外部集体审议更为重要的位置。"在这个意义上，在审议者们的思想中间，审议是一件使'谈话式在场'（conversationally present）更少的事情，从而是一件使'想象式在场'（imaginatively present）更多的事情。"② 按照罗伯特·古丁的设想，这种"内部反思审议"并不要求参与审议的人真实在场，从而面对面地交流与讨论，而是一种想象的在场。我们可以想象他人的存在，去理解他人，从而获得对某种审议论题的理解。

当然，在罗伯特·古丁的意识里，绝不是主张用这种"想象式在场"的内部反思完全取代"谈话式在场"的面对面讨论，充其量，在政治领域里，内部反思审议是外部集体审议的一个重要补充，当在一个大规模的社会里，要求每一个参与审议者在场从而面对面讨论成为不可能时，这种"想象式在场"的内部反思便可能发挥更大的作用。但是，在古丁看来，审议民主理论家们大多将审议直接等同于外部集体讨论，而没有看到集体讨论之前的个人内部反思，罗伯特·古丁于此提出内部反思审议的概念试图反拨这种倾向。

为了给他的观点提出更为有力的证据，罗伯特·古丁对公民陪审团就澳大利亚境内布罗姆菲尔德路的审议过程进行了全程追踪和实证研究。公民陪审团的成员被召集在一起用四天的时间进行审议：第一天进行实地考察和背景情况的简单了解；第二天和第三天约会专业人士和社区代表，听

---

① Robert E. Goodin, "Democratic Deliberation Within", *Philosophy and Public Affairs*, Vol. 29, No. 2, 2000, p. 83.

② 罗伯特·古丁分别用"谈话式在场"和"想象式在场"来描述"外部集体审议"和"内部反思审议"的状态。有时，罗伯特·古丁也用"交往式在场"（communicatively present）来描述"外部集体审议"的状态，也就是说，"谈话式在场"和"交往式在场"是在一个意义上被使用的。参见 Robert E. Goodin, "Democratic Deliberation Within", *Philosophy and Public Affairs*, Vol. 29, No. 2, 2000, p. 83。

和问一些问题，第四天就这一问题进行正式讨论。罗伯特·古丁关心的问题是，公民陪审团成员的态度何时和为何发生转变？如果态度是在真正审议（公开讨论）时发生的改变，那么，这就说明公开讨论对于审议的重要性，如果相反，则说明内部反思相比于外部讨论有更具有重要性。罗伯特·古丁经过调查发现，陪审团成员在前三天获取的信息以及在此过程中的个人内部反思比外部群体面对面地讨论有更为重要的地位。据此，罗伯特·古丁更加坚定了他的理论立场，即"民主内部审议的反思过程相对于民主审议而言处于更为中心的地位，而外部集体讨论则处于非中心的地位"①。

二 秘密审议：关起门来进行的审议

秘密审议的主流观点认为，秘密审议不是一种"个人内部反思"，而是一种"关起门来进行的审议"（deliberation behind closed doors），即一群人或公民的代表集在一起，他们不是以开放而是以保密的心态进行一些议题的讨论。这种观点以乔恩·埃尔斯特（Jon Elster）、丹尼尔·劳伦（Daniel Naurin）、西蒙·钱伯斯（Simone Chambers）和戴维·斯达萨维奇（David Stasavage）等为代表。

第一个代表是乔恩·埃尔斯特（Jon Elster）。乔恩·埃尔斯特是最早注意到公开审议的弊端而诉诸秘密审议的人。② 他区分了交易与论证（bargaining and arguing）、市场与论坛（the market and the forum）这两组概念，从而为秘密审议寻找合理性根据。

根据埃尔斯特的说法，论证与交易是言语交流行为的两种形式，它们的目的都是为了让对方接受自己的观点，不同的是，论证采取的是通过说

---

① Robert E. Goodin and Simon J. Niemeyer, "When Does Deliberation Begin? Internal Reflection versus Public Discussion in Deliberative Democracy", *Political Studies*, Vol. 51, 2003, p. 635.

② 1986 年，埃尔斯特就写成《市场与论坛：三种政治理论》一文发表于他本人主编的《社会选择理论基础》之中。在这篇论文中，埃尔斯特尽管没有对秘密审议进行具体的研究，但为论坛和市场的双向批判打开了论坛纳市场的缺口。时隔五年之后（1991 年），埃尔斯特对这一问题进行了更深入的研究——他以 1787 年美国制宪会议（the Federal Convention）和 1789 年法国制宪会议（the Assemblee Constituante）做比照，从交易与论证的角度分析了两次制宪会议的性质。这一论文后以《审议与制宪会议》（1998 年）的形式收录于埃尔斯特本人主编的《审议民主》一书中。

理的方式（逻辑论证）说服对方，埃尔斯特将这种交流方式称之为"更好论证的力量"（the power of the better argument），而交易通过强迫或诱惑的方式让对方接受自己的观点，它包括威胁和许诺两种方式。前者运用的是理性的力量，而后者运用的是物质资源。论证的有效性来源于真，而交易的有效性则来源于信用——交易者必须使对方相信威胁和诺言能够实现，不然，交易就不会产生力量。埃尔斯特坚持认为，在关于公共利益的讨论中，利己式的论证从理论上讲是不可能的，交易或利己式的论证只有在秘密的情况下才有可能，而公共讨论倾向于促进公共利益。但是，埃尔斯特却看到，秘密审议能够增强审议的质量，带来某种积极的影响。

埃尔斯特以美法两次制宪会议为例来证明他的这一观点。在他看来，1787年美国制宪会议是关起门来进行的，其过程始终保持秘密状态，而1789年法国制宪会议是公开进行的，其过程始终保持开放姿态，但结果是，秘密进行的美国制宪会议最终达成了真正的共识，而公开进行的法国制宪会议则只是达成了一个假的和不稳定的共识。[①] 美国制宪会议不仅存在许多高质量的论证，而且也有许多精明的交易。[②] 埃尔斯特的这一观点也得到了自九十年代以来很多理论家们的声援，如哈罗德·穆勒（Harald Müller）、丹纳·帕克（Diana Panke）、彼得·科特赞（Peter Kotzian）和丹尼尔·劳伦（Daniel Naurin）等，他们以或经验或规范的研究方式对这一问题做出了与埃尔斯特完全相似的回答。[③]

根据埃尔斯特，论证与交易分别是市场与论坛的两种交流沟通方式，市场采用的是交易，而论坛采用的是论证。在审议民主理论家们看来，政

[①] Jon Elster, "Arguing and Bargaining in the Federal Convention and the Assemblée Constituante", Center for the Study of Constitutionalism in Eastern Euope, 1991.

[②] Jon Elster, "Deliberation andConstitution Making", *Deliberative Democracy*, Cambridge University Press, 1998, p. 110.

[③] 很多理论家都以欧盟会议为经验材料就论证与交易这一问题进行了研究，从而注意到交易对于达成会议共识的重要性。参见 Diana Panke, "More Arguing Than Bargaining? The Institutional Designs of the European Convention and Intergovernmental Conferences Compared", *Journal of European Integration*, Vol. 28, No. 4, 2006, pp. 357 – 379; Peter Kotzian, "Arguing and Bargaining in International Negotiations: On the Application of the Frame – Selection Model and its Implications", *International Political Science Review*, Vol. 28, No. 1, 2007, pp. 79 – 99; Harald Müller, "Arguing, Bargaining and All That: Communicative Action, Rationalist Theory and the Logic of Appropriateness in International Relations", *European Journal of International Relations*, Vol. 10, No. 3, 2004, pp. 395 – 435.

治决策只有建立在理性的政治讨论之上才有可能,因此运用市场交易的方式介入政治议题是徒劳无益的,而埃尔斯特在这一问题上却为我们提供了另一种可能,即交易的市场一定有助于论证的论坛,从而修正了我们对政治论辩的基本看法。"如果我们这样来界定政治,将其理解为在本质上是公共的,在用途上是工具性的,我相信,这就是政治在社会中所应有的位置。"① 不过,埃尔斯特的理解只停留在表面,他并没有设想一种审议的市场如何运作的过程。另两位理论家卡若琳·M. 亨德克斯(Carolyn M. Hendriks)和赖恩·卡桑(Lyn Carson)则突破了埃尔斯特的这一研究框架,设想了一种审议的市场所呈现出来的繁荣昌盛的景象。② 但是,埃尔斯特通过对交易的市场原则的强调而主张一种关起门来论辩(审议)的可能,而他们却主张一种审议的全面商业化,把审议本身当成是一种交易。

第二个代表是西蒙·钱伯斯(Simone Chambers)。钱伯斯提出第三种理性即公民投票理性(plebiscitory reason)的观点,明确讨论了"关起门来进行的审议"(deliberation behind closed doors)。③ 钱伯斯的提法明显源于乔恩·埃尔斯特,不过的是,埃尔斯特没有使用"公民投票理性",而是说"一种代用的公共理性"(a type of ersatz public reason)。④

钱伯斯将公民投票理性分成三种形式:操纵(manipulation)、迎合(pandering)和形象维护(image-maintaining)。第一种方式即操纵包括传递错误信息、煽动性的雄辩和奉承;第二种方式即迎合是指言说者说一些观众喜欢听的话;第三种方式即形象维护是指"公共言说的方式增强或减少形象而不是公共言说的方式支持或批评一个建议"。按照西蒙·钱

---

① [美]乔恩·埃尔斯特:《市场与论坛:三种政治理论》,载谈火生编《审议民主》,江苏人民出版社2007年版,第85页。

② Carolyn M. Hendriks and Lyn Carson, "Can the Market Help the Forum? Negotiating the Commercialization of Deliberative Democracy", *Policy Science*, Vol. 41, 2008, pp. 293 – 313.

③ 西蒙·查博斯指出自己使用的是康德式的私人理性的概念而不是罗尔斯式的非公共理性的概念,因为他从非公共理性中分离出了"私人理性"和"公民投票理性"两个概念。参见 Simone Chambers, "Behind Closed Doors: Publicity, Secrecy and the Quality of Deliberation", *Journal of Political Philosophy*, Vol. 12, No. 4, 2004, p. 391。

④ Simone Chambers, "Behind Closed Doors: Publicity, Secrecy and the Quality of Deliberation", *Journal of Political Philosophy*, Vol. 12, No. 4, 2004, p. 393.

伯斯的说法，公共理性呈现出两种机制，即苏格拉底机制（Socratic mechanism）和民主机制（democratic mechanisms）。① 钱伯斯将公民投票理性置于公共理性和私人理性之上。在苏格拉底维度（Socratic Dimension）上，从公民投票理性到公共理性，理性的程度由弱到强；在民主维度（Democratic Dimension）上，从私人理性到公共理性，公开的程度也扩大了。在钱伯斯看来，公共理性和私人理性意味着强理性和交易或狭窄的诉求（robust reasoning and bargaining or narrow appeal），这是一种埃尔斯特意义上的"关起门来进行的审议"，而公民投票理性和公共理性意味着一种弱理性和普遍性诉求（shallow reasoning and general appeal），这是一种变形了的公开审议。在埃尔斯特那里，前一种类型体现在1787年美国制宪会议中，表明了一种秘密审议的可能，而后一种类型体现在1789年法国制宪会议中，这种类型满足了理性的公开性条件，但却体现为一种公民投票理性。最后，钱伯斯表明了自己的立场，在理想情况下，我们想要的是一个不是完全被公民投票理性所统治的公共领域和不是完全被私人理性统治的秘密会议，现实情况之下，"我们总是需要避开公众关起门来开会，最重要的是，我们要尽力保持**公共**理性和公共**理性**之间的平衡"②。

第三个代表是戴维·斯达萨维奇（David Stasavage）。埃尔斯特和西蒙·钱伯斯都只是回答了秘密审议是否可能的问题，而美国当代政治哲学家戴维·斯达萨维奇则回答了秘密审议如何可能这一问题。2004年开始，戴维·斯达萨维奇连续发表论文，探讨了代议民主制度中公开审议和私下审议的分界问题——何种情况下适合公开审议而何种情况下适合秘密审议。

戴维·斯达萨维奇想象这样一种审议情景：三个代表在一起审议投票，在公开审议和决策之下，公众可以看到最终的政策结果和代表的个人

---

① 公共理性的这两种机制其实很好理解：当我们将重心放在"公共"二字之上时，便是所谓民主机制，它表明了一种"合法性的期待"（expectations concerning legitimacy）；当我们将重心放在"理性"二字之上时，便是所谓苏格拉底机制，它表明一种"证成和责任"（justification and accountability）。参见 Simone Chambers, "Behind Closed Doors: Publicity, Secrecy and the Quality of Deliberation", *Journal of Political Philosophy*, Vol. 12, No. 4, 2004, p. 390。

② Simone Chambers, "Behind Closed Doors: Publicity, Secrecy and the Quality of Deliberation", *Journal of Political Philosophy*, Vol. 12, No. 4, 2004, p. 398。

投票，而在私下审议和决策之下，公众只能看到最终的政策结果，看不到代表的个人投票。现在，假定对一个政策进行审议投票，每个代表都旨在寻求有偏好的政策和关心声誉这两者之间的平衡，这种平衡存在两种极端情况：一种称之为"独立均衡"（the independence equilibrium），在这种均衡里，代表为他们偏好的政策而投票，而无视这一选择对他们声誉的影响。在斯达萨维奇看来，当无偏私的代表有效地运用他们的专业技术知识而投票时，这种均衡对公众而言是好的，但是，当有偏私的代表总是基于他们偏好而无视专业知识而投票时，这种均衡对公众而言是不好的；另一种称之为"相关均衡"（the responsiveness equilibrium），在这种均衡里，两种类型的代表为了避免出现偏见而总是为声誉投票。这种均衡之下它起着规训有偏私的代表的作用，因而对公众来说是好的，但是，它也付出了一种代价，因为这种均衡之下有偏私的代表和无偏私的代表都无视专业技术知识的使用。① 这二者到底偏向哪一边，戴维·斯达萨维奇认为与相关的刺激（the relative incentive）很有关系，而这直接依赖于审议投票是公开的还是私下的。

戴维·斯达萨维奇据此提出了 5 个命题。命题 1：在公开审议而不是私下审议之下，只要声誉关心不是非常强也不是非常弱，代表总是依据公众舆论而投票。命题 2：随着声誉关心和审议中透明化程度的增长，代表相应会关注公众舆论。命题 3：当存在代表有偏私这样重要的危险时，公众偏向于选择公开审议。命题 4：当代表的与政策相关专业技术水平很高时，公众偏向于选择私下审议。命题 5：如果"相关"（responsiveness）是公开审议下的均衡结果和"独立"（independence）是私下审议下的均衡结果，那么，观点的分化将在私下审议后被减少和公开审议后保持不变。②

戴维·斯达萨维奇试图告诉我们，当公开审议下出现"相关均衡"

---

① 在 2007 年发表的论文中，戴维·斯达萨维奇换了一种说法表述这两种均衡，分别称为"信息均衡"（the informative equilibrium）和"非信息均衡"（the uninformative equilibrium），其意基本未变。参见 David Stasavage, "Polarization and Publicity: Rethinking the Benefits of Deliberative Democracy", *The Journal of Politics*, Vol. 69, No. 1, 2007, p. 61.

② David Stasavage, "Public Versus Private Deliberation in a Representative Democracy", unpublished working paper, London School of Economics, 2004; David Stasavage, "Polarization and Publicity: Rethinking the Benefits of Deliberative Democracy", *The Journal of Politics*, Vol. 69, No. 1, 2007, pp. 59 – 72.

和私下审议下出现"独立均衡"时,秘密审议则有利于减少分化从而达成共识。这种观点正好可以用来解释乔恩·埃尔斯特和伯纳德·曼宁都重点关注过的 1787 年美国制宪会议和 1789 年法国制宪法会议的案例。

总之,当公开性不能完全纯化政治审议时,秘密审议便拥有大量的存在空间。也许,公众的代表或者决策者们喜欢做这样的简单选择,当围绕一个议题进行审议时,要么选择公开审议,要么选择秘密审议。固然,在大多数情况下,单一的公开审议或单一的秘密审议都能达到产生共识的目的,但是,在有些情况下,这种单一的审议方式也许并不能奏效,那么,在这种情况之下,选择何种审议方式以至于能够达成共识就在考验着实践者和决策者们的智慧,也许混合公开和秘密进行审议便是一种很好的出路,乔恩·埃尔斯特为这种公开审议和秘密审议在一次审议过程中的混合运用提供了一种设想。

> 审议过程应该包含秘密(委员会讨论)和公开(全体出席的会议讨论)两个因素,完全的秘密审议,党派利益和互相吹捧将走上前台,而完全的公开审议则鼓励了哗众取宠的表演(grandstanding)和过量的雄辩(rhetorical overbidding)。相反,秘密为严肃的讨论留出了余地,而公开确保了任何交易的达成都会暴露于日光之下。①

埃尔斯特为公开审议和秘密审议的相得益彰提供了理论上的支持,但是,在实际的审议中,何时适合于公开审议,何时适合于秘密审议,这无疑是一个不大容易解决的现实问题。

第四节 政治中的秘密(3):政治密谋与反叛

政治密谋是政治中的一种秘密谋划,其目的或者是推翻国家,或者是杀害某一个政治人物,也或者是秘密策划完成其他的事情,而作为一种政治行动的反叛,一般在两种意义上使用,一种是叛变或背弃,如叛变革

---

① Jon Elster, "Deliberation and Constitution Making", *Deliberative Democracy*, Cambridge University Press, 1998, p. 117.

命、背弃信仰等，另一种反抗当局或政权，这其实也是一种对政权、主权者的背弃或叛变，政治中的反叛更多地意味着一国民众对政权或主权者的反抗或革命。从目的上看，政治密谋与反叛都有反对政权或执政者的意蕴，但从公开与秘密的角度看，政治密谋一定是秘密进行的策划行动，秘密是这一行为的前提条件，而反叛并没有明确将秘密作为其成立的前提，尤其是在反叛的第一种意义上使用时，公开的叛变或背弃时常发生。不过，哲学家康德却将反叛与秘密联系起来，认为反抗主权者的政治行动，如果不以秘密的方式进行，则很难取得成功。[1] 在这个意义上，政治密谋与反叛在政治秘密的语境中便有着共同的言说基础。

一 政治中的密谋

"密谋"（conspiracy）一词又可称为"阴谋"，指秘密策划、秘密的谋划，政治中的密谋无疑是指政治活动中的秘密策划行为，但是，这一解释并没有带给我们太多的信息。例如，一个人进行秘密谋划，这是不是密谋？所有的秘密策划都可称之为密谋吗？密谋是一种恶吗？如果不是，为什么需要秘密地进行？如果是，为什么能够得到如马基雅维里等哲学家的认可？政治密谋问题绝非想象中的那么简单。从思想史的角度看，意大利伟大思想家马基雅维里对密谋问题进行了深入研究，当代美国科学哲学家卡尔·波普尔对密谋问题也有较为深入的思考。

意大利政治思想家马基雅维里是西方政治思想史上对政治密谋（阴谋）问题进行全面研究同时也具有独到见解的思想家。他的政治密谋论集中体现在《君主论》（The Prince）和《论李维的前十书》（Discourses on the First Ten Books of Titus Livius）这两本著作中。在《君主论》中，马基雅维里在第十九章中论及君主应该避免受到蔑视与憎恨的问题，其中多次提到君主如何面对臣民的密谋，而在《论李维的前十书》中，据不完全统计，"密谋"（conspiracy）一词总共出现58次，其中第三卷第六章专门论述政治密谋，该词出现频率高达47次，可以说，在政治思想史上还从来没有人像马基雅维里那样对政治密谋做过如此详细而深入的研究。

---

[1] ［德］康德：《论永久和平——一部哲学规划》，载［德］康德《历史理性批判文集》，何兆武译，商务印书馆1990年版。

马基雅维里告诫君主,密谋对君主的伤害最大,每个君主都不可掉以轻心。因此,在《君主论》中,马基雅维里重点就臣民对君主的密谋进行研究。"关于臣民的问题,当没有外患的时候,君主不得不害怕的只是他们秘密地搞阴谋"①。因此,对于君主而言,如何防范臣民的密谋,这是君主必须做到的一件事情,但是,在马基雅维里看来,如果君主能够避免引起臣民的憎恨和轻视,使人们对他感到满意,这个君主就能坐稳江山了。"一位君主要能够对抗一切阴谋,最有效的办法之一就是不要受到广大人民的憎恨,因为搞阴谋的人总是指望把君主置之死地来取悦于人民。但是,如果阴谋者认为那样只能激怒人民的话,他就不会有勇气实现这样一类意图了,因为阴谋者将会遭遇到无限的困难。"② 马基雅维里同时也安慰君主,对于臣民的阴谋也不必过于担心,因为历史经验已经证明,自古以来的阴谋成功甚少,理由在于,搞阴谋的人都不能够单独行事,他们需要寻找合伙同谋的人,经验表明,能够与之同谋的人一定也是和这个阴谋者同样对君主心怀不满的人,但是,这对于阴谋者而言面临着巨大的风险,因为当阴谋者向另一人表达合伙共谋的愿望后,此人便会获得一种讨价还价的机会,这些合伙者希望从中得到各种好处,一旦这种好处不能得到满足,阴谋者的阴谋就有可能暴露,阴谋将不可能得逞。因此,马基雅维里告诫人们,任何人都不要轻举妄动地搞阴谋,这一方面是因为阴谋暴露后将可能会受到令人闻风丧胆的惩罚,另一方面则在于阴谋者与人民为敌,因此不可能得到人民的庇护。

在《论李维的前十书》第三卷第六章,马基雅维里对政治密谋问题的产生原因进行了分析。他指出,引发政治密谋的原因有四种,即威胁、财产、荣誉和专制。马基雅维里教会君主,对君主有谋反之心的人要处以死刑,而不是只是威胁他,"威胁比死刑更有害,因为死刑不会有复仇,而受到威胁的人则可能会密谋反叛,被威胁的臣民对君主构成了最大的危害"③。关于荣誉和财产,马基雅维里认为君主应该小心地避免这些,因为臣民把财产和荣誉看得很重。密谋的另一个重要原因,也是臣民进行密

---

① [意]尼科洛·马基雅维里:《君主论》,潘汉典译,商务印书馆1997年版,第88页。

② 同上。

③ NiccolòMachiavelli, "Of Conspiracies", *The Historical, Political, and Diplomatic Writings*, *Vol.* 2, Boston: J. R. Osgood and Company, 1882.

谋活动的强有力的动机就是摆脱君主的专制统治，许多人进行密谋活动，就是因为处于一种专制制度的压迫下。《君主论》第十九章明确指出，君主的专制、残暴和贪婪将会招致憎恨，并最终导致臣民谋反，王国覆灭。马基雅维里以科姆莫多、塞韦罗、安托尼奥、马西米诺等君主为例，告诫君主要避免受到臣民的憎恨，而君主的专制、残暴和贪婪是招致憎恨的主要原因，最终都会导致臣民的秘密谋反。

为了告诫君主如何防范臣民的密谋，马基雅维里探讨了密谋成功的条件及前后过程。马基雅维里认为，密谋（conspiracy）不能等同于秘密计划（plot），秘密计划可以是单独一个人进行也可以是许多人一起谋划，而密谋则只可能是许多人一起的行动。他同时也认为，这些组织密谋的人通常都与君主有一定的交往，这样密谋成功的希望才会大，在马基雅维里看来，那些与君主没有任何交往的人要进行密谋，无异于疯子，因为那些地位低贱的人进行的密谋几乎没有成功的可能。但是，马基雅维里并没有说那些与君主有过密切交往的人进行密谋就没有风险，只要是密谋，风险就时刻存在。密谋计划阶段所面临的危险最大，密谋行动执行阶段的危险，或者来自于密谋实施过程中不可预测的变化，或者来自于密谋者在执行密谋时缺乏勇气，或者是由于未能斩草除根而犯下错误，在这多种危险中，密谋过程中由于没有时间对不可预测的事情及时反应而带来的危险是最大的。

马基雅维里区分了两种类型的密谋，一种是针对君主的密谋，一种是针对国家的密谋。在马基雅维里看来，针对国家的密谋没有太多危险，这种密谋甚至可能被视为正当，特别是当一个国家渐趋于腐朽时，臣民针对国家的密谋更有可能成功。但是，马基雅维里认识到，针对国家的密谋在实施过程中比对君主的密谋要困难得多，因为密谋者的力量不能与国家的力量相提并论。当密谋成功之后，针对国家的密谋所面临的危险要比针对君主个人的密谋所面临的危险小很多，这是因为腐朽的国家被密谋所推翻后，可以建立一个崭新的国家，而君主因臣民的密谋被推翻后，则新统治者可能会受到君主的亲信或兄弟的复仇。在马基雅维里看来，腐朽的共和国可以通过密谋而摧毁，这一观点也正好使得马基雅维里与霍布斯、洛克等现代政治的开创者主张反叛正当性的观点不期而遇。

马基雅维里意义上的密谋主要是指臣民针对君主和国家的密谋，而实际上，除了针对君主或国家的密谋外，任何秘密策划行动都可以称其为密谋，也就是说，政治密谋并不一定以推翻君主或国家政权为目的，密谋者为了达到自己的个人目的而故意隐瞒自己的行动计划，这也是一种密谋，另外，统治者或民主政治中的行政官员相互之间或对民众也可能存在密谋，更为明显地，政治密谋现象也大量存在于国际政治领域。[1] 在这个意义上，马基雅维里人为地缩小了政治密谋这一概念的外延，他没有对国际政治领域的政治密谋问题进行研究，没有对民众不是为了推翻君主或国家政权而进行的密谋活动进行研究，更没有对统治阶级内部或统治者针对民众的密谋现象进行研究。

美国学者布赖恩·凯利（Brian L. Keeley）注意到密谋的邪恶（nefarious）本质，指出密谋行为后面的真正意图永远是邪恶的。[2] 但是，世人对政治密谋却有完全不同的看法。比如马基雅维里对政治密谋的态度就非常暧昧，一方面，马基雅维里研究密谋问题，主要是为了给君主提供对付臣民密谋的建议，在这个意义上，密谋对于君主而言就永远是一种恶，但另一方面，他把针对君主的密谋和针对国家的密谋区分开来，认为针对国家的密谋远没有针对君主的密谋的危险大，并且，他还认为，当密谋在国家里产生后，这意味着这个国家已经腐朽，如此看来，针对这种腐朽国家的密谋就具有正当性。如果把马基雅维里关于政治密谋的观点放在他的政治现实主义的立场来看，无疑可以断言，马基雅维里一定可以容纳现实政治中的密谋。

马基雅维里的观点在当代美国学者史蒂文·克拉克（Steve Clarke）、查里斯·皮戈登（Charles Pigden）、戴维·考迪（David Coady）等人那里得到响应。史蒂文·克拉克（Steve Clarke）对布赖恩·凯利（Brian L. Keeley）

---

[1] 芬兰学者约哈·雷伊卡（Juha Raikka）在 2009 年专门研究了密谋的道德正当性问题，并提出了政治密谋理论的两种类型，即全球密谋论和地方密谋论（global and local theories）。根据他的解释，全球密谋论就是一种对国际政治领域大量存在的政治密谋现象的研究，而地方密谋论则是一种对一国政治领域大量存在的政治密谋现象的研究。参见 Juha Raikka, "the Ethics of Conspiracy Theorizing", *Value Inquiry*, Vol. 43, 2009, pp. 457–468。

[2] 布赖恩·凯利（Brian L. Keeley）1999 年在一篇论文中专门研究了密谋论问题，指出密谋行为的邪恶本质。参见 Brian L. Keeley, "Of Conspiracy Theories", *The Journal of Philosophy*, Vol. 96, No. 3, 1999, pp. 109–126。

关于密谋的观点展开批判，指出其陷入了"基本归因错误"，在他看来，密谋论"有助于维持一种开放的社会"。[1] 查里斯·皮戈登（Charles Pigden）和戴维·考迪（David Coady）辩护了一种相同的观点，查里斯·皮戈登更是直接针对卡尔·波普尔的密谋论调发问，认为波普尔对密谋问题的解释不能令人信服，同时提出在某种意义上容纳密谋行为的观点。[2]

政治密谋最容易在后果主义那里得到证明。后果主义认为，只要一个行为能够产生良好的社会后果，那么这个行为就具有道德上或政治上的正当性。一般而言，在现有的政治格局下，政治密谋的确危害到了原有政权的存在，其社会后果偏向于消极或不利，而在现有政权日益腐朽的情况下，政治密谋则可以带来较好的社会后果，即通过政治密谋可以建立一个新的国家，因此，从后果论出发，便可以自然地得到政治密谋具有正当性的结论。

卡尔·波普尔则在政治密谋问题上站在了与后果主义完全相反的一边，波普尔反对任何形式的密谋行为，最主要的原因在于密谋行为与开放社会的基本立场直接抵触。波普尔承认，密谋理论在过去和现在社会大量存在着，不过是以不同的形式表现罢了，甚至那种原始的有神论、现代历史主义和宗教迷信的世俗化都是密谋理论的派生物，密谋行为"都是典型的社会现象"，这种现象当人们相信密谋能够夺权时，它就变得重要了。波普尔认为，密谋行为不能得到很好的证明，密谋理论就是那些最终成功的几乎不可能的理论，在现实层面，密谋者很少能够实现自己的密谋。"……称之为社会的阴谋理论，这种观点认为，在社会中发生的一切——包括人们通常不喜欢的东西，像战争、失业、贫困、匮乏——都是某些有权势的个人或集团直接设计的结果。"[3] 波普尔认为，密谋无处不在，但他同时告诫我们，密谋理论不可能是真的，密谋也不可能真正实现。

政治密谋问题的道德争论至今仍然没有定论，事实上，正如芬兰学者

---

[1] Steve Clarke, "Conspiracy Theories and Conspiracy Theorizing", *Philosophy of the Social Sciences*, Vol. 32, No. 2, 2002, pp. 131-150.

[2] Charles Pigden, "Popper Revisited, or What is Wrong With Conspiracy", *Philosophy of the Social Sciences*, Vol. 25, No. 1, 1995, pp. 3-34.

[3] [英] 卡尔·波普尔：《猜想与反驳——科学知识的增长》，傅季重、纪树立、周昌忠、蒋弋为译，上海译文出版社2005年版，第487页。

约哈·奈凯（Juha Raikka）所言，密谋是平常的，对于许多人而言，他们时常会陷入一种密谋的圈套中而完全没有注意到它的存在。①

二 反叛的权利

西方近代以来，利用社会契约理论和人民主权学说来反对暴君统治的理论家甚多，前有洛克，后有卢梭，他们都主张统治者如果违背了人民订立的契约，人民便有权起来反对从而重新订立契约。但是，启蒙哲学家康德则肯定一切现存的政治权威，认为人民并没有权力将宪法性原则付诸实践，能够这样做的只能是现存的统治者。康德坚决反对用这种社会契约理论以及人民主权学说来反对现存的政治权威。在康德看来，契约绝不可能是一项事实，而是"纯理性的一项纯观念"，"仅只是作为一般地评价任何公共权利体制的理性原则"，"它使立法者的立法有如从全体人民的联合意志中产生出来，并把每一个愿意成为公民的臣民都看作是仿佛他已然同意了这样一种意志那样"②。康德在这里的意思并不是说立法者所订立的法律都要求全体臣民的同意才能有约束力，而是说只要有可能使整个臣民予以同意，那么，法律便是义务了，哪怕臣民可能拒绝同意它。这里隐含的意思是，如果全体人民不可能同意的话，立法者所订立的法律就不可能正义，如果全体人民有可能（只要有可能）同意，立法者订立的法律就是正义的法律。那么，如何判断全体人民是否有可能同意呢？在康德看来，这是一个纯粹理性的问题，而不是一个实践的问题。那么，谁来对这种纯粹理性的运用进行判断呢？康德诉诸统治者或立法者，他明确地说，社会契约所表现出来的"这种公民对统治者或立法者的限制仅只适用于立法者的判断而不适用于臣民的判断"，在康德看来，统治者具有高于法律之上的权力，法律对他们没有任何实际意义上的权力方面的限制。于此，康德提出了这样一个问题，立法者在现行法律体系下所做出的判断，如果会损害人民的幸福，那应该怎么办，人民不要反抗吗？康德对这一问

---

① Juha Raikka, "The Ethics of Conspiracy Theorizing", *Value Inquiry*, Vol. 43, 2009, pp. 457–468.

② 康德在《论通常的说法：这在理论上可能是正确的，但在实践上是行不通的》一文中对反叛行动的正当性问题进行了充分地阐释，参见［德］康德《历史理性批判文集》，何兆武译，商务印书馆2005年版，第203页。

题的答案是，只有服从，没有别的办法。

> 对最高立法权力的一切反抗、使臣民们的不满变成为暴力的一切煽动、爆发成为叛乱的一切举事，都是共同体中最应该加以惩罚的极大罪行，因为它摧毁了共同体的根本，而且，这一禁令是无条件的，从而即使是这种国家权力或者是它的代理人的国家领袖，由于授权给政府完全用暴力去行动而违反了原始契约，并且因此按臣民的概念来说就破坏了作为立法者的权利，臣民们也仍然不得以武力进行反抗。①

当然，康德也承认国家统治者也可能会犯错误，也可能会损害人民的权利，更进一步说，这样的统治者被推翻也并没有任何不正义，哪怕在这种极端情况之下，康德依然坚持他不能反抗的观点，"一个人以这种方式（反叛）追求自己的权利时，也犯下了最高程度的不义"。但是，当统治者实行不正义的统治而损害人民的权利时，臣民是不是无能为力呢？康德认为，公民有权在统治者的赞许之下，公开发表自己的意见，说明统治者的处理方式有哪些在他看来对于共同体而言是不义的。由此可见，康德认为人民对统治者的权利就只剩下言论自由这一条了，正如他所说的，言论自由就是人民权利的惟一守护神。

康德也意识到，无条件地服从统治者的要求看起来不那么合理，但他仍然强烈地肯定这一点，即无论在何种情况下，公民都没有反叛政府的权利，因为根据康德，如果公民有反叛的权利，那么，这就表明这种反叛其本身将自相矛盾，也就是说，不存在允许犯法的法律，也不存在使自己解体的政府权威。

在《论永久和平——一部哲学规划》中，康德提出了一个公共权利的先验公设，在他看来，反叛问题就是一个检验这个公设的极好例子。对于一个摆脱暴君的暴力压迫的民族，反叛是不是一种合权利（合法）的手段？在康德看来，要回答这一问题，惟有通过公共权利的公开性这一先验原则才能解决。

---

① ［德］康德：《历史理性批判文集》，何兆武译，商务印书馆2005年版，第206页。

按照这一原则，一个民族在建立公民契约之前就应该自问，是否它自己敢于公开承认企图在适当时机造反举事这条准则。我们很容易看出，如果我们要把在某种未来的场合下使用暴力反对领袖这一条作为创立国家体制的条件，那么，人民就必须自命有高于领袖之上的合权利的权力，于是领袖就不成其为领袖了。或者，假如使双方都成为建立国家的条件，那么，也就根本没有可能有任何的国家了，然而，国家却是人民的目标。因此，反叛的不义就由于如下这一点可以了然，即这条准则本身由于人们公开加以拥护就使得它自己的目标成为不可能，因此，人们就有必要隐瞒它。①

按照康德的说法，公民反叛的行动不能公开，一旦公开就会陷入自相矛盾或者说是使自己的目标成为不可能，因此，反叛行动不可能正当，公民也就没有反叛政府的权利，但要想实行反叛，就必须秘密进行。因此，在康德看来，反叛只可能是一种秘密行动。

康德完全否定了公民反叛的权利，但问题是，反叛就只可能是一种秘密行动吗？公开反叛是否可能？按照康德的观点，政府就是民众的目标，既然如此，民众如果反叛政府，就是自己在反对自己所设立的目标，这样，公开地进行反叛实际上是一种自相矛盾，这从纯粹理性的角度来讲就形成了一种二律背反。康德自始至终都肯定政府是民众订立契约的结果——政府是受民众的委托而存在，因此，二律背反的情况在康德那里似乎永远都不会消失，这样康德才完全否认公民有反叛的权利。但是，另一位近代契约理论家洛克为我们提供了一种二律背反有可能不会出现的情形——政府的行动违背民众委托的时候。

英国思想家约翰·洛克针对反叛问题提出了与康德完全不同的观点。洛克在《政府论》开篇提出，谁要想明确地讨论政府的解体问题，谁就应该首先把社会的解体和政府的解体区别开来，在他看来，政府要是解体，社会不一定会解体，而反过来，一旦社会解体，那个社会的政府当然就不能继续存在。洛克考察了两种政府解体的途径，一种是外部势力的介入致使社会解体从而政府也随之解体，另一种是政府内部解体，即立法机

---

① [德]康德：《历史理性批判文集》，何兆武译，商务印书馆2005年版，第149页。

关和君主这二者的任何一方在行动上违背民众的委托的时候。

> 当立法机关力图侵犯人民的财产，使他们自己或社会的任何部分成为人民的生命、权利或财富的主人或任意处分者时，他们背弃了他们所受的委托。……他们由于这种背弃委托的行为而丧失了人民为了极不相同的目的曾给予他们的权力，这一权力便归属人民，人民享有恢复他们原来的自由的权利，并通过建立他们认为合适的新立法机关以谋求他们的安全和保障，而这些正是他们所以加入社会的目的。①

从洛克的立场出发，当政府违背民众委托的时候，政府也就不再是民众的目标，在这个意义上讲，公开反叛并不一定会出现如康德所说的二律背反情形。因此在这个意义上，反叛才是一种权利，是一种公开进行的权利。但对康德而言，反叛行动通不过公共权利的先验公设的检验，康德诉诸于完全的形式主义，哪怕是政府已经不再是公民的目标或不再是公民同意的结果，公众也没有反叛的权利，也就不可能公开进行，而只能转入地下以一种秘密的方式展开。

第五节 政治秘密的合理辩护：
从康德公设到交往合理性

如果我们要对政治秘密从正当性或合理性上给予大致判断，在政治秘密的三重面孔中，可能有三种倾向：第一种倾向是这种秘密总体上看是必要的和合理的，如政府信息保密、国家机密等，哪怕是最顽固的政治公开论者，也会相信政治中这种秘密的合理存在。第二种倾向是这种秘密的正当性存在着争论，如政治谎言、政治伪装等，尽管这种类型的秘密普遍不被看好，但那些精于政治的人仍然将这些秘密看成是必要的政治手段、技艺或谋略。第三种倾向是这种秘密对于国家或政治而言是

---

① 洛克强调这些与立法机关有关的话同样适用于最高执行者，洛克将政府的权力分为立法权和执行权，内部政府解体表现为立法机关和执行者违背民众的委托。参见［英］洛克《政府论》（下篇），叶启芳、瞿菊农译，商务印书馆2007年版，第139页。

一种邪恶，如腐败、政治密谋以及极权主义统治下的秘密政治。当然，上述三种倾向还只是对政治秘密正当性与合理性的大体认识，它们缺乏有力的论证依据。

对于秘密的正当性问题，德国哲学家康德其实给出了一个判断标准，即公共权利的先验公设。从形式上看，康德公设是对公开性问题的一个设定，但实际上，当康德说"凡是关系到别人权利的行为而其准则与公开性不相容的，都是不正当的"时，他其实是给出了一个关于秘密正当性问题的断言，即凡是关系到别人权利的行为，如果其准则是秘密的，都是不正当的，康德由此对涉及他人权利的秘密行为的正当性完全否定。在秘密的正当性问题上，康德采取了"一刀切"的标准，这显然不大符合我们对政治秘密三种倾向的常识判断，因此，政治秘密的合理辩护需要寻找新的标准或依据。

一　康德公设的失败

重提康德的公共权利的先验公设，诚如美国学者戴维·卢班（David Luban）所言："康德自己并没有为这一公式提供有说服力的例子，就公开性公式而言没有一个先验的论证能够起作用。"[①] 的确，康德的论证并不那么令人信服，特别是他对政治秘密持完全否定的态度，这与现实相去甚远。不过，美国学者柯文·戴维斯（Kevin R. Davis）却声称，康德将公开性作为正义的先验条件，他在实际上允许政治上存在极端程度的秘密和镇压，这一结果对那些将康德看成自由主义思想基础的人而言是令人惊奇的。[②] 按照戴维斯的解释，秘密、隐瞒甚至谎言和欺骗都能够在康德公共权利的先验公设那里得到理解，这种解释明显是对康德公设的误解。戴维斯声称，"我们应该把公开性原则看成绝对命令的一种说法"，"为了理解康德的公开性原则，把这个原则看成源自于绝对命令的权威和应用是必要的"。[③] 康德将公共权利的先验公设视为一个否定原则，而明显地，作

[①] David Luban, "The Publicity Principle", *The Theory of Institutional Design*, Cambridge: Cambridge University Press, 1996, p.183.

[②] Kevin R. Davis, "Kantian 'Publicity' and Political Justice", *History of Philosophy Quarterly*, Vol.8, No.4, 1991, p.409.

[③] Ibid., pp.409-411.

为道德法则的绝对命令从来就不是作为一个否定法则而出现的，戴维斯把公共权利的先验公设与绝对命令等同起来，这就难免得出康德的公开性原则能够容纳政治秘密的错误观点。

其实，在日常管理或公共政治生活中，康德公设经常会遭遇到一些例外情形，这也是康德公设受到的最大质疑和挑战。

第一个例子是宽容的案例（Examples of Mercy）。[①] 一个书店对第一次偷书的人采取宽容的政策：对第一次偷书的人不予追究责任，第二次偷书后该人才会按所偷书的十倍的价钱予以赔偿。书店对第一次偷书人的宽恕政策是其内部政策，没有向外界公开。如果把这一政策向外界公开，告知所有来书店买书的人，其后果会是什么样子呢？不难设想这样的情境：每一个进入书店的顾客都第一次偷了书，他们也都没有受到书店的惩罚。应该说，这样的结果是书店方面不愿意看到的，但对这一宽恕政策公开化后最终导致的就可能是这样的结果。如此看来，书店的这一宽恕政策只能在秘密的情况下才行得通。这一宽恕的例子在法律实践中也得到广泛应用，众所周知，法律条文是刚性的，而无数的法律案例如何适应刚性的法律条文，这对于法学研究者和法官们是一个极大的考验，法律审判实践中允许有多少对罪犯宽恕的成分，这是每一个法官都应该考虑的。理论上讲，法律审判时允许法官有一定的自由裁量权——允许法官对罪犯显示一定的宽恕，但这种宽恕不能公开化，因为一旦惩罚政策加以公开化，带来的是有利于罪犯的处境，这可能诱使他们进一步犯罪，最终可能产生严重的社会后果。

第二个例子是商品购买挤兑现象。1992年巨变之前的苏联实行的是计划经济政策，对商品价格控制过严，九十年代后，俄罗斯政府试图实现自由经济政策，决定放松对一些商品的价格管制并将放松管制的具体时间公之于众，这样一来，每一个供应者都会考虑将手中的商品放到那一日期之后再出售，从而从市场上获利。但实际上，这样做却并没有形成俄国内经济环境的良性改善，而是恰恰相反，进一步恶化了俄国内的经济环境。

[①] 这个例子来源于戴维·卢班（David Luban）的《公开性原则》一文。参见 David Luban, "The Publicity Principle", *The Theory of Institutional Design*, Cambridge: Cambridge University Press, 1996。

因此，要想使这一经济政策起到它应有的效果，就应该将放松价格管制的具体时间保密，不然就会出现挤兑现象。

第三个例子维多利亚女王时代的妥协（Victorian Compromise）。[1] 日常生活中"睁一只眼闭一只眼"的情况也与这种"维多利亚时代的妥协"相类似，随着现在社会越来越开明，父母在子女早恋问题上越发采取妥协的态度：子女知道其父母知道他们的早恋行为，但父母当作不知道任这种早恋关系发展，如果子女将这一行为主动告知父母，父母可能不知如何处理为好，这种相互保密的状态可能是一个比较合适的处理方式。这种情形在国际关系领域也有比较广泛的体现，戴维·卢班给我们提供了一个很好的例子：冷战时期，美国和苏联相互派间谍飞机到对方的领空和领海进行侦察，两方政府都知道这种情形，但他们都没有做出相应的阻止行动，一直处于这样一种均衡状态。如果有一方政府公开这种情况，可能最后会导致两个超级大国的战争，而相互之间不揭开这个秘密是最好的一种处理问题的方式。

上述事例都具有一个共同的特征，那就是都能够为秘密行为的正当性与合理性提供证明，这种证明依靠的不是理论的力量而是理性的力量，也就是说，如果在那些事例中不运用秘密的方式，就会导致纯粹理性的自我挫败。在宽容政策中，如果我们公开宽容的政策，则会导致严重的社会后果；在商品价格放松管制前，如果我们把价格提前告知民众，则会造成商品购买挤兑现象；在间谍问题上，如果其中一方率先打破这种均衡，让间谍事件公之于众，则会使得双方争端升级而造成不可收拾的结果。毫无疑问，这些事例都不能通过康德公开权利的先验公设的测验，也在客观上构成了对康德公设的致命威胁。

二 康德公设的修正：从公开性到交往力（Communicability）

康德提出的公共权利的先验公设完全排除政治秘密，这未免有些不合理，但更多的人并没有停留于此，而是试图对康德公共权利的先验公设进行改造和重构，这来自于两个方向的努力。

---

[1] David Luban,"The Publicity Principle", *The Theory of Institutional Design*, Cambridge：Cambridge University Press, 1996, p. 186.

第一种努力是求助于二级或更高级公开性检验。美国学者丹尼斯·F. 托普森（Dennis F. Thompson）在对民主国家中的政治秘密提供正当性证明时，认识到"民主需要公开，一些民主的政策也需要秘密"。① 为了找到秘密的正当性依据，托普森求助于第二级公开性（second-order publicity）：使决策或政策保密的决定应该被公开。② 这里要弄清两种公开性检验：一级公开性检验（the first order）和二级公开性检验（the second order）。在宽容的例子中，宽容的政策是秘密的，如果公开这一政策便导致这一政策的失败，这是一级公开性检验，而如果将宽容政策的准则加以公开，这一准则能够通过公开性检验，这是二级公开性检验。

但是，二级公开性检验对于秘密的正当性论证似乎仍然不够，美国历史上最大政治丑闻"伊朗门事件"（the Iran-Contra affair）就是最好的例子。③ 在这一事件中，美国国会允许各级政府机构采用秘密操作的方式参与，国会委员会秘密地告知他们并监督他们。美国公众似乎接受如此秘密行动的合法性，因此，这一秘密政策似乎能够通过第二级公开性测验。但是，里根政府的成员在"伊朗门事件"活动中对美国国会和全世界其他人隐瞒，他们决定秘密地摆脱国会的监督。这一丑闻发生后，伊朗门事件的主角解释，美国中央情报局长官威廉姆斯·卡希（Williams Casey）命令奥尼瓦尔·罗斯（Oliver North）对国会撒谎，因为他不信任国会能使这个事件保密。"伊朗门事件"包含三级公开性测验：第一级公开性测验是美国国会关于各级政府秘密参与的信息或内容，这一信息或内容不能通过第一级公开性测验；第二级公开性测验是国会允许政府秘密参与的决策，美国公众接受这一秘密决策，因此，能够通过第二级公开性测验；第三级公开性测验是伊朗门事件主角的行动（对国会的不信任从而撒谎），最终不能通过第三级公开性测验。这样，在第三级公开性测验上得出了与第二级公开性测验完全不同的结论，如此看来，公开性测验在逻辑上存在着无穷后退（Infinite Regress）到更高级公开性测验的可能。

---

① Dennis F. Thompson, "Democratic Secrecy", *Political Science Quarterly*, Vol. 114, No. 2, 1999, p. 182.

② Ibid., p. 193.

③ David Luban, "The Publicity Principle", *The Theory of Institutional Design*, Cambridge: Cambridge University Press, 1996, p. 190.

丹尼斯·F. 托普森（Dennis F. Thompson）同样看到第二级公开性测验有可能陷入无限后退的困境，不过，他并不认为在通常情况下需要求助于三乃至更高级的公开性测验。戴维·卢班强调，更高级公开性检验的诉求带来的威胁纯粹是理论上的，但不得不承认的是，试图运用二级或更高级公开性检验来改造康德公共权利的先验公设，仍然面临着严重的质疑。不过的是，丹尼斯·F. 托普森和戴维·卢班开出的第二级公开性测验方案为重新再造康德的公共权利的先验公设提供了重要思考路径。

第二种努力是完成从公开的争论到交往合理性的转变。丹尼斯·F. 托普森（Dennis F. Thompson）对第二级或第三级乃至更高级公开性测验的发展方向提出了大致的设想："第二级公开性诉求能够处理大量临时的秘密情形，但无法很好地处理那些重要但被忽视的秘密情形，唯一可能的解决办法可能是依靠公开的争论（public debates）。"① 的确，公开的争论是一种改造康德公设的不错选择，戴维·卢班在改造康德公设最终求助于"人民的同意"，并且，把公开性概念视为一种公开的争论，即作为公开争论的公开（publicity as public debates）。② 阿克瑟尔·戈萨雷斯（Axel Gosseries）没有改造康德公共权利的先验公设的企图，但他对公开性概念提出了独特的见解，把公开性看作争论力（debateability），一种公开争论或讨论的能力或倾向，凡涉及他人权利的行为都需要经过公开讨论（public discussion）的测验。

戈萨雷斯自信地认为，如果把行为准则通过实际的公开争论（public debate）和要求实际参与者接受的过滤或测验，那么这一测验将依靠我们面对的真实公众获得一个可能的结果。③ 戴维·卢班则没有那么自信，如果将公开性理解成理性的公开争论，这几乎不可能是"一个纯粹理性的实验"。④ 卢班将公开的争论置于哈贝马斯的"批判性争论"（critical de-

---

① Dennis F. Thompson, "Democratic Secrecy", *Political Science Quarterly*, Vol. 114, No. 2, 1999, p. 193.

② David Luban, "The Publicity Principle", *The Theory of Institutional Design*, Cambridge: Cambridge University Press, 1996, pp. 170 – 171.

③ Axel Gosseries, "Publicity", http://plato.stanford.edu/entries/publicity/, 2005.

④ David Luban, "The Publicity Principle", *The Theory of Institutional Design*, Cambridge: Cambridge University Press, 1996, p. 171.

bate）之上，但这种实际的公开争论不仅不能成为纯粹理性的实验，而且实际的公开争论很难获得共识。

戴维·卢班的担忧不无道理，实际层面的公开争论或讨论并不能成为康德公共权利的先验公设再造的工具。德国学者多明哥·盖拉采-马扎（Domingo García - Marzá）对公开性的认识更为深刻，他把公开性称之为交往力（communicability），"从一开始，公开性原则本身就是一种公开性形式的表达，是一种被交流和知道的能力"①。"公开性原则因此在道德上建基于理性的交往特质和包含他人的自由意志的承认之上。在政治领域，这种自由意志仅仅通过各方对同意与接受的追寻而被保证，如果各方能够通过理性的交流得到同意和共识，正义的环境就会获得。"② 总的说来，这个原则不仅要求法则是公开的，而且要求它们被接受，公开性包含参与谈话者的支持或同意的期待。

多明哥·盖拉采-马扎的交往力（communicability）与阿克瑟尔·戈萨雷斯的争论力（debateability）和戴维·卢班的公开争论（Public Debate）有着质的不同。"当我们在实践理性的交往维度上重新思考其根源时，绝对命令和公开性原则之间的本质关系更加清晰地被揭示出来。在理论与实践层面上，作为意志的影响，理性——这一尊严的源头，它不应该被忘记——被从普遍交往力（general communicability）的位置所理解。运用理性证成我们的行动和制度的实践理性必须对所有理性主体都有效，因为所有主体都被理解成有效的谈话者。"③ 很明显，多明哥·盖拉采-马扎（Domingo García - Marzá）运用哈贝马斯式的语言道出了康德公开性原则的重要内涵，公开性隐藏着对话的维度，每一个公开行为的关涉者都是处于交往共同体中的对话者，他们参与对话与辩论。在这个意义上，公开性的交往阐释蜕去了争论力（debateability）和公开争论（public debate）经验的帷幕，而代之以先验的面孔。"交往的诉求和同意的追寻是一个先验的，不是指实际达成的同意，也不是结果的汇聚。"④

---

① Domingo García - Marzá, "Kant's Principle of Publicity: The Intrinsic Relationship between the two Formulations", *Kant - Studien*, Vol. 103, No. 1, 2012, p. 103.
② Ibid., pp. 110 - 111.
③ Ibid., p. 110.
④ Ibid., pp. 111 - 112.

运用普遍交往力（general communicability），可以将康德公共权利的先验公设进行重构：凡是关系到他人权利的行为而其准则必须置于普遍交往力之下，这样才能获得其正当性。普遍交往力是一种理性论辩的能力，它必须建立在公开地争论、讨论、对话、交流或辩论之上，作为一种先验的哲学论证方式，它不依赖于任何经验的沟通、交流与对话。在一个交往共同体内，每个成员以他人为出发点反观自身，进行理性的沟通、交流与辩论，并且，每个成员相互间处于完全对等的位置，普遍交往力须将之置于交往共同体之中并从主体间对等的层面才能理解。康德公共权利的先验公设是一个否定性公设，尽管康德也有一个公开性原则的肯定版本，但这一肯定版本并不能为涉及他人权利的行为提供正当性标准。运用普遍交往力对康德公设进行重构，不仅可以判断何种行为不正当，起到公开性原则否定版本的作用，而且更可以为行为正当性论证提供标准，也起到公开性原则肯定版本的作用，这个意义上说，运用普遍交往力重构康德公设可以有效联结康德公设的两个版本，从而为政治行为的正当性论证提供有效根据。

三　为秘密辩护：交往合理性的视角

康德提出公共权利的先验公设，意在用公开性来为政治行为（关涉他人权利的行为）的正当性设定标准，政治行为的公开或秘密并不是他要讨论的核心问题，只不过，康德在为政治行为的正当性设定标准时，自然地将公开性作为评判的依据。其实，准确地说，在康德的公共权利的先验公设里，公开性并没有能够成为判断政治行为正当与否的依据，因为它并没有说，公开的政治行为就是正当的，而只是说，不公开的政治行为是不正当的，换言之，康德只是断言了秘密的政治行为是不正当的，也就在总体上否定了政治秘密的正当性。显然，康德的公共权利的先验公设并不能为我们提供政治秘密正当性的判断依据。丹尼斯·F. 托普森（Dennis F. Thompson）等人提出的二级公开性检验，可以部分地用来解释政治秘密的合理情形，但二级公开性检验借助于他人的同意来达到目的，这就不可避免地陷入了某种经验主义的泥沼。现实中可能存在一种秘密行为能够得到小团体里的人同意，但要求所有人都同意，这未免太过于天真，不过，二级公开性检验抛弃了单向度的公开模式，而是诉诸他人的同意，这就在自我与他人之间架设了一座桥梁，因此在这个意义上，二级公开性检验为我们提供了一条出路，但仅仅是一条出路，它最终并没有解决政治秘密的正当性判断的规范问题。从根本上看，多明哥·盖拉采-马扎（Domingo García-Marzá）的普遍交往力（general communicability）延续并超越了二级或多级公开性检验，在一种普遍交往的意义上重构自我与他人的关系，诠释了一种交往超越主义的哲学观念。

> 交往超越主义哲学，就是在找到两个或两个以上的可言说对象以后，从其中一个的视角审视另一个，然后再反过来，发现过程的互为可逆性和逻辑对等性，从而挖掘出此种对等可逆性的前提条件，达到对言说对象之超越；如果这种超越达到了先验层面，在其逻辑极限处被最后表述的，就是哲学家们一直在寻找的作为理解一切的出发点的第一原则。①

作为一种哲学证成方式，交往超越主义更多地以交往合理性、交往理性、交往主体性的形式出现，这种交往主义的立场超越了传统形而上学的主体主义的观念。哈贝马斯认为，如果我们从语言行动对命题知识所做的交往运用出发，我们所做的预断就有利于获得某种合理性，这就是交往合理性。从哲学根本上看，交往合理性意味着：（1）一个先验的交往共同体的预设。常识上看，我们每一个人都处于这样或那样的现实共同体中，在这种共同体中，我们相互之间形成人际交往和语言交流，但在这种交往与交流中，语言与行为的正当性不可能获得。交往共同体不是一个现实的交往共同体，而是一个先验的交往共同体，一种超越论意义上的交往共同体。当我们说一句话或理解一个行动时，对这句话或这个行动的理解，已经先在地出现在一种假设性论辩或语言交流中了，所有进入这种假设性论辩或语言交流的人就共同构成了一个交往的共同体。在阿佩尔看来，如果没有在原则上先行假定一个能够进行主体间沟通并达成共识的思想家论辩

---

① 2005年，美国实用主义哲学家理查德·罗蒂（Richard Rorty）来华讲学，中国学者翟振明提出"交互超越主义"反驳罗蒂的实用主义。参见翟振明《直面罗蒂：交互超越主义与新实用主义的交锋》，《开放时代》2005年第3期。

共同体，那么一切知识或行为的有效性将不可能得到保证；（2）一种辩论与对话意义上的合理性。交往以对话和辩论的形式展开，这种对话和辩论也是超越论意义上的，而不是现实的对话和辩论。在一种现实的对话和论辩中，每一个对话者和论辩者可以自由进出，论辩者的进出并不会对论辩形成实质上的影响，而在一个先验的交往共同体中，每一个对话者和论辩者都面临着对论辩议题的本底承诺，这种承诺构成了任何知识和行动正当性的基础。总之，在一个交往共同体内，每个成员相互之间进行对话、论辩或沟通交流，在此过程中，每个成员以对方为视点同时返回自身，交往共同体的每个成员在他们参与交谈时都已经内在地预设了某种有效性，在交往共同体中，任何一个有效性声称都会得到合理性辩护，那些反对这种有效性的人将会退出交往共同体，他们的思想和行动也将不可能获得合理性。

毫无疑问，交往的观念开启了现代哲学的新境域，也为伦理学的合理性基础论证提供了一个很好的视点，以至于任何知识的合理性、道德的正当性和政治的正义性，要想获得其应有的地位都必须进入对话层面。现在，我们要为政治中的秘密寻找正当性依据，交往合理性无疑是不错的选择，这就需要将政治中的秘密进入对话的层面。

运用交往合理性，我们可以对政治中的秘密在正当性上给出一个大致的判断：首先，政府信息秘密、国家机密之类的政治秘密可以在交往合理性层面得到辩护。对于那些涉及国家秘密、商业秘密和个人隐私的政府信息，每一个论辩者都会给出肯定的承诺，承认对国家秘密、商业秘密和个人隐私的保护将有利于国家或商业活动的有序开展，也有助于每个人权利的保护和个人尊严的提升；其次，腐败、密谋及秘密或神秘政治不能在交往合理性上得到辩护。腐败大都是以获取财富、权力、名声或其他经济政治利益为目的，在交往视域中，腐败行为不能得到每一个论辩者的支持。密谋是一种以邪恶为目的的秘密计划或行动，秘密政治或神秘政治以恐吓、恐惧对民众进行统治，在交往层面也不能获得其正当性。然后，政治中的谎言、欺骗和政治伪装都不能在交往合理性层面得到辩护，因为说谎和欺骗意味着没有把他人置于对等的位置，如果你能够以谎言对待他人，他人也一定可以以谎言对你，这也就不可能使语言交往行为进行下去。对于那种善意的谎言，康德曾有过彻底的论证，按照阿伦·伍德的解释，康德道义论能够容纳这种善意的谎言,特别是对一些客套话之类的谎言,康德本人并不拒绝。如果说康德的解释还有些过于含糊的话,而交往合理性能够为善意的谎言提供辩护。最后,交往合理性能够为秘密投票即无记名投票提供正当性辩护,而对于秘密审议即关起门来进行审议的做法,则不能一概而论,埃尔斯特注意到了一种秘密审议的可能性,不论这种秘密审议模式在他看来有多少优点,但他终究不能为秘密审议提供正当性论证,交往合理性可以为秘密审议的正当性论证提供一种路径。总之,交往合理性是判断政治中的秘密是否具有正当性的哲学依据,只有将政治中的秘密置于交往主义的哲学视域之上,我们才能为政治中的有些秘密行为提供正当性论证。

第五章　政治公开的现实隐忧

现代政治的发展有这样一个趋势，政治公开而不是政治秘密是现代政治发展的重要价值。很多政治家将政治公开作为政治生活的基本原则，而把秘密观念作为阻碍现代政治发展的重要因素，从而在政治实践层面把政府信息公开、阳光行政、开放政府、透明政府等作为一国在具体的政治行政过程中必须遵守的重要原则。但是，公开性作为政治活动的重要原则却面临着两重危险：一是坚持公开性原则导致完全排斥政治秘密的危险，二是盲目坚持公开性原则而出现异化的危险。对于第一重危险，我们已以交往合理性为根底论证了某些情境中政治秘密的正当性问题，从而在理论上对正当的秘密与不正当的秘密进行了区分，这也告诉那些顽固的公开论者，在坚持公开性原则的同时，需要容纳政治中的某些秘密。对于第二种危险，在现实政治中则显得更为隐蔽和有更大的危害，他们打着政治公开与开明政治的旗号，实则干着有悖于现代政治伦理的勾当，公开性原则无疑走向了它的反面。

第一节　形形色色的政治公开

在现实政治领域，开明的政治家们通过履行政治公开原则以获得公权力的实现，而普通公众则通过政治公开原则来获得自身权利的满足，政治公开原则无疑已经成为现实政治中的常识。但如果不对政治中的常识加以反思，现代政治将可能找不到方向，人类社会也将可能陷入万劫不复的境地。作为常识政治的政治公开原则，政治家们除了在公开和秘密之间摇摆之外，就从来没有对政治公开的自身正当性问题产生过丝毫的怀疑。在他们眼里，政治公开在现实政治中就只有一种形式，但是，有些狡猾的政客们往往利用政治公开的多种形式而混淆公众视听，甚或欺骗公众。因此，有必要全面检视政治公开的表现形式，以从形形色色的政治公开形式中找到一条通往公开性原则的道路。

一　广告、宣传与操纵的公开

日常意义上的广告和宣传，是一种向我们传达各种信息的方式。在广告业还没有得到充分发展之前，公众都将宣传视作广告，或视广告为宣传，哪怕是在现代社会中，广告宣传也经常连在一起使用。也许，广告和宣传在某些语境中可以相互混用，但在很多情况下，仍然有必要对两种形式加以区分。

第一种形式是广告。顾名思义，广告就是广而告之，但广而告之的东西就是广告吗？当然不是，政府的法律法令、新闻事件、小区的停电停水通知等等，显然不可以作为广告来理解。因此，要使"广而告之"成为"广告"，还需要满足：（1）意图条件。告知主体做出的告知行为是有意的，并且主体希望客体对告之行为有购买或使用某种商品或服务的反应。（2）非命令条件。通知在任何时候都是命令式的，而广告却绝不可能是命令式，广告不能以任何下命令的方式要求别人购买或使用其商品或服务。在这个意义上讲，广告是一种比较随意的广而告之方式，它是通过其信息透露出来的关于其商品或服务的有效性而导致公众有购买或使用意向，充其量，它只是一种影响作用。（3）经济条件。一般意义上，广告是一种通过一定媒介和形式直接或者间接地介绍自己所推销的商品或者所提供的服务的商业或经济行为。它向我们推销某种商品或服务，从而深度影响我们对此商品或服务的购买意向，因此，在最严格意义上，广告直接谋求某种商业利益。

在现代政治生活特别是西方民主选举活动中，出现了为争取选民支持而使用的政治广告。《布莱克维尔政治学百科全书》收录"政治广告"（political advertising）词条，并将其解释为，由各个政党和候选人出资购买，用心劝说选民支持他们的传播和交流信息的形式。这种广告通常在大选期间得到最为广泛的运用，特别是通过报刊、广播媒介以及标语等形式

第五章　政治公开的现实隐忧　155

的运用。① 不难看出，这一对政治广告的解释局限于民主选举，而实际上，政治广告不仅能够作为政党或候选人劝说选民的工具，而且更多的是，它是一种政府行为。政府为了经济发展、社会安全和政治稳定等而采用某种广告的形式而达到目的，这在现代政府中并不少见。美国学者狄恩·亚伍德（Dean L. Yarwood）和本·伊尼斯（Ben J. Enis）就针对政府在农业、公共服务以及新兵招募等领域的广告行为进行了研究，并指出政府广告有极大的影响力并富有成效，政府广告和宣传项目是现代政府交流功能的一个重要方面，本质上，这些项目与民主的要求相吻合。② 当然，政治广告在当代学术语境中仍然存在很大的争议。

　　第二种形式是宣传。如果将宣传看作传播信息的一种方式，它无疑可以和广告一词混用，但实际上，宣传可以在积极、消极和中性等多种意义上使用：（1）积极用法。当我们说正在宣传某种公益事业或为某项慈善活动做宣传时，这是在积极意义上使用。（2）消极运用。当我们说"政治宣传"或"意识形态宣传"等时，我们是在消极意义上使用。在这种语境中，"宣传"有"夸张"和"撒谎或欺骗"的意思在里面。例如，19世纪30年代，希特勒等法西斯分子对德国民众进行宣传，就带有明显的夸张或欺骗性质。（3）中性运用。这通常将宣传看成是一种知识的传达（transformation）、一种信息的交流（communication）或者是对某类宣传客体的说服（persuasion）。宣传的中性运用并不少见，现在越来越成为传播学、公共关系学以及教育学等学科实践当中一种比较常见的运用方式。

　　毋庸置疑，政治上广告和宣传都是一种政治公开形式，但这种公开是一种"操纵的公开"（manipulation publicity）。③ "操纵"（manipulation）

---

　　① 这种政治广告有没有效率，有没有得到所有国家的承认——这些问题处于大量的争议之中。比如，该词条表明，这种政治广告仅大量地出现于美国和澳大利亚，而西欧大多数国家禁止电视或广播中出现任何政治广告。参见邓正来主编《布莱克维尔政治学百科全书》，中国政法大学出版社1992年版，第13页。

　　② Dean L. Yarwood and Ben J. Enis, "Advertising and Publicity Programs in the Executive Branch of the National Government: Hustling or Helping the People?" *Public Administration Review*, Vol. 42, No. 1, 1982, p. 37.

　　③ 此词由德国思想家哈贝马斯在其重要著作《公共领域的结构转型》中提出，参见［德］哈贝马斯《公共领域的结构转型》，曹卫东等译，学林出版社1999年版。

一词不难理解，当我们说 A 操纵 B 时，其意思是 A 影响或控制 B 的思想或意向，从而，B 失去自主性。广告和宣传是一种操纵，广告者和宣传者有意图地影响或控制他人，从公开性上看，它们就是一种操纵的公开。美国著名政治学家哈罗德·拉斯维尔（Harold Lasswell）为《社会科学百科全书》（Encyclopaedia of the Social Sciences）撰写"宣传"（propaganda）词条，他说，在最宽泛的意义上，宣传是一项通过操纵标志性东西而影响人的行为的技术。① 在一篇关于政治宣传的论文中，拉斯维尔认为"宣传是通过操纵有意义的标志而对集体态度进行的管理"②。约威特（G. Jowett）和唐奈尔（V. O'Donnell）在研究中指出："宣传是一种商议式的和体系性的尝试，这种尝试是宣传者们为了获得自己所欲求的意图从而形成观念、操纵认知以及指导行为。"③ 拉斯维尔把操纵看成是对一种标志的操纵，而约威特和唐奈尔则将其当成是一种对认知的操纵。广告和宣传的操纵功能主要通过两种途径实现：一是隐瞒；二是夸张。诚如约翰·库勒（John Corner）所言，宣传观念的核心在于欺骗，尽管许多阐述者热衷于强调宣传不能简单等同于撒谎，但毫不怀疑的是，在所有宣传策略的案例中，无论这种策略设计和执行什么，传播不真的事实是宣传的一个主要元素。④ 约翰·库勒列举了六种宣传的方式：撒谎；掌控信息；策略性选择；夸张；清楚阐述或隐藏欲望或恐惧的诉求；可视性表现或语言结构的使用。⑤ 汉娜·阿伦特注意到，报道越南战争经过的五角大楼报纸里充斥着大量的官方欺骗和谎言，她强烈谴责日常报刊等出版物中大量存在的不真实信息和政治欺骗。⑥ 不仅如此，她还区分了两种谎言即"普通的

---

① John Corner, "Mediated Politics, Promotional Culture and the Idea of 'Propaganda'", *Media Culture & Society*, Vol. 29, 2007, p. 670.

② Harold D. Lasswell, "The Theory of Political Propaganda", *The American Political Science Review*, Vol. 21, No. 3, 1927, p. 627.

③ Garth S. Jowett and Victoria O'Donnell, *Propaganda and Persuasion*, Newbury Park, CA: Sage Publications, 1992, p. 4.

④ John Corner, "Mediated Politics, Promotional Culture and the Idea of 'Propaganda'", *Media Culture & Society*, Vol. 29, 2007, pp. 673–674.

⑤ Ibid., p. 674.

⑥ Hannah Arendt, "Lying in Politics: Reflections on the Pentagon Papers", *Crises of the Republic*, New York and London: Harcourt Brace Jovanovich, 1972, pp. 10–11.

谎言"和"有组织的谎言",并认为,政治宣传中的有组织的谎言比普通的谎言有更大的危害,因为由政治家个人制造的普通谎言导致的是对某种信息或事实的删除或否定,而有组织的谎言导致的是整个社会的毁灭。总之,广告和宣传通过对原有产品、服务或信息的撒谎、欺骗或夸张等多种方式从而达到了对公众的某种操纵,这种操纵的最终后果就是可能形成了对公众意向的改变。①

二 煽动、鼓吹与夸张的公开

煽动与鼓吹是另外一种不同类型的公开,可以将这两种公开形式称为"夸张的公开"(exaggerated publicity)。这种夸张的公开不是在公开内容上的夸张或扭曲,而是在公开方式上的夸大。

第一种形式是煽动(incitement)。煽动是一种通过发表声明、宣言和演讲等表现出来的公开方式,卡尔·科恩(Carl Cohen)这样理解煽动,他说,煽动是挑拨和激起对应做事情的兴趣与关心。煽动明显地属于宪法所保护的言论自由的范围,因为民主国家的公民,必须自由接受或给予的正是这种兴趣与关心的激发,而且这对他们充分参与管理是必不可少的。按特指意义来说,煽动是教唆,即故意地而且直接地怂恿别人从事某特殊行为。就这一意义而言,当我怂恿或劝告你从事某种犯罪行为,而且你这样做时就是煽动你去犯罪。这种特指的怂恿或劝告的意义才是煽动这个概

---

① 关于广告和宣传是否构成一种操纵的公开的问题,英国学者卡米洛瓦和菲利普·泰勒两人提出了不同的看法。卡米洛瓦对宣传与广告方面的传统观念提出批评,认为传统的宣传(广告)观念将重心放在思想控制和操纵人的态度和行为上,从而使得这些宣传没有道德价值的考量。同时,卡米洛瓦看到,公民倡议性广告已然成为宣传的一个新的重要的形式。英国利兹大学(University of Leeds)传播学教授菲利普·泰勒(Philip Taylor)反驳了关于宣传的一种常见观点,即宣传通常运用一些技术手段来操纵或压迫公众的思想或行为,使公众的思想或行为能够遵照宣传者们的需求。菲利普·泰勒认为,这种观点想要立足就必须能够提供测量宣传具有准确影响的有效方法,而用任何一种方式是否能够成功地操纵或压迫公众的思想或行为是值得怀疑的,因此,菲利普·泰勒试图"返回到宣传的原初含义"(return to its original meaning)以重建宣传的本来概念。参见 Kalina G. Kamenova, "Charitable Souls, Disciplined Bodies: Propaganda and the Advertising of Public Goods in Eastern Europe", unpublished working paper, 2002; Philip Taylor, "Propaganda from Thucydides to Thatcher: Some Problems, Perspectives & Pitfalls", The annual conference of the Social History Society of Great Britain, 1992。

念正常的而且更为普遍地被接受的解释。① 科恩认为,只有特指意义上的煽动才是值得我们关注的对象,并且也只有特指意义上的煽动概念才是法律上寻求惩罚的唯一可能依据。

第二种形式是鼓吹(advocacy)。卡尔·科恩把鼓吹当作煽动的一种属类,也就是说,鼓吹也是一种煽动,他将鼓吹定义为"它是以支持或介绍某种行动步骤为某种目标辩护的形式出现的挑拨"。② 戴维·科恩(David Cohen)将鼓吹视为"寻求某种结果的影响",这包括"在政治、经济和社会体制和制度内,公共政策和资源分配政策等这些直接影响人们的当前生活"。③ 他认为"所有说服性理论家的鼓吹"(ideologues of all persuasions advocate)带给人们生活的变化,由此,戴维·科恩将鼓吹与社会正义联系起来。鼓吹还有其他形式,如意识形态鼓吹、群体鼓吹、利益集团鼓吹、官僚鼓吹、法律鼓吹、媒体鼓吹、预算鼓吹等。

卡尔·科恩谨慎地区分了鼓吹和煽动这两个概念,他认为,鼓吹并不需要完成所鼓吹的行为,而特指意义的煽动在逻辑上需要有按煽动行事的行为,是否在鼓吹,这完全是由言者及其所说的话来确定,鼓吹与言论的后果没有逻辑上的联系。我可以鼓吹一种贫困和朴素的生活,即使无人理睬。更准确一点说,鼓吹所采取的形式有时可称之为不超过使用语言的行为,即以言论或文字完成的行动,而特指意义的煽动则是采取超过使用语言的行为的形式,即通过言论或文字完成某种目的的行为。④ 依科恩所言,鼓吹局限于一种言语方式,而煽动却事关行动,在这个意义上,任何形式的鼓吹都能得到法律的保护,而煽动则有可能导致法律上的惩罚。

煽动与鼓吹可以作为公开的一种形式出现,但不是真正意义上的公开,是一种扭曲的、夸张的公开,意味着一种夸大的、言过其实的、不符合实际的举动。夸张的公开有两种情形,一种情形是把公开的内容扩大,言过其实。如政府可能会为了获得某一项不被公众认可的公共政策的同意,便对这项公共政策进行美化,夸大这项政策的作用。还如一国政府煽

---

① [美]科恩:《论民主》,聂崇信、朱秀贤译,商务印书馆2007年版,第145—146页。
② 同上书,第146页。
③ David Cohen, Rosa de la Vega and Gabrielle Watson, *Advocacy for Social Justice: A Global Action and Reflection*, Bloomfield, CT: Kumarian Press, 2001.
④ [美]科恩:《论民主》,聂崇信、朱秀贤译,商务印书馆2004年版,第146页。

动民众的民族主义情绪，毫无疑问，这种情绪是对民众原有民族观点或主张的扩大；另一种情形是不对公开内容进行夸大或美化，而是运用一种不正常的公开方式。如政府可能会为了获得某一项不被公众认可的公共政策的同意，而出动所有政府官员对公众进行游说、说服等；还如，煽动民众与政府展开对抗，对于大部分民众而言，他们可能并不知晓对抗政府的缘由，但是通过煽动这种方式可能会诱导民众的行为。

三　公告、宣告与冷漠的公开

公告和宣告在很多情况下都可以互换使用，在英文语境中，都可以用announce、declare、proclaim 等表示。不过，"公告"一词多作为名词使用，而"宣告"则多作为动词使用。在中文语境中，这两个概念都可以指称将某个重大事项的告之于他人或公众，但细究起来，公告与宣告还是有细微差别。

所谓公告，是指政府、团体、其他单位或个人对重大事件当众正式公布或者公开宣告。这一概念的成立需满足以下条件，一是主体条件。公告的主体一般是指一个组织，如政府公告、学校公告、单位公告等，但在有些情况下也有个人公告的说法，主要是指个人凭借一定的媒介（电视、广播、网络、公告栏等）将自己的思想和观念告诉他人或公众。[①] 二是内容条件。公告的内容有较强的倾向性，主要是指比较重要的、需要正式告知的事件，就政府或其他单位而言，那些不被看重的行政信息不需要公告，而就个人而言，那些日常生活中的琐事也不需要采用公告的形式。三是客体条件。公告一般都有特定的对象指向，如政府公告一般针对公众，学校公告针对教师和学生，个人公告也有一定的对象，尽管公告的对象有时不那么明显。四是意图条件。公告的主体有意识地向客体发布相关事件的信息，但很明显，主体只是把事件信息发布出去，至于对象对公告内容有何反应，公告的主体并不关心。

---

① 当公告被当作行政公文的一种形式时，公告是有所特指的。如根据《国家行政机关公文处理办法》的有关规定，公告通常是指以国家的名义向国外宣布重大事件的一种形式，它还可以用于人民法院审理案件，如向被告送达文书，而基层单位一般不能制发公告。然而，公告的实际使用，往往与《国家行政机关公文处理办法》不相符合，不同层级的单位甚至是个人也在使用公告，如在这种一般意义上理解，公告就是"公而告知"。

所谓宣告,即宣布、告知等。"宣告"这一行为成立所需条件与公告相差无几,但在形式上看,公告一般较为正式,并可能形诸于文字,而宣告则注重于口头语言的表达。从成立的条件上看,宣告行为同样需要主体条件、客体条件、内容条件和意图条件,但其主体条件与公告行为有微弱差别,如果说公告行为的主体一般是指政府或正式组织的话,那么,宣告行为的主体则没有这样的限制,任何人或组织都可以发布宣告的内容。宣告行为的内容与公告一样,都要求比较重要的事件,如毛泽东在天安门城楼庄严宣告中华人民共和国成立,这里所使用的宣告,其内容就十分重大。在意图条件上,宣告与公告这两种行为基本上没有区别,这两种行为都有明确的意向指向,但都没有把客体对象纳入到主体的关切之类,也就是说,行为主体并不希望能够得到行为施与对象的回应。

毫无疑问,公告与宣告都是公开行为或者说是公开的一种手段,但从这两种行为得以成立的意图条件来看,行为主体并没有与行为客体处于同一地位,他们二者的关系被分割,主体只是把重要事件告知于客体,他并没有希望得到客体对这一重要事件予以回应的意图,客体也只是通过公告或宣告获知某种信息,而对这种信息并不做任何回应。这种类型的公开称之为"冷漠的公开"(unconcerned publicity),它意指一种主体和客体互不相干、相互冷漠的公开。

四 揭发、揭露与被迫的公开

揭发和揭露这两个概念具有一定的亲缘关系,笼而统之,它们都表示一种把隐秘的人、事、物等信息发现出来的意蕴,但在具体的语言环境中,这两个概念还是表现出较大的差异。

"揭发"一词表示两种意蕴:一是阐明、揭示等,把原先不知道、不了解的观点、思想、理论等发现出来,如万有引力定律被牛顿揭发出来了;二是揭露缺点、错误、罪行等,这一层意思被经常使用,如我们要发动群众揭发坏人坏事。正是在第二层意思上,揭发一词与揭露有很相近的地方,揭露一词也多与坏人坏事、罪行、缺点错误等联系使用,如揭露日本侵略者的罪行、揭露你的底细等。在语言运用中,我们很少看到揭露一词有把某种观点或思想阐明出来的意思,在这个意义上讲,揭发比揭露具有更多的内涵,但是,从对象上看,揭发的对象是坏人坏事、错误或缺点，而揭露的对象较广，可以是坏人坏事也可以是一般事物，如揭露敌人的真面目、揭露真相、揭露矛盾等，由此可见，揭发与揭露这两个概念在很多情况下不能混用。

揭发和揭露这两个概念并没有成为哲学讨论的对象，实际上，这两个概念也并没有太多的哲学意义，但是，当我们将其与政治公开的观念连接起来时，这两个概念便具有了某种哲学内涵。从公开观念的角度来看揭发和揭露这两个概念，它们是另一种形式的公开，可以将其称为"被迫的公开"（forced publicity）。"被迫的公开"是公开主体受公开对象的要求从而被动接受的一种公开行为，也就是说，公开行为应该是公开的主体主动做出的积极行为，但是这种被迫的公开则是在公开对象的要求或干预下，主体才将一些情况加以公开。这里有两种情况：一是公开主体在公开对象的要求下消极公开；二是公开主体没有做出公开行为，而是公开对象把一些内容公开，这两种情形都属于一种"被迫的公开"。揭发和揭露刚好属于这种"被迫的公开"，行为主体没有公开的意愿，但是通过公开对象的揭发或揭露，主体消极地公开相关内容，或者行为主体始终不愿意公开，公开对象（揭发或揭露这一行为的主体）把相关内容暴露出来。站在公开行为的角度看，揭发、揭露或其他相似行为是一种被迫的公开。

五　透露、泄露与限制的公开

从字面上看，透露和泄露都表示一种公开形式，即把相关内容或信息显示出来，但这两个概念在具体用法上有较大差别。

透露一词表示显露、私下通报等意思，它主要涉及两种情形，一是没有人为主体的显示或显露，如门缝里透露出一点灯光；二是人为的主体把部分内容或信息告诉他人，如我的朋友向我透露了下周开会的相关事宜。从透露一词表示的这两种情形看，第二种情形的使用更为常见，也就是说，透露这一行为在更多的情况下涉及一个人为的主体，即行为主体主动将某信息告之于他人。泄露一词在有些情况下可以和透露一词换用，但也有不同的使用语境。泄露这一行为在两个方面与透露行为表示的意蕴有所区别：一是就泄露这一行为的主体而言，某种信息的暴露大多是主体无意识的行为，而透露行为则不同，它是主体主动告知的过程；二是泄露可以表示某信息的自然暴露，它不需要借助某一行为主体就能实现，意指不应该让人知道的事情让人知道了,而透露行为更多地是指某一行为主体将信息告之他人。

从对透露和泄露这两种行为的分析来看,它们都是公开行为,不过的是,这种公开行为脱离了原有的方向,扭曲了公开观念的原意,我们将这种形式的公开称之为"限制的公开"(limited publicity)。限制的公开主要表现在对公开行为的两个方面的限制,一是公开内容的限制,即公开行为的主体将部分信息或内容告知他人;二是公开对象的限制,即公开行为的主体将相关信息告知部分人。明显地,这种限制的公开形式与真正意义上的公开行为相差甚远。

应该承认,在经验层面,将形形色色的公开形式完全陈述出来,这是不可能完成的任务,但是,通过对一些扭曲的公开行为逐一进行分析,有利于看清现实政治生活中各种公开行为的真相,同时也可以为构建真正意义上的公开观念提供知识基础。不过的是,哲学上并没有讨论这些扭曲的公开形式,而是更多地将公开观念运用于各种情境之中,然后探究这些公开行为的可能性或道德正当性,如当公开观念与一种民主审议的方式结合时,公开审议还是秘密审议的话题就成为争论的重点,当公开观念与民主投票的行动相结合时,公开投票还是秘密投票也成为政治学领域争论不休的话题,如此等等。

第二节 政治中的公开(1):人为操纵的公开

"操纵的公开"(manipulative publicity)是德国思想家尤尔根·哈贝马斯在《公共领域的结构转型》中提出的一个重要概念,哈贝马斯从作为公开性作用的宣传(广告)入手,指出这种宣传(广告)人为地操纵了公众舆论并促成了公共领域的畸形生长,从而看到在资产阶级公共领域的发展过程中存在的一种变相的公共领域或公开性。[1]

---

[1] 哈贝马斯《公共领域的结构转型》中的"公共性"或"公共领域"一词可以理解成"公开性",特别是他在把广告和宣传作为一种形式时,这个词被理解为"公开"或"公开性"则更能达意。参见 [德] 哈贝马斯《公共领域的结构转型》,曹卫东等译,学林出版社1999年版。

一 广告和宣传：哈贝马斯的历史社会学考察

在《公共领域的结构转型》中，哈贝马斯重点探讨了广告和宣传从开始作为一种私人的新闻写作到后来作为大众传媒的公共服务的历史过程，在这一过程中，广告和宣传逐步地导向了对公共领域的侵犯并最终改变了公众舆论的批判功能。

根据哈贝马斯的说法，作为宣传功能的报刊最初是从私人通信系统中发展起来并长期被私人通信所垄断，在这种报刊中，出版商纯粹是为了做生意，但由于排版技术及其他技术和条件的限制，出版商们从中只能获取有限的利润，他们的活动也基本上局限于新闻交流与新闻监督，这时的报刊还只是纯粹的新闻报道。然而，从这种纯粹的新闻报道与信息交流中慢慢地发展成为了思想的传播，这种思想的传播还仅限于个体文人的私人写作，但是，与报刊发展的前期不同的是，这种个体文人的私人写作具有了一种批判的功能。

> 报纸从纯粹发布消息的机制变成公众舆论的载体和主导，变成了党派政治相互冲突的工具。就报业内部组织而言，这种变化导致了一个后果，在收集新闻和发布新闻之间又有了一个新环节，即编辑。但是，对于报纸发行人来说，这意味着他从一个贩卖消息的商人变成了一个公众舆论的掮客。①

哈贝马斯援引毕希尔（Bucher）的观点来说明报刊行业发生的这种转变。在他看来，如果这种转变能一直坚持下去的话，具有初步批判功能的报刊将会成为公众舆论的主要阵地，但遗憾的是，一份报纸是在公众的批判当中发展起来的，但它只是公众讨论的一种延伸，而且始终是公众的一个机制，其功能是传声筒和扩音器，而不再仅仅是信息的传递载体，但也不是作为文化消费的媒体。

这种具有批判意向的报刊最终并没有坚守其批判立场，原因在于，报

---

① [德] 哈贝马斯：《公共领域的结构转型》，曹卫东等译，学林出版社1999年版，第219页。

纸的批判功能一开始就受到了合法性的质疑，从而政府便更多地行使对报刊的管制，正是这种政府的管制使得报刊业不得不抛弃原有的意识批判的立场从而真正沦为了一种纯粹的商业。这一时期，原先从新闻收集和新闻发布中独立出来的编辑活动已经从写作活动变成了一种新闻专业活动，从而越来越容易操纵了，并且，随着技术条件的改进，出现了电影、广播和电视等比报刊更新的传媒工具，而这些新的工具却无一不处于政府的管理或控制之下。

> 按照公共领域的自由模式，这种具有批判精神的公众机构，凭借它们掌握在私人手中，不受公共权威的干涉。但是，某种程度上，由于商业化以及在经济、技术和组织上的一体化，它们变成了社会权力的综合体，因此恰恰由于它们保留在私人手中致使公共传媒的批判功能不断受到侵害。①

报刊传媒商业化的直接影响是迎合了公共领域向广告媒体的转变，公共领域在某种程度上被用来做商业广告。这样，作为一种销售手段的商业广告便具有了某种政治或"管理舆论"的功能，它有计划地制造新闻或利用有关事件吸引人们的注意力，从而改变公众舆论的方向，操纵公众舆论。在这种公众舆论当中，公众的迎合态度是被一种虚假意识所唤起，他们认为他们是作为具有批判意识的私人在承担参与公众舆论的责任，实际上，这最终成了一种精心策划的"公众舆论"。

这种人为造成的共识与公众舆论以及经过相互长期启蒙而最终达成的共识并没有太多的共同之处，因为"普遍利益"是公开竞争的舆论据以理性地达成一致的基础，而特殊的私人利益的自我宣传把这种"普遍利益"拿来为自己服务，因而这种"普遍利益"已经彻底消失了。②

二　人为操纵的公开：哈贝马斯的洞识

哈贝马斯先从历史社会学的角度考察了公开性发生的功能转变，然

---

① ［德］哈贝马斯：《公共领域的结构转型》，曹卫东等译，学林出版社1999年版，第224页。

② 同上书，第230页。

后，对人为操纵的公开性进行描述，他以民众的选举活动为例来具体说明发生功能转变后的公开性（人为操纵的公开性）会导致非公众舆论。

在一次德国社会学会的会议上，哈贝马斯承认，政府部门、政党和各种组织积极参与新闻活动，形成了庞大的宣传机制，这种宣传机制确实最大限度地体现了公开性，但却很少体现舆论。诚如哈贝马斯所洞见的，这些新闻活动在以一种截然不同的公开方式在社会内部塑造和灌输公众舆论，从而有意地避开了自由主义的公开性理想。

按照哈贝马斯的设想，在自由主义的公开性范围内，人们通过理性的批判性争论，最终会达成某种道德或政治共识。但是，公开性功能发生转变后，公共领域内没有出现理性的批判性争论，而出现了被管理或被控制的公众舆论，那么，这种通过宣传工作而被控制或被管理的公众舆论如何用相对合理的方式来达成共识、解决冲突甚至把最终由议会解决的冲突合理而永久地纳入抽象的法律体系？在哈贝马斯看来，作为私人领域的商业社会里，大量关系到物质利益的决定受市场机制调节，是非政治的。公开性功能发生转变后，被组织起来的私人利益被迫采取了某种政治形式，公共领域承担着平衡利益的重任，而这是传统的议会达成共识和协议的方式所无法承担的。这种平衡利益的方式确实成了讨价还价、相互施加压力而最终达成妥协。在利益平衡和妥协达成的过程中，公开性只能靠宣传在公众中赢得声望，从而使这种宣传在非公众舆论中获得支持。最终，公共领域变成了一座宫殿，公众可以瞻仰其所展示出来的声望，而不能对其提出批判。

哈贝马斯看到，公开性功能的转变涉及整个具有政治功能的公共领域，政党、议会与公众的核心关系也受到影响。首先，政党与公众的关系随着公开性功能的转变而蜕变为实质上的操纵与被操纵的关系。哈贝马斯首先援引马克斯·韦伯的分析，声称在自由主义时代的资产阶级公共领域内，政党把自身看作舆论的一部分，基础是广大群众的政治舆论，因此，在这一时期，政党精神与纯粹利益是相悖的。但是，资产阶级公共领域开始结构转型后，政党所面临的任务便是：为了争取选票，用新的方法来整合广大公民。选民大会在听取代表的报告时政党必须深入宣传，这种宣传一开始就具有启蒙和控制、信息和广告、教育和操纵的双重面孔，越到后面，政党对公众的控制与操纵的作用便越加明显。

今天，政党已经完全通过展示或操纵来影响公民投票活动，成为政治意志形成的工具。其次，公开性功能的转变不仅改变了政党与公众的关系，而且改变了政党与议会的关系。在自由主义法治国家里，议员与选民有直接而密切的联系，他们不听命于任何指示，而仅对自己的良心和全体公民负责，因此，他们永远是公众的一部分。但是，这种状况随着资产阶级公开性功能的转变而发生了改变。为了控制或操纵公众舆论，议员不再作为批判性公众舆论的代表出现，政党不得不对议员进行整合，使议员从批判性公众的代言人向政党组织机制的一分子转变，在发生冲突时，议员必须服从政党的指示。议员不再参与超党派的公众批判。议会本身也不再是一个论战组织，从代表性公众舆论的场所转变成"依照指示办事的政党代理人的聚会场所"，它只是关起门来对决议予以通过而已。这不仅满足了形式上的需要，而且向外展示了政党的意志。随着议会功能的转变，作为国家制度组织原则的公开性的可疑性暴露了，公开性功能从批判性原则转变成了被操纵的整合原则。

有趣的是，这种整合并没有使公众成为一个整体，相反地，这种整合使批判性的公众出现了瓦解。自由主义时代具有批判性的公众表面看来好像争论不休，但实际上他们能够作为一个权利整体而出现。当公开性功能从批判性向操纵性转换后，公众表面看来听从政党或组织的指示而作为一个整体，但实际上，他们却处于无序与僵化状态。哈贝马斯以民众的选举活动为例，对处于无序状态中的选民进行了分析。

以展示和操纵为目的建立起来的公开性（公共领域），要通过社会心理学设计和广告技术的指导把一定的符号和具体的动机联系起来，而且，这种公开性（公共领域）直接服务于相当庞大的"没有明确意向"的少数，因为"少数"通常会决定选举的结果。即使把由此获得的选票都加在一起，也不等于公众舆论，因为有两个条件没有满足：非正式的舆论不是合理形成的，也就是说，它们不是对可认知的事态的自觉把握；没有经过讨论，这种舆论不是在公共交谈的争论中形成的。[①]

哈贝马斯看到，民主政治的选举安排继续指望着自由主义关于资产阶

[①] [德] 哈贝马斯：《公共领域的结构转型》，曹卫东等译，学林出版社1999年版，第254页。

级公共领域的虚构，营造着政治讨论的氛围，并且期待着具有一定知识和判断能力的选民能够在这种讨论中承担积极的角色。但是，这毕竟是虚构，那些经常参与讨论的人不过是相互肯定彼此的观点，哪怕是与自己的观点不同的观点。选举经营者利用大众传媒等宣传工具对选民施加影响，并最终改变选民的态度。在这里，选民从批判性的公众变成政治消费者，原有的批判公共领域也变成了人为虚构的公共领域，在这种公共领域里，公众随时准备着欢呼，舆论氛围取代了公众舆论。

三　谣言：一种人为操纵的公开

哈贝马斯把人为操纵的公开与非公众舆论联系起来，也就是说，哈贝马斯认为，人为操纵的公开直接导致了非公众的舆论，而批判性公开才是公众舆论的源泉。在哈贝马斯那里，广告和宣传成了人为操纵的公开的重要形式。从哈贝马斯的语境中逃离出来，笔者发现，除了广告和宣传，谣言也是一种人为操纵的公开。

菲利普·泰勒（Philip Taylor）在一篇论文中将谣言（rumors）视为一种宣传技术，但是，将谣言与宣传等同起来的做法未免太过简单。如果将宣传作为撒谎、欺骗或夸张进行狭义理解，我们的确可以将谣言作为一种宣传技术，但如果对宣传进行广义理解，谣言绝不会成为宣传的一种技术。实际上，宣传是对原有信息的公开，不管是对原有信息的扭曲、夸大还是如实转述，原有信息都应该存在事实上的根据或逻辑上的可论证性。而谣言则是一种捏造出来的言论，它传播的信息很大程度上是未知信息，它没有事实上的根据，也不存在逻辑上的可论证性。对事件原有信息的传播，并不是谣言。在这个意义上，谣言并不是宣传的一种技术。当然，谣言与宣传之间也存在一定程度上的关联，现代大众传媒时常会把谣言用作传播方式。菲利普·泰勒将谣言分为两类，一类是自发的谣言，另一类是人为操纵的谣言。[①] 他把人为操纵的谣言作为宣传的一种技术或方式，而自发的谣言不可能作为宣传而出现。在笔者看来，不论是哪一种类型的谣言，其目的并不在于传播某种信息，而在于

[①] Philip Taylor, "Propaganda from Thucydides to Thatcher: Some Problems, Perspectives & Pitfalls", The annual conference of the Social History Society of Great Britain, 1992.

制造某种舆论。毫无疑问，这种依靠谣言的舆论不可能是哈贝马斯意义上的公众舆论，通过谣言而得知某种信息的公众不可能开展批判性的争论。因此，谣言作为一种公开形式，本质上是操纵性公开，导致了一种非公众舆论。

第三节　政治中的公开（2）：公开审议的争论

公开审议或公共审议（public deliberation）[①] 是当今政治哲学领域的热点问题，不过，在主流观点看来，公开审议问题是审议本身的合理性与合法性问题，而不是审议过程是公开还是秘密的问题。但是，在如今这个民主政治发达的时代，是否需要审议从来是一个问题，关键在于，采用哪种审议模式，公开的还是秘密的？审议民主理论家围绕公开审议问题进行了激烈争论，并分别从后果主义和道义论角度为自己的观点辩护。

一　公开审议的后果主义论证

在公开审议问题上，许多理论家都看到了公开审议的好处或优势，如J. S. 穆勒、迭亚哥·加贝塔（Diego Gambetta）和詹姆斯·D. 富依（James D. Fearon），都从后果主义的立场出发论证了公开审议的正当性。

穆勒并没有直接论证公开审议问题，而在对言论和思想自由以及代议制政府的阐述中表达了对公开审议的理论态度。在《论自由》中，穆勒给出了坚持思想自由和讨论自由的三个理由：一是我们永远不能确信我们所力图窒息（译著使用了"窒息"一词。——编者）的意见是错误的意见；二是如果我们确信它是一个错误的意见，要窒息它仍然是一种罪恶；三是即使公认的意见是全部真理，也有必要被讨论，如若不然，接受者就会像抱持偏见一样抱持这个意见，这个意见的理性根据很

[①] 中国学者普遍将西方学术界热议的"public deliberation"称为公共审议而不是公开审议，可能因为一方面中国学术界对"public"一词的"公共"和"公开"两种意蕴从来不做区分，另一方面学术界从来都只关心审议问题，而不关心公开审议还是秘密审议，也不关心公共审议还是私下审议。本书使用公开审议而不用公共审议，"公共审议"一词掩盖了审议的公开或秘密的性质。

少被领会和体认。① 尽管穆勒是为言论或讨论自由进行强有力的辩护，但这一辩护同样能够为决策之前的公开讨论（审议）提供正当性依据。决策之前需要审议，因为我们永远也不能确信这个决策完全正确；即使这一政策完全正确，也有必要展开公开审议，因为在公开审议的过程中，公众会加强对这一政策的领会和体认。诚如穆勒所言，在缺乏讨论的情况下，意见的根据会被遗忘，意见的意义也常常被遗忘。在这种情况下，表达意义的字句不提示观念，或者只提示原有观念的一小部分。鲜明的概念和活生生的信仰没有了，存在的只有一些陈套的词句；假如说还有什么被保留下来了，那也只是意见的外壳和表皮，其精华则已消失。②

在《代议制政府》中，穆勒提出了"区别政府好坏的标准是什么"的问题，为了回答这一问题，他对一些通常的好政府的标准（如进步、秩序）进行了批判，认为这些通常的好政府的标准虽然言之有理，但却不恰切。在他看来，任何政府形式所能具有的最重要的优点就是促进人民本身的美德和智慧的发展，任何政治制度的首要任务就是培养社会成员的各种理想的品质——道德的、智力的、积极的品质。穆勒声称，在这方面做得最好的政府，就很可能在其他一切方面做得最好，因为政府的实际工作的优点正是公众的这些品质。穆勒认为，最好的政府形式是代议制政府。理由在于，代议制政府能够很好地回答两个问题：政府依靠社会成员现有的能力可促进社会事务的良好管理到何种程度，政府在改善或败坏这些能力方面的效果如何。③ 不难看出，穆勒认为讨论或审议最终会促进公众在道德、智力和积极能力上的提高。

审议民主理论家迭戈·加贝塔（Diego Gambetta）则直接考察了审议民主的优点（advantages of deliberative democracy）。他认为，有效的审议能够在四个方面影响决策的质量：（1）审议能够通过培育更好的解决方案实现帕累托最优的结果；（2）审议能够为弱势群体提供保护从而依靠分配正义产生更为公平的结果；（3）审议能够在任何一个决策上实现一种更大的共识；（4）审议能够产生更为合法的决策（对少数人而言亦是

---

① [英] 约翰·密尔：《论自由》，许宝骙译，商务印书馆2005年版，第20页。现在学界一般将Mill译作"穆勒"，而非"密尔"。正文中使用"穆勒"。——编者注

② 同上书，第45页。

③ [英] J. S. 密尔：《代议制政府》，汪瑄译，商务印书馆2007年版，第43页。

如此)。① 不难看出，迭戈·加贝塔提出的审议的优点是从公开审议的后果角度考虑的，并且，这些优点能够在一些政治理论中得到回应。如社会选择理论认为，决策之前的讨论就是要对各种可能的选择进行社会偏好的排序，然后进行取舍，选出一个符合帕累托最优的方案，这种观点刚好符合上述第一个优点；第二个优点暗合了罗尔斯的正义原则，当然，罗尔斯并没有直接证明审议能够带来更公平的结果并为弱势群体提供保护，但罗尔斯试图说明，原初状态之中，处于无知之幕背后的个体对正义原则进行权衡，而权衡的最终结果就是某种正义原则的得出，按照罗尔斯的论述，这种正义原则能够为弱势群体提供保护。② 第三、四个优点来自哈贝马斯以及当今大多数审议民主理论家的观点，他们认为，决策要有合法性，就必须建立在某种共识之上，而审议是达成共识的最好途径。

另一位审议民主理论家詹姆斯·D.富侬（James D. Fearon）针对"决策之前为什么需要公开审议"的问题提出了更为具体的观点。他认为，有六个理由能够说明决策之前论证（argumentation）和讨论（discussion）的必要性和正当性：透露私人信息；减弱或克服有限理性的影响；鼓励证成（justify）需求的特定模式；有助于在大众的监视之下展示完全选择的合法性，有助于大众团结并促进决策的贯彻执行；提升参与者的道德或智力能力；不论讨论的结果如何，做正确的事情。③ 如果对公开讨论或审议的正当性进行后果主义的推断，那么，毫无疑问的是，詹姆斯·D.富侬列出的这份理由清单足以保证公开讨论与审议的进行，因此得到大多数审议民主理论家的赞同和支持。伯纳德·曼宁在其论文《论合法性与政治审议》中指出，审议过程是一个信息传播的过程。如果进一步追问为什么需要信息的传播，其回答一定是，任何人都不可能预见到不同个体思考伦理政治问题时所可能具有的所有视角，任何个人都不可能拥有

---

① Diego Gambetta, "'Claro!': An Essay on Discursive Machismo", *Deliberative Democracy*, Cambridge: Cambridge University Press, 1998, pp. 23–24.

② 伯纳德·曼宁（Bernard Manin）曾对罗尔斯这种原初状态之下的审议的说法进行批判。参见 [美] 伯纳德·曼宁：《论合法性与政治审议》，载谈火生编《审议民主》，江苏人民出版社2007年版，第156—157页。

③ James D. Fearon, "Deliberation as Discussion", *Deliberative Democracy*, Cambridge: Cambridge University Press, 1998, p. 45.

与某一特定决策相关的全部信息。因此，审议时的信息交换和传播是所有支持审议的人所想看到的。

但是，有理由相信，不论约翰·D. 穆勒、迭亚哥·加贝塔和詹姆斯·D. 富侬给出的优点有多少，公开审议的后果主义论证不可避免地存在严重缺陷。最致命的理由在于：我们抛开复杂的政治问题不谈，哪怕是日常生活中极其细微的琐事，有时候直接决定的结果可能比经过公开讨论和审议后的结果更干脆利落，也就是说，公开讨论和审议所带来的结果并不一定比直接决策好。况且，诚如乔恩·埃尔斯特所言，在有些情况下，简短的讨论甚至是一件危险的事情，比根本没有讨论更糟。① 因此，诉诸后果和经验，决策之前的公开审议不论产生多好的结局也不可能保证公开审议本身的正当性，这便导致了后果主义对公开审议正当性的论证不能令人信服。

二 公开审议的道义论辩护

根据道义论的要求，在做决策之前进行公开讨论和审议是责任和义务。詹姆斯·D. 富侬（James D. Fearon）用更加直接和通俗的表述对道义论的这种要求进行了揭示。他说，我们应该进行讨论，因为在道德上这是在做正确的事情，或者也因为没有提供政治合法决策的其他方式。② 审议民主理论家赛拉·本哈比（Seyla Benhabib）和伯纳德·曼宁（Bernard Manin）也持同样的观点，在他们那里，公开审议成为值得去做的正确之事。

---

① 乔恩·埃尔斯特在其论文《市场与论坛：三种政治理论》中，针对公开讨论和审议提出了七种质疑，在笔者看来，每一种质疑都可以被看成对后果主义论证的致命攻击。参见 Jon Elster, "The Market and the Forum: Three Varieties of Political Theory", *Contemporary Political Philosophy: An Anthology*, Oxford, UK. and Cambridge, Massachusetts: Blackwell Publishers, 1997, pp. 128–142. 埃尔斯特的文章有两篇中文译文，一篇在谈火生的《审议民主》中，此文被译为《市场与论坛：三种政治理论》，另一篇是陈家刚所译的，在詹姆斯·博曼所编的《协商民主：论理性与政治》中，此文被译为《市场与论坛：政治理论的三种形态》。参见 [美] 乔恩·埃尔斯特《市场与论坛：三种政治理论》，载谈火生编《审议民主》，江苏人民出版社 2007 年版，第 149—172 页及第 68—90 页；[美] 詹姆斯·博曼、[美] 威廉·雷吉主编《协商民主：论理性与政治》，陈家刚译，中央编译出版社 2006 年版。

② James D. Fearon, "Deliberation as Discussion", *Deliberative Democracy*, Cambridge: Cambridge University Press, 1998, pp. 60–61.

赛拉·本哈比（Seyla Benhabib）在《走向审议式的民主合法性模式》(Toward a Deliberative Model of Democratic Legitimacy) 一文中，论证了公开审议的民主合法性形式。赛拉·本哈比认为，合法性之善，是一个民主社会不可或缺的。他将民主理解为一种组织模式，民主针对的是社会的主要公共机构中权力的集体运用和公开运用。在他看来，民主这种组织模式建立在这样的原则之上，即事关集体福祉的决策可以被看作是经过由自由而理智的审议程序产生的，而审议是由道德和政治上平等的公民实行的。赛拉·本哈比认定，在复杂的民主社会中合法性只能来源于全体公民针对共同关心的事务所进行的自由而无约束的公共审议。"民主制度之合法性基础可以追溯到这样一个预设：那些声称具有强制性力量的各项建议之所以能具有强制性的效力，其原因在于这些决策代表了一种公正无私的观点，它平等地对待所有人的利益。但只有当决策在原则上对由自由而平等的公民参与的适当的公开审议过程开放时，这一预设才能得以实现。"①

毫无疑问，赛拉·本哈比将公开审议作为公共政策公正无私和具有强制效力的一种保证，明显不同于后果主义对公开审议的论证方式。不仅如此，赛拉·本哈比将合法性的来源固定在哈贝马斯的话语伦理之上——话语伦理模式为审议民主模式提供了最普遍的原则和道德上的直觉。② 基于哈贝马斯话语伦理及其理想言说情境的要求，赛拉·本哈比赋予公开审议一些基本的特征，如，平等参与和对话，所有人都有开启话题、质疑、询问和论辩的机会和权利。正是这些特征使公开审议具有某种"先在"的正当性。更为重要的是，赛拉·本哈比挑战了当前人们对公开审议的一般观点，即现代社会不可能按照公民大会集体审议的想象被组织公共生活。在他看来，人们的一般观点从本质上误解了公开审议的本性，公民大会固然是公开审议的一种形式，但公开审议并不一定要通过公民大会实现，哈贝马斯式的话语伦理想象的是一个多元联合的话语网络。

---

① ［美］赛拉·本哈比：《走向审议式的民主合法性模式》，载谈火生编《审议民主》，江苏人民出版社2007年版，第192页。

② 赛拉·本哈比在一个注释中对哈贝马斯的话语伦理做了解释，参见［美］赛拉·本哈比《走向审议式的民主合法性模式》，载谈火生编《审议民主》，江苏人民出版社2007年版，第207页尾注⑦。

正是通过多元化的组织、网络和联合形式之间的交往作用,一种匿名的公共对话浮现出来,这种相互交织、互相重叠的审议、论辩和论证的网络才是审议民主模式的核心。普通的公民大会集体审议的想象——人民团结一致表达他们意志——属于早期的民主理论,今天,我们的民主模式需以松散的联合、多元视点的意见形成和传播为媒介,在这种自发的自由沟通中多元的意见相互激荡。①

这种无所不在的多元网络式的对话无疑会受到很多人的批判,赛拉·本哈比也看到了这一点。为了保证他所主张的这种从哈贝马斯那里延续下来的多元联合的话语网络的正当性,赛拉·本哈比对以罗尔斯思想为代表的自由主义、以艾利丝·杨(Iris Young)思想为代表的女性主义和以埃尔斯特思想为代表的制度与现实主义的批判进行了回应,坚守自己的理论立场。

伯纳德·曼宁(Bernard Manin)的论证比赛拉·本哈比更彻底,这种彻底体现在《论合法性与政治审议》中。在这篇论文中,伯纳德·曼宁基于个人主义的原则论证了卢梭和罗尔斯式的全体同意理论的失败,同时证明了公开审议才真正符合个人主义的要求。伯纳德·曼宁坚守激进的自由主义的立场,他认为,每一个人都可以自由地追求自己的目标,同时不受他人干涉。从这种观点出发,传统的理论和激进的自由主义都试图论证,保护社会中所有人不受任意的强制是共同体的唯一目标,从而要求所有的规则与规范能够在众多个体中获得全体一致的同意。但是,伯纳德·曼宁却对得到全体同意的推论提出了严厉的批评。在他看来,全体同意的观念很好地体现在卢梭和罗尔斯的理论构想之中,因此,伯纳德·曼宁对全体同意观念的批评是通过对卢梭和罗尔斯的批评实现的。他认为,尽管卢梭区分了公意(general will)和众意(will of all),但这种区分仅仅是原则和实践上的区分:在经验上,有可能公意并不能获得全体公民的同意,但在原则上,公意有必要获得这种同意。伯纳德·曼宁还认为,卢梭著作中所表现出来的这种全体同意的观念同样体现在罗尔斯的著作中——

---

① [美]赛拉·本哈比:《走向审议式的民主合法性模式》,载谈火生编《审议民主》,江苏人民出版社2007年版,第195页。

卢梭"公民的处境"和处于罗尔斯意义上的原初状态中的个体理论惊人地相似。在原初状态之中，位于无知之幕背后的人要遵守全体选定的正义原则，因为他们位于无知之幕背后，所以他们不可能进行交流与辩论。在曼宁看来，两人的观点被局限于自由主义和民主思想的常识看法中，即合法性来自个体先定的意志。伯纳德·曼宁认为合法性不来自个体先定的意志，而来自意志的形成过程，即审议本身。

> 因此，我们必须挑战卢梭、罗尔斯的基本结论，一项合法的决策并不是代表所有人的意志，而是从所有人参与的审议中产生出来的结果。审议的过程是每个人的意志形成的过程，在这一过程中赋予决策以合法性，而不是早已定型的意志之总和。……合法的法律是共同审议（general deliberation）的结果，而不是共同意志（general will）的表达。①

伯纳德·曼宁改变了传统自由主义的从个人主义原则推论出全体同意的思考方式，并将个人主义原则运用于公开审议中，坚定了自己的自由主义立场。

自由的个体并不是早已知道自己偏好的人，而是拥有不完全的偏好并试图通过内部审议和与他人对话来准确地确定自己偏好的人。个体进行政治决策时，仅部分地知道自己想要什么。我们能够证成并作为合法性基础的不是他们先定的意志，而是确定他们意志的过程，这个过程就是审议过程。这种看法非常符合个人主义原则，从不认为那些更有知识的人应教育其他人，告诉其他人所欲何为，而是认为所有人都应该自己去发现自己究竟想要什么。②

应该说，虽然本哈比和曼宁没有明确地运用康德的道义论原则来对公开审议进行道德论证，但他们从公开审议本身寻找正当性的先天依据的做法看起来非常道义，并且，他们思考问题的路径完全不同于后果主义。当

---

① ［美］伯纳德·曼宁：《论合法性与政治审议》，载谈火生编《审议民主》，江苏人民出版社2007年版，第159页。

② 同上书，第168页。

然，我们并不能说，本哈比和曼宁的论证及其思路没有缺陷或者已经提供了最好的不能代替的证明方案，实际上，后果主义与道义论的论证，都面临着被质疑的危险。

三 反对公开审议

20世纪90年代以来，审议民主理论方兴未艾，但同时也受到了前所未有的挑战。挑战来自两个方向：一是反对公开审议，但并不反对审议本身，而是反对公开的进行审议，从而主张秘密审议；二是反对公开审议本身，认为审议面临的不是公开审议和秘密审议的选择问题，而是审议本身的合法性问题，当然，反对审议本身就将公开审议和秘密审议同时否定了。从脉络上看，政治学家对公开审议的反驳也是从后果主义和道义论两个方面展开的，并且绝大部分反对审议的论证都是从后果主义角度进行论证。

对公开审议进行后果主义的辩护主要出于决策之前进行公开审议能带来良好结果的考虑，同样，对公开审议进行后果主义的反驳也出于决策之前进行公开审议带来不良后果的考虑。毫无疑问，这种反驳很容易实现，任何反驳者只需要一个反例。比如，穆勒及其追随者认为，真正的审议不把任何人排除在外，通过提高全体公民思考政策和政治问题的能力，促进人们智识和道德水平的提高。桑德斯（Lynn M. Sanders）不同意这种观点，在《反对审议》中借用熊彼特的观点反对了这种看起来合理的观点："卑劣的激情和公民们在公共场合放纵时的肆无忌惮——没有半点崇高或对自律的渴望——是伟大的民主革命真正的力量之源。按照熊彼特的观点，要唤起人类所能做出的最卑劣的表现，最有效的办法莫过于公共集会。"① 如此看来，公共场合的公开讨论并没有实现公民智识和道德水平的提高，恰恰相反，现实中政治集会充斥着大量的争吵以及各种表演。又比如，公开审议的支持者认为，公开审议能带来共识，为决策提供某种合法性。这种观点很容易遭到反驳，很多理论家就认为公开审议不一定能产生共识和同意，审议可能最终导致分裂或意见的分离。

---

① ［美］桑德斯：《反对审议》，载谈火生编《审议民主》，霍伟岸译，江苏人民出版社2007年版，第329页。

当然，公开讨论和审议还有很多深受诟病的地方，如公开审议的规模、时间以及全体同意的可能性，这里不可能对公开审议的缺陷进行完全的考察。但无论如何，基于后果主义立场支持公开审议的辩护者需要开辟另外的战场并寻求更多的理论支撑，因为后果主义的经验立场不可能得到任何普遍性的结论。

公开审议的道义论辩护主要基于审议本身寻求正当性，相关的最精巧的表述发端于哈贝马斯的话语伦理，而赛拉·本哈比和伯纳德·曼宁是话语伦理忠实的追随者。以哈贝马斯的话语伦理为基础的公开审议理论并不是那么不堪一击，相比于后果主义的论证，哈贝马斯式的论证方式提供了更坚实的理论基础。主张非理性主义（non-rationalist）政治理论的英国理论家尚塔尔·墨菲（Chantal Mouffe）对哈贝马斯及其追随者的观点进行了釜底抽薪式的反驳，并在此基础之上提出了审议民主的替代性方案，即竞争式的多元主义民主模式。

尚塔尔·墨菲（Chantal Mouffe）选定了多种版本的公开审议理论之中最精致的一种（即哈贝马斯的审议理论）作为批判的对象。哈贝马斯的话语伦理告诉我们，各种规范和制度安排只有得到所有受自身影响的人的通过审议和同意时，才是有效的。由此，哈贝马斯坚定地认为，所有政治问题都可以被理性地决定。针对哈贝马斯的这种观点，尚塔尔·墨菲（Chantal Mouffe）从维特根斯坦和拉康的理论出发提出了批评。墨菲认为，我们可以利用维特根斯坦的洞见来削弱哈贝马斯的程序概念，并挑战中立或理性的对话概念。根据维特根斯坦的观点，共识和同意不是建立在判断的基础之上的，而是建立在一种生活方式之上，这种共同的生活方式不是哈贝马斯所说的近似于理性的同意。从维特根斯坦的这种观点出发，墨菲认为生活方式赋予我们必须认真对待的责任，我们应放弃理性共识的梦想，不要再幻想我们可以逃离我们的生活方式。同时，墨菲转引斯拉沃热·齐泽克（Slavoy Zizek）关于拉康的观点并断言拉康的观点可以对哈贝马斯的审议民主模式进行毁灭性打击。拉康通过对话语基本结构的分析揭示出话语本身是独裁的，这与哈贝马斯的观点完全相反。哈贝马斯话语伦理以一种非独裁的语用学为前提，使理性之间的自由沟通变得可能实现，否则理性的讨论没有价值。墨菲突显的是，实现理想言说情境的障碍不仅仅是经验的或认识论的，还有本体论的。

确实，所有人毫无障碍地就共同关心的问题进行无拘无束的公开审议，这从理论上讲是不可能的，因为没有这些所谓的障碍，就不可能有沟通和审议的发生。因此，我们必须得出结论说，使审议成为可能的那些条件同时也就是使理想言说情境成为不可能的条件。①

哈贝马斯及其追随者假设公共领域中可以形成理性的共识，从而消除冲突和对抗，这在墨菲看来是不可能的事情。正是出于如此的考虑，墨菲提出了竞争式的多元主义模式。暂且不论她的竞争的多元主义模式到底是什么样的模式，也不用考虑这种模式能不能解决她所提出的问题，我们只需要注意到她所提出的问题是任何人都不能回避的。

诚然，理论家大都只指出了公开审议的缺陷，如斯多克（Susan C. Stokes）、约翰逊（James Johnson）和乔恩·埃尔斯特（Jon Elster），② 像尚塔尔·墨菲（Chantal Mouffe）这样试图完全抛弃公开审议的理论家还不多见。毕竟，现代政治越来越要求运用讨论与磋商的模式来解决现实复杂的政治议题，公开讨论与审议也越来越成为政治生活乃至日常生活的常态。

第四节 政治中的公开（3）：公开投票的担忧

公开投票和秘密投票有两种形式。第一种形式是敞开大门或关起门来进行投票。公开投票是指要向公众公开、事关公众利益的投票，不能由少数人关起门来进行。秘密投票则是指不向公众公开而事关公众利益的投票，由少数人关起门来进行。第二种形式是记名或无记名投票。那么，公开投

---

① ［美］尚塔尔·墨菲：《审议民主抑或竞争式的多元主义？》，载谈火生编《审议民主》，霍伟岸译，江苏人民出版社2007年版，第357页。

② 斯多克（Susan Stokes）在一篇论文中分析了审议的病理学（Pathologies of Deliberation），约翰逊也专门撰文表达了对审议观念的一些怀疑，埃尔斯特在《市场与论坛：三种政治理论》中提出了对公开审议观念的七个异议。参见 Susan Stokes, "Pathologies of Deliberation", *Deliberative Democracy*, Cambridge University Press, 1998, pp. 123 – 139; James Johnson, "Arguing for Deliberation: Some Skeptical Considerations", *Deliberative Democracy*, Cambridge: Cambridge University Press, 1998, pp. 161 – 184;［美］乔恩·埃尔斯特《市场与论坛：三种政治理论》，载谈火生编《审议民主》，江苏人民出版社2007年版，第68—90页。

票是指在投票时每个投票人公开自己的观点和选项，投票人互相知道各自的观点和选项，这种类型的公开投票，一般都可以在票面上写上自己的名字，以此告知这个选择是谁做出的，这种公开投票一般被称为"记名投票"。秘密投票则是指投票时每个投票人不对外公开自己的观点和选项，不在票面上写上自己的名字，投票采取无记名的形式，别人不知道投票人自己的观点和选项，这种秘密投票的形式一般被称为"无记名投票"。

应该承认，公开投票和秘密投票大都使用第二种形式，投票面临的是记名投票还是无记名投票的问题。通常看来，秘密投票（即无记名投票）能够得到绝大多数人的赞同，因为无记名投票可以保持投票的公正公平，使投票人避免被报复和打击，公开投票（即记名投票）则可能因暴露投票人的身份而使投票人遭受他人的攻击。在政治学传统中，关于选择公开投票还是秘密投票的问题的观点中，约翰·斯图亚特·穆勒的观点算是另类的，在绝大多数人都支持无记名投票的情况下，他支持公开投票，以挑战投票问题上的主流观点，但从实践看，公开投票的确让人担忧。

一　约翰·穆勒支持公开投票

英国功利主义哲学家约翰·穆勒是公开投票的坚定支持者。在穆勒看来，投票方法中最重要的问题就是秘密或公开的问题，他基于信任或责任而不是权利反对秘密投票，主张公开投票。在他看来，秘密在许多场合里是有道理的，并且在有些场合里是必需的，因此，穆勒并不能认定秘密投票在任何场合里都比公开投票可取。

   在任何政治选举中，甚至按照普遍选举制（在有限选举制的场合里尤其明显），选民有绝对的道义上责任考虑公众的利益，而不是他的个人利益，根据他所能做出的最好的判断进行投票，恰如在只有他一个选举人并完全由他决定的选举的情况下所要做的那样。承认这一点之后，显而易见的结果至少是，投票的义务，和任何其他的公共职务一样，必须在公众的眼皮底下履行并接受公众的批评；公众的每一个人不仅对这种义务的履行有利害关系，而且，如果没有诚实而用心周到地履行这种义务，他有正当的权利认为自己受到了伤害。当然，无论是这个准则或是任何其他的政治道德准则都不是绝对不可违背的，它可以被更强有力的考虑驳倒。但是这项准则具有如此的重要性，以致凡容许偏离该准则的场合都必须看作是显然的例外。①

穆勒认为，在任何政治性质的事务中，需要用投票来决定的事务一定是与公共利益相关的事务，因此，在为公共利益进行投票时，投票者追求的是公共利益而不是个体、私人、小团体的利益，这种投票体现了投票者的责任。为了强调责任对于公开投票的重要性，穆勒对"无记名投票"进行了分析，认为这种投票是投票者的一种权利而不是投票者的一种责任。在穆勒看来，如果投票被认为是一种权利，那么，人们就没有任何理由指责拥有投票权的投票者出于私人利益或小团体利益处理自己的投票。由此，穆勒将投票视为严格的责任问题，"他有责任按照他对公共利益的最好的和出自良心的意见投票，凡是有别的想法的人都不适于有选举权"②。对穆勒而言，责任而不是权利是他主张公开投票而反对秘密投票的主要理由，不可否认的是，这是一个非常有意义的辩护理由，穆勒由此强调，选举人不仅对另外的选举人有责任，而且对那些没有选举权的非选举人（non-electors）也有责任。正是出于这样的考虑，穆勒主张的公开投票便与普遍选举权联系起来，在他看来，只要社会的某一部分人没有代表（存在着没有选举权的非选举人），那么，那种与有限选举权相联系的无记名投票就有缺陷。在穆勒的时代，妇女的选举投票权受到很大的限制，而由男子投票产生的规章制度和法律无疑不可能完全关涉妇女的利益，但是，正如穆勒反问的，难道一个人的妻子和女儿无权知道这个人究竟是投票赞成还是投票反对这些建议吗？由此，坚持公开投票能够维护无投票权的那部分人的利益，更为重要的是，公开投票更倾向于普遍选举投票权的建立。

穆勒并不是第一个对公开投票和秘密投票问题进行探讨的思想家，在他之前，一大批法国的思想家如卢梭（Rousseau）、孟德斯鸠（Montesquieu）、托克维尔（Tocqueville）等对这一问题进行过很细致的研究，但他们的影响没有穆勒那么大，应该说，是穆勒激活了19世纪的西方特别

---

① ［英］J. S. 密尔：《代议制政府》，汪瑄译，商务印书馆2007年版，第154页。
② 同上书，第152页。

是英国对这一问题的重新争论。① 更为难得的是,穆勒在这一问题上表现出决绝与顽固,以至于在他之后很少出现如他那样对公开投票情有独钟的政治理论家,除了乔夫瑞·布瑞兰(Geoffrey Brennan)和菲利普·皮迪特(Philip Pettit)。

乔夫瑞·布瑞兰和菲利普·皮迪特近来复活了穆勒对公开投票的支持的传统。1990 年,乔夫瑞·布瑞兰和菲利普·皮迪特两人合作在《英国政治科学杂志》(British Journal of Political Science)上发表论文《将投票公之于众》(Unveiling the Vote),在这篇论文中,他们首先提出了两个假设——偏好假设(the preference ideal)和判断假设(the judgment ideal)。在他们看来,偏好假设是理性选择假设,表示投票者在投票时偏向于自己的私人利益或团体利益,这种假设能够在功利主义和自由主义那里得到政治证成,古典政治理论家边沁和詹姆斯·穆勒在他们的理论中很好地运用了这种假设;在判断假设下,投票者并不寻求私人利益,也并不表达对于候选人和公共政策的个人偏好,投票者寻求公共利益或公共善,也根据候选人是否能够更好地促进公共利益或公共善来进行判断,这种假设能够在共和主义那里得到证成,卢梭(Rousseau)和穆勒②在他们的理论中运用了这种假设。通过对这两种假设的分析,乔夫瑞·布瑞兰和菲利普·皮迪特认定,不论是否秘密进行投票,在任何大规模的选举投票中,理性选择之下的偏好假设都不可能实现,与之相反,判断假设则有可能实现,甚至在秘密投票时,投票者都愿意按照判断假设的要求进行投票。因此,乔夫瑞·布瑞兰和菲利普·皮迪特两人基本同意穆勒在公开投票与秘密投票问题上的观点。

我们论证后认为,如果将投票公之于众,那么,判断假设将可能得到很好的实现,那至少意味着,秘密投票不得不被认为是一种不那

---

① 约瑟夫·H. 帕克(Joseph H. Park)在 1931 年的一篇论文中对 19 世纪整个英国关于秘密投票和公开投票的争论进行了研究,参见 Joseph H. Park, "England's Controversy Over the Secret Ballot", *Political Science Quarterly*, Vol. 46, No. 1, 1931, pp. 51–86。

② "穆勒"一般指约翰·穆勒,因此本书作者就使用了"穆勒"二字表示这位影响力很大的古典自由主义思想家。其他的"穆勒",本书作者会加上该人的名字来进行区分。——编者注。

么令人愉快的要求，一件不令人高兴的事情。①

应该说，自穆勒以来，还从来没有人像乔夫瑞·布瑞兰和菲利普·皮迪特这样支持穆勒的公开投票的观点，但是，这种辩护与支持并没有实现西方的政治实践中完全的公开投票，恰恰相反，秘密投票成为经常被使用的投票模式，与秘密投票的实践相适应，政治理论家们对秘密投票更关注。

二 公开投票：我们担心什么？

支持秘密投票的最大动力来自对公开投票的深刻认识。一方面，人们基本上能够看到如穆勒所言的公开投票所包含的信任或责任使投票者的私人利益在公开性之下没有存在的空间，投票是根据公共利益而做出的选择；另一方面，人们也看到公开投票带来的消极影响，如贿赂、敲诈、恫吓等，毫无疑问，这些消极因素促使人们支持秘密投票或无记名投票。

坦白地说，穆勒也有对公开投票的担忧。在《代议制政府》关于投票方法的那一章里，穆勒指出了公开投票的隐患。

> 毫无疑问，事实上，如果我们试图按照公开的原则使选举人的投票对公众负责，他实际上将变成对某个强有力的个人负责，这个人的利益较之在秘密原则的掩护下完全解除责任时选举人自己的利益更加不符合社会的普遍利益。如果这种情况在很大程度上是一大部分选民的情况，无记名投票就可能是较小的恶。……但是在现代欧洲比较先进的国家里，特别是在我们的国家里，强制选举人的权力已经减弱和正在减弱，现在对不正当投票的担心不是来自选举人受到别人的影响，而是来自选举人自己的有害利益和可耻感情的影响。为了保证选举人不受别人影响而以解除对选举人的有害利益和可耻感情的一切限制为代价，就会是因小失大，得不偿失。②

---

① Geoffrey Brennan and Philip Pettit, "Unveiling the Vote", *British Journal of Political Science*, Vol. 20, No. 3, 1990, pp. 312–313.

② [英] J. S. 密尔：《代议制政府》，汪瑄译，商务印书馆2007年版，第154—155页。

尽管如此，穆勒仍然坚持公开投票的正当性。在他看来，较之于秘密投票，公开投票可能是"更少的恶"（lesser evil）。人们在秘密的情况下更容易由于贪欲、恶意、个人的对抗、阶级或党派的利益或偏见，进行不公正的或不正当的投票。有趣的是，前文提及的乔夫瑞·布瑞兰和菲利普·皮迪特在《将投票公之于众》中考察了公开投票在实践层面的三个不利影响后得出了一样的结论："存在三种主要的、任何人都会指出的不利影响，第一种是贿赂，第二种是敲诈，第三种是恫吓。我们面临的挑战是，没有一种不利影响在公开投票时可以消失。"① 乔夫瑞·布瑞兰和菲利普·皮迪特的结论是，公开投票不必然导致那些不利影响，用这三种不利影响来反驳公开投票并不能获得成功。

他们对公开投票的担忧也是我们的担忧，主张秘密投票的出发点首先来自对公开投票的隐患的深切担忧，这些担忧来自三个方面，并对三人的观点进行批判。

（1）根据穆勒的说法，投票是一种责任而不是一种权利，所以应该公开。穆勒的基本逻辑为，公开源于责任，而权利导致秘密。因此，穆勒反问，如果投票是权利，根据什么我们能责怪投票人将选票卖掉呢？但是，穆勒的这种说法被广泛质疑，因为质疑者认为，权利与责任的二分并不必然导致秘密与公开的二分，责任并不一定需要公开。约瑟夫·H. 帕克（Joseph H. Park）在论文中对穆勒的这种看法提出了批评。② 安娜贝利·列维尔（Annabelle Lever）对穆勒的这种观点进行了全面的批判，在她看来，这种观点面临三个困难：一是不需要制定投票规范或底线，无法反对被判断的政治权利和义务；二是模糊了公民和立法者的权力和权威的区别，并且错误地假定了责任和公开性的标准可以用于以责任证成公开性证成之中；三是人们很难理解作为一种责任的投票观念，因为这种责任也包含着对也是投票者的他人的责任。安娜贝利·列维尔认为，穆勒观点所

---

① Geoffrey Brennan and Philip Pettit, "Unveiling the Vote", *British Journal of Political Science*, Vol. 20, No. 3, 1990, pp. 329 – 330.

② 约瑟夫·H. 帕克（Joseph H. Park）注意到乔治·霍利约克（George J. Holyoake）反对穆勒并为秘密投票辩护，也对穆勒的"投票是一种责任或信任"的观点提出质疑。参见 Joseph H. Park, "England's Controversy Over the Secret Ballot", *Political Science Quarterly*, Vol. 46, No. 1, 1931, pp. 75 – 76。

面临的三个困境与民主公民资格的概念不相称,在很大程度上,投票对于民主公民来说是一种资格,一种具有权利特征的投票资格。不仅如此,安娜贝利·列维尔认为,是否秘密投票,并不能仅仅由投票是一种权利而不是一种责任的观点决定。

> 如果我们的社会是民主的社会,投票是否公开,取决于我们关心的投票类型、投票所包含的权力、投票所假定的责任以及公开和秘密各自可能的结果。①

安娜贝利·列维尔的反驳迎合了我们对公开投票的第一种担心:公开投票的动机到底来是什么——投票者的权利还是投票者的责任,投票规模的大小还是投票所涉事务的性质。

(2) 第二种担心基于公开投票的结果。穆勒认为公开投票是"更少的恶",而无记名投票只有在特殊情况下才可能是"更少的恶"。在《代议制政府》关于投票方法的那一章中,穆勒揭示了无记名投票的种种罪恶:卑鄙有害的投票、自私自利的偏心、没有羞耻和责任感。而在穆勒看来,种种罪恶在公开投票里都将消失。但照这样的逻辑,那些选择秘密投票的人也可以列出公开投票的种种罪恶。穆勒的父亲詹姆斯·穆勒(James Mill) 就提出了一种与儿子的观点完全相反的观点,即认为秘密投票是"更少的恶",而公开投票可能是"更大的恶"。在《论秘密投票》的论文中,詹姆斯·穆勒开篇就肯定了秘密投票的作用,认为它是"建立一个好政府的必不可少的因素"。

英国功利主义哲学家杰里米·边沁(Jeremy Bentham) 对穆勒的观点也进行了批判。不过,詹姆斯·穆勒总体上同意他的儿子关于投票是一种信任或责任的观点,并在《论秘密投票》中明确指出:"有一种信任在国会成员的投票者的手中,这种信任依赖于该人对国家的最高利益的维护。"② 而杰里米·边沁(Jeremy Bentham) 却没有明确承认信任或责任对

---

① Annabelle Lever, "Mill and the secret ballot: beyond coercion and corruption". *Utilitas*, Vol. 19, No. 3, 2007, pp. 354-378.

② James Mill, "On the Ballot", *Political Writtings*, Cambridge: Cambridge University Press, 1992, pp. 225-267.

于投票的重要性，反而提出了两个有趣的概念：引人注意的（seductive）动机和守护的（tutelary）动机。"判断一种动机是引人注意的动机还是守护的动机，要看它倾向于产生更多的善还是更多的恶，倾向于有利于大多数人还是有利于小部分人，这是有必要的。"① 在他看来，投票中的公开受引人注意的动机（seductive motives）的影响大，受守护的动机（tutelary motives）的影响小，而投票中保持秘密则受引人注意的动机的影响小，受守护的动机的影响大。这样，杰里米·边沁（Jeremy Bentham）将这两种动机看作区别公开投票和秘密投票的标准。对公开投票和秘密投票各自所适用的情境经过一番讨论与论证之后，边沁得出结论，秘密的制度在那些情境中倾向于有用，而在那些情境中，公开的制度却使投票者受到特殊利益而不是公共利益的影响，因此，总体而言，在选举中秘密投票更适合的，而公开投票则是恶（the great evil）。但是，边沁并没有完全否定公开性在投票中的作用："在选举中，秘密投票与公开投票混合起来运用可能会更适合。""秘密投票适合隐藏怀疑的情境，而且，在秘密投票之后公开投票是合适的，公开性成为一种正常的安排。"② 穆勒完全肯定公开性从而否定秘密性对于投票实践的价值，他的父亲詹姆斯·穆勒则肯定秘密投票、否定公开投票，两位穆勒站在了观点的两端上，而杰里米·边沁（Jeremy Bentham）则站在了中间，平衡了投票中的秘密和责任。③

（3）经验表明，一项公共事务，如果采用公开投票的方式，将出现一些不利的因素，这些不利因素不是腐败、恫吓等结果上的恶，而是一些现实问题，如投票率（voter turnout rate）不高、未决选票（the undecided vote）的增加等。这是我们对于公开投票的第三种担心。可以肯定的是，公开投票的这些现实问题完全没有进入穆勒、乔夫瑞·布瑞兰和菲利普·皮迪特的视野，关于投票率的高低与公开投票有关还是与秘密投票有关的

---

① Jeremy Bentham, "Of Voting", *The Works of Jeremy Bentham*, Vols. 11, Vol. 2, Edinburgh: William Tait, 1843.

② Jeremy Bentham, "Of Voting", *The Works of Jeremy Bentham*, Vols. 11, Vol. 2, Edinburgh: William Tait, 1843.

③ 阿利森·R. 海伍德（Allison R. Hayward）对边沁提出的混合投票进行了研究，指出混合投票在投票中起到了平衡秘密和责任的作用。参见 Allison R. Hayward, "Bentham & Ballots: Tradeoffs Between Secrecy and Accountability in How We Vote", *The Journal of Law and Politics*, Vol. 39, 2010, pp. 1–44。

问题，杰克·C. 赫克曼（Jac C. Heckelman）在《秘密投票在投票率上的影响》（The Effect of the Secret Ballot on Voter Turnout Rates）中用丰富的数据证明了秘密投票会降低投票率。他认为，秘密投票忽视了投票者的动机，即不能确认这个选择是哪个投票者做出的，被投票者也就不能给投票者回报，而作出理性选择的投票者的投票主要为了那些回报，因此，在秘密投票中，理性投票者倾向于远离民意测验或投票，从而导致秘密投票时投票率不高的状况。[1] 毫无疑问，赫克曼的研究有一定道理，但是，他所说的状况在公开投票时同样存在，并且更为明显。乔治·F. 比希普（George F. Bishop）和本尼·S. 费希尔（Bonnie S. Fisher）在"投票后民调"（exit - poll）的实证研究中证明了这种状况。[2] 他们以1992年9月3日选举日的数据为例试图比较"秘密投票调查"（secret - ballot questionnaire）和"面对面访谈"（face - to - face interview）的两种情境下选民的"自评状况"（self - report）。他们发现，在秘密投票调查中，拒绝回答问题或以其它方式逃避回答的选民明显少于面对面访谈，因此，在选举或投票实践中，秘密投票调查能够提高自评的有效性，相反，公开的面对面访谈将使选民的自评有效性降低。尽管乔治·F. 比希普和本尼·S. 费希尔的研究针对"投票后民调"（exit - poll），但是，其反映的状况与投票过程中秘密还是公开的投票率状况一致。洛仑丝·E. 本桑（Lawrence E. Benson）研究发现，在公开投票时，未决选票（the undecided vote）多，秘密投票时未决选票少。洛仑丝·E. 本桑也用了定量的研究方法，比较了个人访谈（personal interviews）和秘密投票两种情境之下未决选票的状况，个人访谈情境中的未决选票明显多于秘密投票情境。[3] 在选举或投票实践中，未决选票的大量存在势必会影响投票结果的有效性。

总之，不论是从投票者的投票动机还是从投票结果上看，公开投票都

---

[1] Jac C. Heckelman, "The Effect of the Secret Ballot on Voter Turnout Rates", *Public Choice*, Vol. 82, No. 1, 1995, pp. 107 - 124.

[2] "exit - poll" 指投票后的民意调查，是对刚刚投完票、走出投票站的选民所进行的问卷调查。George F. Bishop and Bonnie S. Fisher, " 'Secret Ballots' and Self - Reports in an Exit - Poll Experiment", *The Public Opinion Quarterly*, Vol. 59, No. 4, 1995, pp. 568 - 588.

[3] 洛仑丝·E. 本桑（Lawrence E. Benson）提出的"个人访谈"（personal interviews）指一种公开的谈话，参见 Lawrence E. Benson, "Studies in Secret - ballot Technique", *The Public Opinion Quarterly*, Vol. 5, No. 1, 1941, pp. 79 - 82.

有一些让我们担心的东西，为此也许可以诉诸秘密投票，也许诉诸秘密投票也没用，但不论怎样，在投票实践中完全的公开投票有其固有的局限性。在这个意义上，在民主政治的投票实践中，坚持完全的公开性原则，会面临很大的困境。因此，对投票行动的研究，除了有乔夫瑞·布瑞兰和菲利普·皮迪特复活穆勒的公开投票的理想，在政治实践中对秘密投票没有太多的争论。

第五节 政治公开的现实困境及其根源

公开性在现实政治中发挥着极大的作用，限制了腐败，政策的公开使自身具有了某种合法性，政府信息的公开建立起了政府与民众之间的信任关系，可以说，公开性在现代政治实践中被看作一项重要的政治原则。但是，许多政治公开形式没有被人们发现和重视，政治公开的现实困境也没有被政治学者揭示，更没有人探寻政治公开陷入现实困境的哲学根源。

一 政治公开的现实困境

诚如美国学者丹尼尔·劳拉所言，我们不能完全信任透明和公开能够净化政治。[①] 劳拉的意思是说，公开起着极大的净化政治的作用（the purifying forces of publicity），但是，公开并不是政治民主化和合法化的法宝，会陷入诸多困境之中。

第一重困境是政治公开可能导致狂热激情（passionate rhetoric）与泛政治化（pan-politicalization）。自始至终，公开观念与理性观念紧密联系在一起的，在哲学大师康德那里，公开运用理性的自由，是人类启蒙的重要标志。在政治实践层面，政治公开不仅是政府官员理性的表现，更是普通公众理性获取信息、理性参与公共话题讨论与决策、理性参与公共监督与公共管理的重要方式。但是，政治公开在现实政治中极有可能走向理性政治的反面，出现对政治的狂热激情以及泛政治化的现象。政治公开是政治狂热的重要诱因，表现为两种情况，一种情况是政府的宣传效应。政治

[①] 丹尼尔·劳拉对公开能否纯化政治的问题进行了深入研究，参见 Daniel Naurin, "Does Publicity Purify Politics?", *Journal of Information Ethics*, Vol. 12, No. 1, 2003, pp. 21–33。

宣传可以激发公众的狂热情绪,政治宣传是政治公开的一种形式,当宣传政治人物、意识形态的先进性、某项政治行动的完美性、某一种族的优越性时,实际上会形成对此政治人物的崇拜、对意识形态的彻底臣服、对政治行动的支持以及对特定种族的骄傲。政治宣传成为极权主义政权笼络人心、获得群众支持的重要方式,阿伦特对极权主义政治的分析入木三分,"只有暴民和精英才会被极权主义本身的锐气所吸引,而只有用宣传才能赢得群众"[①]。另一种情况是普通公众的狂热激情。政府公布一项公共政策,可能会受到民众的激烈反对,也可能会赢得民众的一致赞成,但都可能会失控,这是政治公开必须避免的后果,也是很多政治家或政治学家为民主政治中的秘密行为辩护的重要理由。所谓泛政治化,是指过分或过度政治化,不是政治问题的问题也被拔高到政治的层次或高度。政治公开在两种情况下可能产生泛政治化的现象。一种情况是要求所有公众知晓、接受、参与。一项公共政策或政治活动,通过向公众宣传、灌输等方式,以强力要求普通公众接受、执行或参与,最终被高度政治化。另一种情况是把私人领域当成政治活动公开。如一次经济活动被认为有政治阴谋在里面、一次家庭私人集会被看成政治集会、娱乐节目被看成有政治图谋的活动。

广场政治通常被认为是政治公开激情化和泛政治化困境的表现形式之一。学术界对广场政治有两种理解。第一种理解是,广场政治是民主政治的重要表现。通过广场集会表达民意,政府听取民众呼声,并制定符合民意的公共政策。古希腊雅典时期民主政治就是通过广场集会实现的,在广场里,公众可以自由发表个人观点,对公共问题提出自己的看法,形成良好的民主氛围。第二种理解是,广场政治是政治狂热与泛政治化的代名词。一方面,政治领袖通过广场集会进行狂热的政治宣传,宣扬意识形态论调、种族优越性及政策正当性,如希特勒统治时期的纳粹德国;另一方面,群众聚集在广场上开展政治活动,激发起更多群众丧失理性的诉求,群众用非理性的方式进行政治活动,如法国大革命、中国的"文化大革命"等。毫无疑问,第二种理解刚好与政治公开的激情化和泛政治

---

① [美]汉娜·阿伦特:《极权主义的起源》,林骧华译,生活·读书·新知三联书店2008年版,第440页。

化困境相符，因此，理性的政治公开活动应该尽量避免广场集会。

第二重困境是政治公开可能导致政治无效。宣称目标（陈述目标）和真实目标（实际目标）之间的关系是企业管理领域探讨的重要话题，也是国际政治领域关注的热点。所谓宣称目标，是指企业向外界陈述的发展经营目标，这些目标可以从企业年度报告、企业规章、管理者在各种场合的公开陈述中找到。而所谓真实目标，则是指企业开展经营活动的真实企图，这些企图大多能从企业管理者和企业员工的行为、企业内部会议、管理者给企业员工下达的年度任务中发现。宣称目标与真实目标的重要区别在于宣称目标是企业对外的公开目标，而真实目标是企业对内的秘密目标。例如，一家化工企业对外宣称目标是保护环境，而其真实目标则是生产更多的化工产品以取得更大的利润。同样，一个国家对外宣称要发展两国之间的睦邻友好合作关系，但其真实的行为却在做着损害两国关系的事情。如果把真实目标向外公开，最终可能会导致企业（或国家）陷入不道德或被他人质疑的境地。

核威慑是分析这一问题时常用的例子。一个国家使用核武器，可以获得更多的政治优势，但是，大多数人（哪怕是一些政治家）都认识到，使用核武器来打击别的国家，哪怕是出于国内或世界和平的正当目的，也被认为是完全不道德的。因此，在一般情况下，拥有核武器的国家不会使用核武器对他国进行打击。但这并不妨碍有核国家对其他有核国家进行核威慑，现实表明，在国际关系中，核威慑能够有效地防止国际争端升级或事态失控，最终能有效保证世界核和平。有核国家对他国进行直接的核打击，会造成严重的人道灾难，在道德上完全是不正当的，但核威慑却被很多人认可。"虽然使用核武器是不道德的和非理性的，但拥有核武器可能是道德的和理性的。"[①] 在这个意义上，核威慑或拥有核武器是宣称目标，而使用核武器对他国进行打击则是真实目标，一旦使这个真实目标公开，最终可能导致严重的后果。

核威慑在更一般的意义上表现为威慑理论。杰里米·边沁（Jeremy Bentham）曾对威慑理论有过这样的表述，一个好的功利主义者不喜欢体

---

① David Luban, "The Publicity Principle", *The Theory of Institutional Design*, Cambridge: Cambridge University Press, 1996, p. 163.

力惩罚,但认为,体力惩罚的威胁对于威慑严重的犯罪行为是必要的。①大多数功利主义者认可,死刑或体力惩罚可以作为一种法律威慑力量存在,是法律可以公开宣称的目标,而死刑或体力惩罚则是真实目标,真实目标不能公开宣扬,大量执行死刑或增加体力惩罚会不道德,也不符合现代法律的发展方向。威慑理论面临着更大的困境,例如,当有人挑战死刑威慑时,人们面临着两种选择,一是执行死刑判决,二是不做死刑判决,前一种情况不符合真实目标,而后一种情况可能会对威慑构成危害,导致威慑的失效。

法学家迈尔·丹-科恩(Meir Dan-Cohen)把这种现象称为"声音隔离"(acoustic separation)。一般而言,大部分法律包含两种规则:行为规则(conduct rules)和决策规则(decision rules)。行为规则告诉公众要按某种方式行动,违背这种规则将受到惩罚,而决策规则是告诉官员如何运用行为规则的规则。在当前的法律体系中,公众与政府官员之间存在着"声音隔离"——公众听到的仅仅是行为规则而不是决策规则,而官员却知道决策规则。② 毫无疑问,公众知晓行为规则是公开宣称的目标,而政府官员知晓决策规则,则是真实的目标,这两种目标存在着隔离。同样地,行为规则和决策规则面临着两难困境:当有人不遵守行为规则时,要么根据行为规则对其进行惩罚,要么根据决策规则对其进行惩罚,前一种情况不符合政府官员的真正意图,后一种情况对行为规则构成威胁,这两种情况都会导致政治失效。

第三重困境是政治公开可能导致监督失效和异议增加。政治公开的最大优点在于监督,民众监督公共利益,监督政府公务人员,这也是人们将公开性作为重要政治原则的理由。但是,政治公开并不是一把万能的钥匙,有时会导致监督失效。哲学家康德对政治公开的这种困境进行了说明:国家领袖可以自由地宣布惩罚反叛、处死渠魁,因为领袖意识到自己拥有不可抗拒最高权力,无须担心宣告会破坏了自己的目标。③ 康德假设

---

① Dennis F. Thompson, "Democratic Secrecy: The Dilemma of Accountability", *Political Science Quarterly*, Vol. 114, No. 2, 1999, p. 186.

② Meir Dan-Cohen, "Decision Rules and Conduct Rules: On Acoustic Separation in Criminal Law", *Harvard Law Review*, Vol. 97, No. 3, 1984, pp. 625–677.

③ [德]康德:《历史理性批判文集》,何兆武译,商务印书馆2005年版,第149—150页。

指出国家领袖权力足够大，公众对领袖的监督就失效了。同样，一个政府公共官员权力足够大，就可能肆无忌惮维护个人利益而不顾公共利益。这一点都不难理解，一个专制君主可以公开地以合法的权力杀死某一个人，也可以以国家利益为幌子实现自己的私人利益。实际上，在所有专制政治中，君主都在以国家之名行私人之实，把整个国家财产看成自己的家业。

腐败行为是检验公开性原则监督功能是否生效的重要标准。一般认为，腐败与暗箱操作、私人交易等秘密行为直接相关，秘密性是腐败行为的重要特征，反腐败的重要方式就是让政治行为暴露于阳光之下。最大程度的公开是反腐败的利器，公开是腐败的天敌，但是，在现实政治中存在一种现象，即公开的腐败。公开的腐败在两种情况下可能发生：一种是政府官员认为自己权力足够大，可以无视他人的存在；另一种情况是"高贵的腐败"（Noble Cause Corruption），这种腐败行为排除了欲求的干扰，纯粹为了善的目的而去腐败。[①]

政治公开是政治获得合法性的重要方式。一项公共政策或政治活动公开后，得到公众的一致认可就获得合法地位，反之，将没有存在的合法性基础。一般认为，公开性可以过滤掉私心、前后不一致的谎言与欺骗、与他人的不同意见，从而使政策获得支持。但是，政治公开极有可能陷入异议增加的困境，因为知晓一项公共政策的人越多，这项政策就越有可能得不到所有人的认可，只有很少人知道这项政策时，最容易获得一致同意。同时，公开性并不能完全过滤掉政府官员或公众的私心。审议民主理论家乔恩·埃尔斯特认为，公开性遵循两个规范，即更好论证力量的规范（the-force-of-the-better-argument norm），指政治意见和观点要被理性论证支持，和无私规范（the unselfishness norm），指既然政治"本质上是公开的"，是集体努力的结果，人就不能自私地参与政治。不过，丹尼尔·劳伦提出质疑，认为公开性并不能产生无私规范。[②]

[①] 苏玛丝·米勒在《腐败与反腐败：一个应用哲学的研究》中专门研究了"高贵的腐败"问题，参见 Seumas Miller, Peter Roberts and Edward Spence, *Corruption and Anti-Corruption: An Applied Philosophical Approach*, N.J.: Prentice Hall, 2005, p. 83.

[②] Daniel Naurin, *Taking Transparency Seriously*, Sussex European Institute of University of Sussex, 2002, p. 10.

二 政治公开陷于困境的哲学根源

应该承认,政治公开的现实困境不仅使政治公开的现实运行蒙上一层阴影,而且也为政治秘密的支持者提供了非议和诘难的借口。公开性获得在现代民主政治中的原则性地位,要求人们辨明政治公开陷于困境的哲学根源。从交往合理性视角看,形形色色的政治公开及其可能陷入的现实困境都没有在交往合理性中取得应有的位置,在这个意义上,主体认知合理性(cognitive rationality)是政治公开陷入困境的哲学根源。

认知合理性是人们认识世界和理解人自身行为的一种方式。它在逻辑上表现为主体和客体之间的关系,主体是认识者,客体是被认识者,主体和客体相互依赖而存在。当主体认识世界时,世间万物都可以成为主体认识的对象(即客体),同时,只有全体认识客体时,主体才能成为主体。在主体认识客体的过程中,主体通过对客体的认识来形成对世界的知识。西方哲学自笛卡尔起便确立了主体理性的思维原则,尽管洛克、休谟等哲学家提出过经验主义的思考路径,但西方哲学始终没有摆脱主体认知世界的合理性模式。康德看到笛卡尔式理性主义和洛克式经验主义的困境,主张用客观符合主观,但是,康德认识和理解世界的模式仍然是一种主体认知合理性模式。

在主体认知合理性之下,政治公开呈现出工具化、自我中心化和道德价值缺失三种倾向。

第一种倾向是政治公开的工具化。认知合理性的一个直接后果就是单一主体与世界的二元对立,主体在认识和实践之前就已经对世界做了一个对象化的本体论预设,将整个世界工具化和手段化,把世界看成达成自己目的的工具和手段。对主体而言,无论这个世界怎样,都是针对自身这个单一主体的挑战。就单个行为主体而言,他人都是达成自己目的的工具和手段,实行政治公开并不是为了别人的利益或共同体利益,而是为了实现自己的利益。政治公开过滤不了私心,也过滤不了前后不一致的谎言与欺骗,显露了政治公开的工具化倾向。人为操纵的公开形式导致的政治狂热和全面政治化倾向,就是把公众当成实现某种政治目的的工具。

第二种倾向是政治公开的自我中心化。主体认知合理性立足于自我,整个世界向自我展开,"这种自我对世界的认识和所做的合目的行动,带有现代自我理解的深刻烙印的认识工具合理性概念,这一概念表明,这种自我论断可以通过信息支配周围的世界"[①]。哈贝马斯阐明了认知合理性势必会倒向某种形式的唯我论或独断论。主体认知合理性的这种倾向体现为霍布斯意义上的拥有无限权力的"利维坦"和卢梭意义上的权力可能无限膨胀的"公意"。因此,政治公开会产生狂热的政治情绪和陷入全面政治化的境地,政治公开与极权主义政治有千丝万缕的联系。另外,政治公开可能导致监督的失效,一个独裁统治者,可能公开地去做危害国家的事情,哪怕是卖国的。在这个意义上,监督对于独裁统治者就失去了制约的意义。一个权力过大的政府官员极有可能公开地进行腐败活动的,公众的监督已经没有效力了。

第三种倾向是政治公开的道德价值缺失。认知合理性陷入着更严重的困境——解释不了规范价值问题。这种"休谟问题"被阿佩尔所重申。佯谬问题在阿佩尔看来本身就是"佯谬"的问题,科学时代的技术工具合理性探究的是事实,而"任何规范都不可能从事实那里推导出来",从而不能为一种普遍的规范伦理学的建立奠定基础。认知合理性不涉及道德规范与价值判断,说明了两个问题:一是认知合理性具有偶然性,任何行为都可能是偶然性行为,而不是出于道德必然的行为;二是认知合理性存在正当性缺陷,因为认知合理性不能解释道德价值问题,就使得对于同一行为,不同的认知主体会有不同的正当性认识。因此,政治公开的不合理性表现在两个方面。一是政治公开基于偶然性判断。认知合理性之下的政治公开行为是偶然行为,而不是必然性行为,这也说明,这种类型的政治公开不是出于内心的责任,而是因为外界的压力或公开行为主体的偶然善心。如果政府是在公众压力之下推行政府信息公开,那么这样的公开出于偶然性的考虑,而不是出自政府内心的责任,但真正的政府信息公开,一定是政府积极主动推行的。二是政治公开存在正当性缺陷。认知合理性之下的政治公开行为,并不具有普遍的正当性。例如,当下政府不断推行的政府官员财务公开,很大程度上是外界压力与社会舆论推动的结果,这样,对于普通公众而言,政府官员财务公开是正当而合理的,但对于某些

[①] [德]哈贝马斯:《交往行动理论·第一卷——行动的合理性和社会合理化》,洪佩郁、蔺青译,重庆出版社1994年版,第24页。

政府官员而言，财务公开不合理。

综上所述，公开观念在发挥重要政治效用的同时也面临着严峻的政治困境，从哲学根本上看，这些困境根源于认知合理性。突破政治公开的现实困境，需要人们抛弃传统认知合理性的理论视域，转向交往合理性视域，只有在交往合理性之下，政治公开才能走出其固有困境。

第六章　政治公开的交往合理性建构

从哲学根本上看，政治公开的滥用源于认知合理性（cognitive rationality）的理论视点。抛弃认知合理性的根源而诉诸交往合理性的哲学立场，则会从根本上消除政治公开可能存在的隐患。这样，为了解决政治公开在现实运用中的规范问题，我们尝试对政治中的公开观念进行一种交往合理性的建构。在交往合理性的理论建构中，交往情境的描述就显得非常重要，而交往的情境显然依赖于先验的交往共同体的实现。阿佩尔立足于先验语用学的立场，从语言游戏中发现了解决悖谬问题的方案，从而提供了先验交往共同体的一种可能。正是在这种先验的交往共同体之中，论辩双方在一种交往的情境中进行本底抉择，政治公开的合理性便在这种抉择中得以显现。

第一节　交往共同体：一个论辩的共同体

交往共同体是德国哲学家卡尔－奥托·阿佩尔（Karl‑Otto Apel）在先验的语用学基础上提出的一个重要概念，阿佩尔对这种先验的交往共同体倾注了极大的热情，认为所有人类科学知识"并非以一种规范逻辑意义上的理智活动为先决条件，而是以某个交往共同体的一种对话式意义沟通和有效性辩护为先决条件"。[1] 阿佩尔提出了一种先验的交往共同体，维特根斯坦后期哲学中的语言游戏理论对于交往共同体理论的形成具有重要意义。不仅如此，胡塞尔现象学中对生活世界的批判和海德格尔对

---

[1] ［德］卡尔－奥托·阿佩尔：《哲学的改造》，孙周兴、陆兴华译，上海译文出版社1997年版，第304—305页。

"共在"概念的阐释,也为我们理解交往共同体提供了一种路径。

一 阿佩尔的佯谬问题及其解决

在《交往共同体的先天性与伦理学的基础:科学时代伦理学的合理性基础问题》中,阿佩尔提出了一个佯谬问题,即"科学时代伦理学的合理性基础的必然性与表面不可能性之间的矛盾"。[1] 阿佩尔认为,这个时代的科学带来的技术成果为人类的全部生活开拓了新领域和新视野,我们不能指望那种狭隘群体的人类生活,也不能把群体之间的关系委托给达尔文意义上的生存竞争的道德规范。同时,战争行为带来的毁灭人类的危险和技术文明造成的生态难题——这些科学时代的人类行为给人类自身带来的问题——不是在科学客观层面能够解决的问题,还是伦理的问题。科学的成就向人类提出了道德上的挑战,科技文明使所有民族、种族和文化面临共同的伦理学难题,一种普遍的伦理学的出现具有必然性。

同时,科学时代的"客观科学"不能为这种普遍伦理学提供基础。无论是利用数理逻辑推论的形式主义还是利用对事实的归纳推论,我们都不可能把规范或价值判断推导出来,这种"客观科学"的观念似乎要把道德规范或价值判断的有效性驱逐到无约束力的主观性领域中,但是,经验社会科学领域对道德规范的无价值判断也并没有获得某种有效的支撑。哪怕是自诩为科学的专门哲学领域和一种作为分析的"元伦理学",也不能从客观事实中推导出某种规范的价值。这样,道德哲学领域中的"应该"问题似乎被所有的科学领域悬搁了。

但是,在阿佩尔看来,这是一个佯谬问题而不是一个真正问题,原因在于,我们能够通过先验的交往共同体内的语言游戏寻找到普遍伦理学存在的合理性和必然性基础。

阿佩尔看到,佯谬问题的逻辑前提在于:任何规范都不可能从事实那里推导出来;科学探究的是事实,因此,对一种规范伦理学之基础进行科学论证是不可能的;只有科学才能为我们提供客观知识,客观性和主体间有效性是同一的,因此,对规范伦理学基础的主体间有效性的论证根本不

---

[1] [德]卡尔-奥托·阿佩尔:《哲学的改造》,孙周兴、陆兴华译,上海译文出版社1997年版,第257页。

可能实现。① 为了点明悖谬问题的悖谬所在，同时也为了证明论证规范伦理学基础的合理性的可能性，阿佩尔进行了两种探究。第一种探究是，如果自然科学可以不做任何道德上的评价，可以保持价值中立，那么，哲学的"元伦理学"就是一种纯粹的（无价值倾向的）科学，这种论点值得怀疑。第二种探究是，如果我们把没有道德规范的主体间有效性设为前提，那么，价值中立的科学本身的客观性能否在哲学上得到理解？阿佩尔正是从这两种探究中一步一步地引申出论辩共同体内承认基本道德规范的观点。

阿佩尔首先对人文学科和元伦理学的价值中立性表达了质疑。他指出，自然科学只有放弃对自然过程的目的论评价，才能使科学成为可能，因而自然科学能够保持价值中立，"经验—分析"的社会科学也能模仿自然科学的无价值倾向进行对象的构造，当我们对人文科学进行科学技术的解释时，这种无价值的倾向仍然可能被保有。但是，当人文科学力图解释性地重构人类的行动、成果和制度，或着力于人类实践历史的自我理解时，其评价性的、有价值倾向的特性就不可能被抹去了。另外，标榜"中立性命题"的元伦理学也值得怀疑。阿佩尔引用汉斯·伦克的观点说，语言分析的元伦理学具有更高层面的规范性，规范伦理学中的命题来源于元伦理学的规范性部分，这些命题中诸如"善""应该"等用语的意义，是由元伦理学的规则来决定的，因此，元伦理学不可能做到完全价值中立。阿佩尔由此得出结论：无价值倾向的科学本身的客观性依然是以道德规范的主体间有效性为前提的。在阿佩尔看来，无论是谁想理解人类行为，他都必须（至少是启发性地）在行为意向的共同责任上承担交往性义务，对人类行为的理解以假设性辩护的规整性原则为前提，这种假设性辩护或论辩已经在被先行假定的语言游戏中发生了。当说任何一句话或理解任何一个行为时，我们显然已经把那种依照实在世界存在范式的先验语言游戏设为前提了，因此，一般道德规范的有效性前提是包含着为规范辩护的语言游戏的可能性条件和范式性条件，"那种不仅在一切科学中而且在一切问题的探讨中都被预设为前提的合理性论辩，本身就是以普遍伦

---

① ［德］卡尔-奥托·阿佩尔：《哲学的改造》，孙周兴、陆兴华译，上海译文出版社1997年版，第278页。

规范的有效性为前提"①。阿佩尔正是从这种关于规范有效性的范式性前提那里推导出基本的道德规范和伦理学准则的。

但是，那种通过隐藏于先验语言游戏之中的合理性论辩彰显出来的道德规范并不建立在遵守论辩前后一致的思想逻辑规则之上，尽管逻辑，特别是科学逻辑，必须被理解为一个规范前提。阿佩尔认为，只有在逻辑一致性之外先行设定具有某种功效的伦理标准时，我们才可能谈论道德系统的经验功效。如果没有在原则上先行假定一个能够进行主体间沟通、能够达成共识的思想家论辩共同体，那么，论辩的逻辑有效性就不可能得到检验。单个个体不可能在维特根斯坦所谓的"私人语言"的框架内获得思想的有效性，一定依赖于一个论辩的共同体。在阿佩尔看来，论辩共同体不仅是科学的必要性条件，也是所有人类活动的条件，因为一切语言表达、一切有意义的人类行动和表情，就其见诸言语的可能性而言，都可被看作潜在的论辩，即使是独白式的思考，也可以被看成"灵魂与自己的对话"。在阿佩尔那里，人类的行为，一旦与意义沟通（即语言）相关（即用语言来表达、用语言来思考），一个论辩共同体就已经被预设。

阿佩尔根据维特根斯坦、奥斯汀和胡塞尔等人的言语行为理论，把人类话语的完成行为部分与记述部分区分开来，人类话语的记述部分只是事实陈述，当我们把这一陈述表达出来时，话语本身已经预示了一种行为。正是在记述部分的事实陈述的意义层面与有效的主体间沟通的层面上，而不是在事实陈述的合乎逻辑的理智活动的层面上，一种伦理学被设为前提了。因此，"如果说只有在语言游戏的框架内我们才能有意义地提出和回答关于某人在理智活动中是否遵守了规则这样一个问题，那么，应该对独白式理智运用的规则做出辩护的逻辑，就必须进入对话的层面"②。

这样，伦理学成为论辩共同体内论辩双方逻辑一致的前提与基础，但是，这里仍然存在一个反对伦理学合理性基础论证的重大异议，即逻辑学以伦理学为前提，而伦理学的合理性基础又不免以逻辑有效性为前提。这样，任何一种寻求合理性基础的论证都不免会落入某种循环论证或无限回

---

① ［德］卡尔-奥托·阿佩尔：《哲学的改造》，孙周兴、陆兴华译，上海译文出版社1997年版，第299页。

② 同上书，第304—305页。

归之中。表面看来，伦理学的合理性基础论证确实陷入某种纠结之中，但是，阿佩尔告诉我们，在"终极基础论证的逻辑疑难"中，作为一种特定哲学方法的先验反思所具有的特性和启发式价值从未被人注意到。这种在"句法—语义"系统层面上被先天地排除了的理智活动的人类主体的自我反思隐藏在无限回归的背后，在一个"句法—语义"学模型中当我们确认论辩可能性的主观条件不可客观化时，论辩的先验语用主体的自我反思知识才被表达出来。在阿佩尔看来，我们必须认为存在一种"先验的语言语用学"，在这种先验的语用语言学中，论辩主体能够对已经被先行假定为言语情境的论辩的可能性和有效性条件做出反思。在这个意义上，正如后期的维特根斯坦告诉我们的那样，在不间断的谎言的基础上不可能有任何语言游戏，也就不可能有任何有意义的行为。因此，语言游戏以逻辑上的一致言说为基础，道德的规范和意义的问题也从这种语言游戏中产生。阿佩尔认定，在先验的交往共同体中进行语言游戏时，如果语言游戏的主体背离逻辑的前提而做出某种决断，那么，该主体也背弃了先验的交往共同体，放弃了自我理解和自我认同的可能性。

在一个先验的交往共同体内，每个论辩参与者已经接受了批判性交往共同体的基本道德规范。这种基本的道德规范并不是通过契约或某种约定建立起来的，而是经过共同体内的参与者的自由承认后产生的。根据阿佩尔的论证，一切契约行为，哪怕是所有契约的订立者的行为，都是在自由承认的前提下进行的，但道德规范性本身不可能通过被承认来获得基础论证。这种基本道德规范隐藏在先验共同体内的语言游戏的先验反思之中，"总是已经"在"先天完成式"的意义上被先行假定。阿佩尔认为，我们能重构基本道德规范的先天性，但却不能跳过这种先天性。

至此，阿佩尔从对人文科学和元伦理学的价值中立性的质疑出发，通过逻辑上的思想一致的语言游戏发现了深藏于这种语言游戏中并使这种语言游戏得以成立的基本道德规范前提，从而找到了佯谬问题的解决方案。应该说，阿佩尔倡导的、从先验的语言游戏中引申出来的先验的交往共同体理论为伦理学的合理性基础论证提供了一个很好的视点，并且，这种先验的交往共同体和先验的交往合理性的解释方案必须成为论证所有社会科学的可能性和有效性的先验条件和必要前提。任何一门科学，乃至任何一种思想和行为，如果离开了先验交往共同体的先行假定和预设，都不可能取得其应有的地位。

二 维特根斯坦的语言游戏与交往共同体

先验的交往共同体是思想家共同体，也是论辩共同体。论辩以语言为载体，语言以论辩为旨归，从哲学传统上看，维特根斯坦的语言游戏理论为先验的交往共同体理论提供了基础。

早期的维特根斯坦也讨论语言的理解与意义，但那时对语言的阐释局限于语言命题的信息内容、语言的逻辑形式及语言与世界的关联等问题。在《逻辑哲学论》中，维特根斯坦道出了世界存在的本质：世界是一切发生的事情，世界是事实的总和，而非事物的总和。在维特根斯坦看来，只有通过确立事实，才能用语言对世界做出陈述，尽管对象被看成语言的意义指向，但对象本身并不能脱离语言结构去决定世界的质料特征，也就是说，语言和世界具有共同的逻辑形式，对象作为语言的意义，构成了世界的形式实质。其实，语言陈述的是真理问题，确定的是命题的真，而被语言所揭示的对象涉及语言的意义问题，确定的是命题的意义。在维特根斯坦看来，语言的真和语言的意义之间没有一条无法跨越的鸿沟，而是在通过逻辑构造出来的语言当中，我们已经把对象作为意义赋予语言了，但我们却不能先天地假定语言陈述出来的真与语言的意义有关联。[1] 其实，早期的维特根斯坦并没有告诉我们太多的东西，特别是关于"语言本身"的东西，但是，后期的维特根斯坦注意到，除了讨论逻辑上为真的问题和事实对象的意义问题外，语言有着更为丰富的哲学内容。以《哲学研究》为开端转向思想后期的维特根斯坦明确抛弃了描述世界的语言的逻辑形式

---

[1] 在维特根斯坦关于语言与世界、语言的真与语言的意义的讨论中，我们可以看到维特根斯坦的哲学与康德的哲学之间的联系。康德不谈语言，但谈感性、知性和理性，谈作为语言形式的范畴以及关于事物的知识。在康德那里，人的认识不能离开经验世界，离开经验世界的范畴是空的，经验世界的存在有先天的根据。康德认为，我们的一切知识都从经验开始，这是不容怀疑的，没有任何知识是先于经验的。参见［德］康德《纯粹理性批判》，邓晓芒译，杨祖陶校，人民出版社2004年版，第1页。同时，康德认为，以经验开始的一切人类知识，并不因此从经验中发源，关于"物先天地"的认识只是人放进它里面的东西。维特根斯坦的认识不同于康德的，康德认为知识与经验的关系是由感性、知性以及意识本身来处理的，而维特根斯坦对语言与世界的关系的认识则借助语言实现。参见［德］康德《纯粹理性批判》，邓晓芒译，杨祖陶校，人民出版社2004年版。

标准，而代之以一种可能的语言游戏的多元规则，这些规则本质上是由语言语境和人类生活形式共同决定的。

《哲学研究》是维特根斯坦后期思想的精华所在，也是我们通过语言游戏理论发现的关于交往共同体的重要文本。维特根斯坦在《哲学研究》开篇处就表现出要与《逻辑哲学论》彻底决裂的勇气，语言在维特根斯坦的前期和后期思想中是不同的。在《逻辑哲学论》中，语言是组成世界的事实的表现工具，而在《哲学研究》中，语言与行动、人的生活境遇结合在一起。他在《哲学研究》第七节中把由语言和行动（即与语言交织在一起的那些行动）所组成的整体叫作"语言游戏"。只有在一个由语言和生活实践组成的大统一体（即语言游戏）的语境中，一个句子才能获得它的意义。维特根斯坦在《哲学研究》中列举了几个语言游戏：下命令，服从命令；报告一个事件；讲故事；唱歌；解答一道应用算术题；把一种语言翻译成另一种语言。可以看出，在维特根斯坦那里，语言游戏不是单一地使用语言的过程，而包含着一切与语言使用纠缠在一起的思想和行动。维特根斯坦自己也说，"语言游戏一词的用意在于突出下列事实，即语言的述说乃是一种活动，或是一种生活形式的一部分"。[①] 在维特根斯坦那里，人类行为只有在语言游戏的框架内才可以"通达"，即成为有意义的、可理解的行为。

据此，维特根斯坦从语言游戏理论中发展出了一种革命性的哲学洞见，即论证了"私人语言"的不可能性。在维特根斯坦看来，语言游戏是按照一定规则进行的，任何人不可能自顾自地遵守一条规则，无论是谁，只要为了通达经验材料（如痛苦、下棋）采用了一种语言（这种语言对自己而言是可理解的），就不得不遵循正确使用语言的准则，否则这个人就不会使用语言了。这个人要正确使用语言，只能通过一条路径，那就是遵循语言游戏的规则来与他人沟通，也就是需要求助于公共的游戏规则。用维特根斯坦的话说，遵守规则、做报告、下命令、下棋都是习惯（习俗、制度等），这些习惯构成了公共的游戏规则。维特根斯坦告诉我们，只有以语言游戏的存在为前提，即以习惯或社会制度为前提，才有理

---

① [英]维特根斯坦：《哲学研究》，李步楼译，陈维杭校，商务印书馆2007年版，第17页。

解和可理解的行为存在。

正是这种习惯、制度,或者说公共的游戏规则,为我们指明了通往先验的言说共同体的道路。当然,维特根斯坦并没有明确说过语言游戏能支撑理想的言说共同体的话,但是,私人语言是不可思议的,每个个体的思想和行为总会依托一种理想交往共同体的理想语言游戏。

三 现象学与交往共同体

维特根斯坦竭力阐释的语言游戏并不是通往交往共同体的唯一道路。虽然阿佩尔没有刻意关注,但在以海德格尔和胡塞尔为首的哲学家的现象学中,一种先验的交往主体性现象学可以为交往共同体提供基础。

严格说来,海德格尔的存在论现象学不能被称为交往主体性现象学,因为他从未从哈贝马斯的交往主体性的意义上来诠释他的生存论哲学。但是,海德格尔对生存论意义上的"此在"与"隐匿的他人"的分析,打通了一条通往交往合理性的道路。在《存在与时间》中,海德格尔似乎有意拉开其生存论哲学与传统形而上学的距离,"诸种科学都是人的活动,因而都包含有这种存在者(人)的存在方式,我们用此在这个术语表示这个存在者"[①]。海德格尔在这里用了一个全新的术语"此在"而不用"人"来指称"存在者",其良苦用心由此可见。传统意义上的存在者就是指"人",包含着浓厚的笛卡尔式主体认知理性的意蕴,很明显,海德格尔使用"此在"就是为了避开传统形而上学的这一认识。在海德格尔那里,此在是存在者,但这种存在者不能从生存意义的角度理解,而要从生存论意义的角度才能理解,此在的"生存问题是此在的一种存在者状态上的事务",这种事务只有通过生存活动才能领会,但是,此在的生存论问题不是对生存状态的领会,而是需要对"生存领会"进一步分析。海德格尔将这种"对此在的生存论分析"作为哲学的根本,其哲学是一种"基础存在论"。

海德格尔一再强调,对此在的生存论分析不是对存在者的生存进行经验分析——这种经验分析不可避免地落入传统主体哲学的窠臼。在海德格

[①] [德]海德格尔:《存在与时间》,陈嘉映、王庆节译,熊伟校,生活·读书·新知三联书店1987年版,第15页。

尔那里，生存不是"我"的生存，而是对此在的一种生存论建构——这种建构不是以"我"为中心的，存在一个隐匿的"他人"。海德格尔明确提出此在与他人共同存在，不过，这里的"他人"并不是"用具"意义上的他人，这个"他人"在根本上与用具或物有区别，"而是如那开放着的此在本身一样——它也在此，它共同在此"。① 因此，在海德格尔那里，他人是与此在如影随形的"他人"，但同时也是隐蔽的"他人"，正是这个"他人"与此在一起建构起了此在的生存论境域，在某种意义上，他人就是此在，他人也是此在的世界。按照此在领有的某种存在方式来说，此在倒是具有从某种存在者方面来领会本己存在的倾向，而这种存在者是此在从本质上不断地和最切近地对之有所作为的存在者，也就是说，此在具有从"世界"方面来领会本己存在的倾向。②

从海德格尔对此在、与他人共在的本底思考中，我们看到了海德格尔突破传统形而上学的努力。笛卡尔的"我思故我在"打开了理性主义的大门，但也通过"我思"塑造了一个唯我独尊的自我，一个主体和客体分化的二元格局——作为主体的"我"永远无法进入他人之中，他人也无法进入"我"之中，自我与他人不可通达。海德格尔通过对此在的生存论分析明确拒绝了传统形而上学主体理性的解释，他将他人看成此在的生存论建构说明，而这个他人不是经验的他人，而是生存论意义上的无指向的、隐匿的他人，是生存论中的此在存在的必要条件。由此，海德格尔通过对此在与他人、此在与世界之间关系的阐释，为交往主体性提供了一种可能。

海德格尔没有明确地说出此在与他人共在从而构成交往主体性视域的话。并且，即使此在与他人可能构筑一个交往的世界，但在海德格尔那里，这个世界依然以此在为中心，所以，海德格尔的交往世界充其量是以

---

① 哲学家萨特曾对海德格尔的此在的生存论进行过批判，但萨特的批判没有把握海德格尔"此在的生存论建构"的本意。海德格尔区分"生存"与"生存论"，而萨特没有认识到此在的生存论维度，萨特认为对他人所具有的事先经验从根本上将生存活动的条件当成生存论的条件。在海德格尔看来，生存活动中对他人的经验虽然对于生存活动是必需的，但这种经验并不是最原始的条件，而需要被生存论建构说明。参见［法］萨特《存在与虚无》，陈宣良等译，杜小真校，生活·读书·新知三联书店 2009 年版。

② ［德］海德格尔：《存在与时间》，陈嘉映、王庆节译，熊伟校，生活·读书·新知三联书店 1987 年版，第 20 页。

此在为中心的交往世界。如何从此在的本己视域进入真正的他人的交往世界，成为交往现象学必须迈进的难题。

胡塞尔对于现象学的形成与发展厥功至伟。完全不同于海德格尔，胡塞尔明确提出了一种"先验交往主体性现象学"。① 按照胡塞尔的构想，一个交往主体性的世界是这样的世界：一方面，自我把他人经验为世界对象，他人就在世界之中；另一方面，自我同时又把他人经验为这个世界的主体，他人同样能经验到这个世界，而这同一个世界也正是我本人所经验到的那个世界，同时，这个世界也同样能经验到我，就像我经验到它和在它之中的他人那样。所以，无论如何，在我之内，在我的先验还原了的纯粹意识生活领域之内，我所经验到的世界连同他人在内，按照经验的意义，可以说，并不是我个人综合的产物，而只是一个外在于我的世界，一个交往主体性的世界，是为每个人在此存在着的世界，是每个人都能理解其客观对象的世界。②

在这里，我们可以看到胡塞尔与海德格尔对交往主体性问题的思考之间的内在联系。海德格尔把世界看成此在与他人共在的世界，他人是此在的隐匿的对象，我们通过理解他人而实现对此在的理解。胡塞尔则通过现象学的还原寻找到了一条从自我的内在性通往他人的超越性的道路，在胡塞尔那里，意向性中他人的存在就成了为我的存在。如此看来，海德格尔和胡塞尔通过自我与他人的关联缔造了一个交往的世界。不过，胡塞尔"先验交往主体性现象学"问题的提出，并不为了论证针对所有主体的客观性的同一，而意味着先验现象学从"单个的主体"向"复数的主体"、从"唯我论的自我学"向"交往主体性现象学"扩展的意图，它构成了

---

① 胡塞尔一直致力于对"交往主体性"这一疑难问题进行回答，其与"交往主体性"相关的文献集中于《笛卡尔式的沉思》第五沉思和《生活世界现象学》第二篇"交往主体性的构造"中。瑞士学者耿宁编辑出版胡塞尔《交往主体性现象学》遗稿三卷本。中国现象学研究专家倪梁康先生的《胡塞尔的交互主体性现象学》一文对笔者重新认识胡塞尔的交互主体性现象学提供了重要思路。参见［德］埃德蒙德·胡塞尔《笛卡尔式的沉思》，张廷国译，中国城市出版社 2002 年版；［德］埃德蒙德·胡塞尔《生活世界现象学》，倪梁康、张廷国译，上海译文出版社 2005 年版；倪梁康《胡塞尔的交互主体性现象学》，《中山大学学报》（社会科学版）2014 年第 3 期。

② ［德］埃德蒙德·胡塞尔：《生活世界现象学》，倪梁康、张廷国译，上海译文出版社 2005 年版，第 156 页。

先验现象学自身最终论证过程中的一个必要阶段。

　　胡塞尔比海德格尔更明确地提出"交往主体性"概念，也比海德格尔更彻底地构造了一个交往共同体，但是，胡塞尔的交往主体性是封闭的"自然意识"，现象学的还原恰好要求，自然意识的每一种超越性都应当作为在意识"之中"的现象超越性来理解，在它"之中"所有的超越性都显示为"现象"的那种超越性——一种纯粹的意识。在胡塞尔那里，现象学的领域也是由许多封闭的意识流（自我意识）组成的，而在海德格尔那里，却可以看到此在对他人的敞开，对世界的敞开。正因为如此，萨特才说，在胡塞尔那里，他人从来就不在场，阿佩尔也把笛卡尔、康德、胡塞尔意义上的意识明证性看成"方法论唯我论"的滥觞。

　　存在着一种"作为社会科学之先验前提的交往共同体"，并且，这种先验的交往共同体可以为伦理学提供一种合理性基础——阿佩尔的肯定预示着哲学思考路径的根本转向。这种从"方法论唯我论"向"交往主体性"的转向，突破了传统形而上学的樊篱，构成了我们思考所有问题的基础。

第二节　交往共同体的先验建构

　　在阿佩尔、维特根斯坦、海德格尔和胡塞尔的指引下，我们找到了一种先验的交往共同体以作为所有社会科学的基础，但是，阿佩尔对这一交往共同体并没有深究，维特根斯坦和海德格尔甚至压根儿就没有说起过交往共同体，就连胡塞尔也只在意向体验的基础上谈论过交往主体性构造。交往共同体不同于各种类型的实践共同体，它并不是一个经验的产物，更不可以经验加以构造与设想，它先验地存在着，交往共同体（阿佩尔有时也称之为"论辩共同体"或"思想家共同体"）总是被先行假定了的，此谓"交往共同体的先天性"或"先验的交往共同体"。

　　我们可以合理地想象一个现实的共同体，甚至是可以经验地建构一个现实共同体，比如，我们可以依靠党员、组织机构、组织规则等要素建构（缔造）一个党派（党员共同体），但是，用这样一种方式却不可能使人们对先验的交往共同体有丝毫认识，人们更不可能通过经验的方式建构交往共同体。从哲学本底上看，只有通过"先验反思的终极基础论证"，一种先验的交往共同体才能被我们所理解。

一 何种自我：孤独的还是交往的？

任何共同体的建构都不能离开共同体内个体的支撑，站在理性主义哲学的立场上，共同体内的个体是自我的化身，因此，对自我问题的追问就成为共同体建构的主要问题。人们经验地理解，认为自我是一个孤立的存在，尽管自我在社会中会与他人发生这样或那样的联系，但现实世界中的自我却是一个孤立的个体，这一点是毫无疑问的。也正是这一经验意义上的常识判断最终使得传统哲学对这一问题的认识一直处于不自知的状态，孤立的自我被传统哲学赋予唯一主体性价值的承载的定位。

笛卡尔作为一个热爱沉思的哲学家，彻底实现了古典哲学向现代哲学的转折。这种转向是以本体论向认识论过渡为主要标志，笛卡尔通过这一转向把自我引向了先验的主体性预设，这一预设表现为一种作为确定的和最终的判断标准的"我思"。当笛卡尔说"我思，故我在"时，世界上其他所有的存在都是我思的对象，也都是"自我"的对象，哪怕是这个世界上所有其他的自我也是对象。笛卡尔试图论证这个世界中究竟什么才是确定的，吊诡的是，这种对终极确定性的追求最终变为对世界万物的质疑，如果说有什么东西是确定的，用笛卡尔的话来说，就是"我思"而已，因为我在思维着，所以，我是一个真正的存在，是"一个在思维的东西"。"真正来说，我们只是通过在我们心里的理智功能，而不是通过想象，也不是通过感官来领会物体，而且我们不是由于看见了它，或者我们摸到了它才认识它，而只是由于我们用思维领会它，那么显然我认识了没有什么对我来说比我的精神更容易认识的东西了。"[1] 对于"我思"而言，整个世界都不是本体论意义上的存在，而是自我的主观认知，关于世界的所有知识（政治学、社会学、经济学甚或是其他自然科学）都是"我思"的产物，因此相应地不具有任何客观性。对于"我"来说，整个世界不是存在着的，而是"存在现象"。也就是说，在笛卡尔那里，我们

---

[1] [法] 笛卡尔：《第一哲学沉思集：反驳和答辩》，庞景仁译，商务印书馆2007年版，第33页。

唯一能够确认的和肯定的存在不是我们感知的外部世界，也不是我的身体，而是思维着的纯粹自我本身。这样，笛卡尔通过对整个世界的彻底质疑，把"自我"置于一个孤立无援的境地。现象学家梅洛-庞蒂认为，笛卡尔确立了一种自我意识的哲学，而这种哲学导致了他者的消失。他认为，笛卡尔的自我并不仅仅是一个个孤独的"小我"，而是和大家具有同等理性、良知，能够代表大家的"大我"，沉思的自我从来就不需要他人在场。在笛卡尔那里，自我不论在何种情况下都位于支配性地位，其他万物都处于"我"的支配性认识之下，由此，也就不可避免地导致了笛卡尔"我思"之下的自我处于极度孤立之中。德国哲学家阿佩尔对笛卡尔以来的哲学传统进行深入批判，称笛卡尔以来的哲学传统在原则上认可"单个人"能够认识作为某物的某物，并依此来从事科学，而这就是"作为统一科学观念之先验前提的'方法论唯我论'"。①

笛卡尔开创的传统理性主义哲学直接引发了政治哲学言说方式的重大转变，从传统政治哲学对共同体的善的强调转向了对个体权利的认识，而这一转变毫无疑问是从英国政治哲学家霍布斯开始的。② 霍布斯并没有像笛卡尔那样进行彻底的哲学还原和本底追问，一开始就把孤独的自我作为探讨一切政治哲学问题的起点。霍布斯把自然状态描绘成"人人相互为战的战争状态"，就已经宣告"人是一个独立的个体存在"，"这种战争是每一个人对每一个人的战争"，而不是一个人或一个团体对其他人、其他团体的战争。霍布斯对自然状态困境的描绘把人性之恶降到了极点，由此折射出来的问题却是霍布斯把单个的个体抛在了一个四面临敌的境地。这种四面临敌的境地并不是人们想看到的结局，人们寻求合作，结成契约，成立政府，把自己的一部分权利交给政府，同时也要承

---

① 德国哲学家阿佩尔在对自笛卡尔以来的"方法论唯我论"进行批判的基础上形成自己的"交往主体性"理念，并使之作为一切科学有效性的唯一合理基础。他认为，只有在主体与客体沟通的层面上才能理解所有科学。参见［德］卡尔－奥托·阿佩尔《哲学的改造》，孙周兴、陆兴华译，上海译文出版社1997年版，第171页。

② 政治哲学领域对这一问题有争论，有人认为政治哲学的近代转向是从马基雅维里开始的，也有人认为是从霍布斯开始的，就连美国当代政治哲学史家列奥·施特劳斯在这一问题上也含糊其辞。"我曾经认为，霍布斯是近代政治哲学的创始人。这是一个错误：这个殊荣，应该归于马基雅维里，而不是霍布斯。"（［美］列奥·施特劳斯：《霍布斯的政治哲学》，申彤译，译林出版社2001年版，第9页）

担对政府的义务。表面看来,霍布斯试图通过社会契约来论证公共生活如何实现的问题,但是,霍布斯并没有使自然状态下的个体具有善的本性。其一,霍布斯将自保视为自私自利。自然状态是"狼与狼的战争状态",但人要生活下去,就必须寻求自我保全。在这个意义上,霍布斯才说,自然权利不是别的,它是每一个人按照自己所愿意的方式运用自己的力量保全自己的天性——也就是保全自己的生命——的自由。[①] 其二,霍布斯并没有讨论公民社会中个体的责任,而是相反,他一再强调公民权利。"霍布斯的政治哲学(包括他的道德哲学),就是通过这个作为道德原则和政治原则的权利概念,而明确无误地显示他的首创性。"[②] 同霍布斯一样,洛克的公民社会也是社会契约建构的结果,自然状态的个体尽管不像霍布斯所描绘的那样处于相互对立竞争的状态,但为了寻求自保,他们结成了国家。

不论是霍布斯还是洛克,他们都预设了一个孤独的自我形象,不过这个孤独的自我与笛卡尔式的自我完全不同,笛卡尔那里的自我是一个思维的自我,一种自我意识,胡塞尔称之为"先验自我"。但是,霍布斯和洛克的自我不是思之自我,而是一个行为主体,为了寻求自保而通过社会契约的方式结成国家的行动者。从笛卡尔的思之自我出发,他人完全是被我质疑的对象,时刻处于被质疑地位的其他存在者,在意识层面就不可能与思维着的自我处于平等的地位,他人处于自我的俯视之中。但从霍布斯和洛克式的自保的自我出发,无论在自然状态还是在公民社会,这种寻求自保的自我不可能不关注他人,他人永远处于自我的观照之下,当霍布斯说自然状态中人与人之间是"狼与狼的关系",这就说明自然状态下的每一个人不可能忽视他人,忽视他人带来的恶果就是不能自保、自己的毁灭。

胡塞尔的交往主体构造形成的先验自我是笛卡尔式孤独的自我与阿佩尔、哈贝马斯交往式自我的中间环节。胡塞尔通过现象学的悬搁,把自然的人的自我和我的心灵生活,还原到了我的先验现象学的自我,即还原到

[①] [英] 霍布斯:《利维坦》,黎思复、黎廷弼译,杨昌裕校,商务印书馆1997年版,第97页。

[②] [美] 列奥·施特劳斯:《霍布斯的政治哲学》,申彤译,译林出版社2001年版,第2页。

了先验现象学的自身经验领域。这个沉思着的自我通过现象学的悬搁把自己还原为我自己的绝对先验的自我时,我是否会成为一个独存的我?胡塞尔的回答显然是明确的,在意识之流中,"另一个自我在先验自我的基础上显示出来并得到证实"。胡塞尔在进行交往主体性构造时,不止一次地提到"另一个自我",很显然,这"另一个自我"便是超越笛卡尔孤独自我的钥匙。胡塞尔的现象学还原完全不同于笛卡尔的"我思",在胡塞尔看来,纯粹自我本身是被悬搁的,经过现象学还原的自我是作为意识体验(意向体验)的意识自我,这个意向体验不是单纯的我的思维,而是一种"思维活动之流",这种意识之流促使我们寻找到了一条从自我的内在性通往他人的超越性的道路。"在我的先验地还原了的纯粹的意识生活领域之内,我所经验到的这个世界连同他人,并不是我个人综合的产物,而只是一个外在于我的世界,一个交往主体性的世界,是为每个人在此存在着的世界,是每个人都能理解其客观对象的世界。"①

胡塞尔循着笛卡尔的沉思之路,试图实现对笛卡尔思之自我的超越,并摆脱笛卡尔唯我论的倾向。表面看来,胡塞尔经过意识之流的现象学还原似乎实现了对笛卡尔纯粹思之自我的交往主体性改造,但是,胡塞尔的意识自我依然是孤独的自我。一方面,胡塞尔的他人是另一个自我,他有时称之为"他我",也就是说,在胡塞尔那里,交往主体性构造本质上是对同一个自我或同一个主体的构造,交往主体性世界是同一个主体从不同位置出发但又是同一个总体所构造出的世界,因此,由交往主体性构造的世界就只能是无数个不同的自我组成的同一个客观世界。"这个客观世界,这个对我来说存在着的、一直并还将对我存在着的客观世界,这个一直能够伴随着它的一切客体而存在着的客观世界,是从我自身中,从作为先验自我、作为只有借助先验现象学的悬搁才会呈现出来的自我的这个我中,获得它每次对我所具有的全部意义及其存在效果。"② 但是,"当他(指胡塞尔。——编者注)为此不惜把'他人'解释为'他我'的时候,他也抹杀了'他人',并因此堵塞了通往'他人'之为'他人'的现象

---

① [德] 埃德蒙德·胡塞尔:《笛卡尔式的沉思》,张廷国译,中国城市出版社2002年版,第125页。

② 同上书,第35页。

学道路"。① 另一方面，在胡塞尔那里，作为他人的自我，他人是我本人的一种映现，是在我本人之中内在地构造出来的他人乃至整个世界。胡塞尔多次使用"共现"一词，用以表达一个共在此的原真世界，他人的主体性通过我的主体性的独特的本己本质性中的共现产生，但这种共现并不导致自我与他人主体性之间的通达。对于我的主体性而言，他人的主体性依然是封闭的，我凭自身而不是他人设定他人的主体性，也就是说，主体间的交往出于意识之流的共现，无论如何，他人主体性价值一开始就被我悬搁，他人就以对象性的存在向自我显现，然后在自我的主体性中被建构。说到底，胡塞尔对他人主体性的确定最终仍然摆脱不了主体性自我的赋意，这就说明，胡塞尔对笛卡尔的"我思故我在"进行了一番现象学改造后，仍然没有走出主体理性的阴影。正是在这个意义上，阿佩尔把胡塞尔、笛卡尔、康德的理论看成传统形而上学的"方法论唯我论"，并且断言，"在笛卡尔、康德甚至胡塞尔意义上的意识明证性，不足以论证知识的有效性基础"②。法国哲学家萨特也对胡塞尔在交往主体性构造中的他人问题进行了批判，并且最终得出了和阿佩尔如出一辙的结论。"尽管胡塞尔的理论有许多无可置疑之处，在我们看来却与康德的理论没有显著的不同，……胡塞尔还是保留了这个超越的主体，他根本不同于他人的自我，并且很像康德的主体。"③

---

① 中国学者朱刚对胡塞尔交往主体性现象学中的他人问题进行了研究，发现胡塞尔的交往经验是自我内部的意向体验，这种意向体验不能通达他人，因此，胡塞尔交往主体性现象学存有明显的界限。朱刚借用勒维纳斯对于面容的现象学描述提出如何通达他人的现象学改造："作为他人的他人，正是在这样一种面容中显现自身，在这样一种吁请、呼告或控诉中显现自身，另一方面，我则只有在对面容的回应中，在对面容的吁请、呼告或控诉的回应（response）中，因此在对他人的责任中、在与他人的伦理关系中，才能把他人作为他人来保持，才能通达他人的他人。"参见朱刚《交往主体性与他人——论胡塞尔交往主体性现象学的意义与界限》，《哲学动态》2008年第4期。

② 阿佩尔每次批判传统形而上学的"方法论唯我论"时都把胡塞尔与笛卡尔、洛克、康德等人并列。尽管阿佩尔对胡塞尔的"方法论唯我论"问题没有进行深入的分析，但他将胡塞尔与笛卡尔、康德放在一起的做法，基本能够说明阿佩尔认为胡塞尔仍然没有超越传统形而上学主体理性（认知合理性）的视域。参见［德］卡尔-奥托·阿佩尔《哲学的改造》，孙周兴、陆兴华译，上海译文出版社1997年版，第157页。

③ ［法］萨特：《存在与虚无》，陈宣良等译，杜小真校，生活·读书·新知三联书店2007年版，第297页。

胡塞尔的交往主体性构造受到了釜底抽薪的打击,归根到底,作为意向体验的交往主体性自我终究没有走出孤独自我的囚笼。① 但是,在交往行为理论看来,孤独的自我这一形而上学的隐喻在字面上就被理解为无意义,阿佩尔借用海德格尔和后期维特根斯坦的观点指出,以"孤独"这个词所进行的语言游戏,如没有其他语言游戏一起,便先天地不可设想。②

阿佩尔一方面认为后期维特根斯坦的语言游戏理论包含着无限的交往情境之可能,另一方面又指出这种语言游戏仍然缺乏主体间沟通的先验语用学维度。维特根斯坦说,从某种意义上讲,哲学可以用非心理学的方式来谈论自我,自我是由"世界是我的世界"进入哲学的。根据维特根斯坦的观点,语言的界限意味着我的世界的界限,自我的先验统一体就在于语言的先验统一体,而在阿佩尔看来,这一自我意识的先验统一体(语言的先验统一体)恰好与康德的"对象意识的先验统一体"同一。"随着这种对康德先验逻辑所作的形式逻辑的还原,维特根斯坦同时也就摒弃了主体间沟通的先验语用学维度,因为随着对作为自我意识的自我的先验破除,有关对象意识和自我意识对于一种对话式沟通的先验依赖关系之思考的可能性,也就消失了。在维特根斯坦那里,在语言的逻辑空间中对世界所作的思考并不是'灵魂与其自身的会话'(柏拉图),从而也就更不是先验交往的一种功能了。"③ 这一段对维特根斯坦语言分析哲学中的自我概念的批判表明,阿佩尔其实已经反向阐明了一种建立在对话式沟通层面的交往主体性自我概念。在阿佩尔那里,自我这一概念不能停留在笛卡尔式思维或胡塞尔式意向性的层面上被理解,也不能停留在主体与客体对立的层面上来理解,更不能把自我看成认识世界的主体,自我概念需要在言

---

① 学术界对于胡塞尔有没有解决交往主体性问题的问题存在着诸多争论,哈贝马斯、阿佩尔、萨特及伽达默尔等都批判胡塞尔。甚至胡塞尔文献的重要编辑者瑞士学者耿宁起初都认为胡塞尔对交往主体性问题的解决没有达到预期的效果,但在对三卷本《胡塞尔交往主体性现象学》编辑的过程中,编辑完第二卷他改变了原有的观点,认为胡塞尔解决了交往主体性问题。

② 阿佩尔在《作为社会科学之先验前提的交往共同体》一文中,对传统形而上学意义上的"孤独"一词进行了交往主体性解释,这里引用的观点来自此文的一个脚注。参见[德]卡尔-奥托·阿佩尔《哲学的改造》,孙周兴、陆兴华译,上海译文出版社1997年版,第179页注释②。

③ [德]卡尔-奥托·阿佩尔:《哲学的改造》,孙周兴、陆兴华译,上海译文出版社1997年版,第179页。

语沟通的交往层面上才能得到理解。"我不像笛卡尔、康德甚至胡塞尔那样谈论我正在思考这一情境,我在谈论论辩。"①

阿佩尔认为,所有的人类知识(传统形而上学意义上的作为主体的自我对客观世界的认识)都事先先验地设定了一种主体间沟通的交往情境,"这种主体间沟通乃是一切进入科学语言之构造中的约定的先验前提"②。按照阿佩尔的观点,自我概念首先就需要将"我"置入一种主体间沟通的交往情境,当我们使用"我"这样的词时,此时的"我"并不是那个具有明显主体性特征的"我",而是在说"我"之前,我们就已经预设了一个他人和我都可以理解"我"的先验的论辩情境。阿佩尔对自我的交往主体性设定明显不同于胡塞尔,胡塞尔在通过意向体验自我时,预设了另一个自我,即他我,而一切都是通过自我的意向性体验得来的,这就使得自我如何通达他人成为胡塞尔交往主体性构造的一大悬案。阿佩尔没有胡塞尔般的担忧,因为在"我"作为显现的自我之前就一个先验的对话沟通情境已经预设了,"我"这一言语行为只有在言谈语境中才能得到理解,因此,在阿佩尔那里,孤独的自我是不存在的。

与阿佩尔一样,哈贝马斯也认定一种先验语用学对于交往主体性的建构具有原初意义。哈贝马斯尽管不大谈论语言而是更多地谈论行动或交往行动,实际上,语言分析或先验语用学立场在他的交往行动中一直处于核心地位。不过,阿佩尔设定的先验的交往情境中的论辩者在哈贝马斯那里被称为行动者,在某种意义上,这个行动者可被理解成自我的化身。哈贝马斯没有像阿佩尔那样在所有认识之前设定一个先验的交往情境,而是明确地谈论行动——一种发言者与听众之间的交往沟通行动。但从他对三种不同类型的行动模式的批判可以看出,哈贝马斯与阿佩尔殊途同归,对自我的认定都建立在交往情境之中。

传统形而上学中纯粹思辨之自我是孤独的自我,思之自我不能通达他人的世界,他人永远从属于自我,这种孤独的自我已不能承担哲学的重

---

① Karl-Otto Apel, "Discourse Ethics as a Response to the Novel Challenges of Today's Reality to Coresponsibility", *The Journal of Religion*, Vol. 73, No. 4, 1993, pp. 496–513.

② [德]卡尔-奥托·阿佩尔:《哲学的改造》,孙周兴、陆兴华译,上海译文出版社1997年版,第176页。

任。自我境遇从孤独到交往的哲学转换，为正义问题的合理性诉求提供了新的思考视域，交往的自我而不是孤独的自我就成为我们思考一切哲学问题的出发点。相应地，传统笛卡尔式的"我思故我在"也就转换为"我论辩我在"，亚里士多德的"人天生是一个政治动物"也就可以改换成"人天生是一个交往动物"。

二 理想的交往情境

交往共同体中的每个成员依赖于一种理想的交往情境而展开论辩，这种理想交往情境的获得为交往共同体的有效运行提供了可能。阿佩尔没有明说存在着一种理想的交往情境，但他对原则上先行假定的主体间沟通规则的论证为思考理想的交往情境提供了思路。阿佩尔认为，单个个体不可能仅遵守一条规则，也不可能在"私人语言"的框架内获得自己思想的有效性。在阿佩尔看来，单个个体的所有思想和认识的原则都是公共的，因此，在论辩共同体中，个体必然需要遵守一定的基本道德规范。"说谎显然会使论辩者之间的对话成为不可能，但当人们拒绝对论据作批判性理解或者拒绝对论据作阐明和辩护时，同样会使对话成为不可能。"[1] 这样，阿佩尔就把"作为平等的对话伙伴的所有成员的相互承认"设定为理想的交往情境必不可少的特征。也就是说，所有参加语言交往的人都必须被承认为潜在的讨论伙伴。

与阿佩尔不同，哈贝马斯明确地论证了理想的交往情境，并称之为"理想言说情境"。哈贝马斯认为，共识的达成的前提，是必须假设参与对话的人都具备一定的理性能力，足以判断真实性、正当性和真诚性。除此之外，这种经过理性确认的共识还需要理想言说情境的支持。这种理想的言说情境需满足如下条件。第一，任何具有言说能力和行动能力的人都可以自由参加对话与辩论。第二，所有人都有平等的权利，可以提出任何他想讨论的问题、对别人的论点加以质疑、表达自己的观点。第三，每一个人都必须真诚地表达自己的主张，既不刻意欺骗别人，也不受外在的权力或意识形态的影响。第四，对话只在意谁能提出

---

[1] ［德］卡尔-奥托·阿佩尔：《哲学的改造》，孙周兴、陆兴华译，上海译文出版社1997年版，第302页。

较好的论证，我们应该理性地接受这些具有说服力的论证，而不进行任何别的外在的考虑。① 哈贝马斯当然认为这些条件比较苛刻，但同时也认为这种理想的言说情境并不是单纯的理论建构或乌托邦式的想象。依哈贝马斯的观点，任何实际进行的对话中，都必然预设了理想言说情境的条件，不然的话，对话根本就无法展开。

考察阿佩尔和哈贝马斯对理想的交往情境的论证，可以发现，这种理想的交往情境必须具有两个特性。一是规范性。交往共同体中参与对话或辩论的所有成员无一例外都要遵守相应的规则，只要有一人例外，那么，这种交往情境就不符合交往共同体的需要，也就不可能在实质上形成交往共同体。如对于阿佩尔和哈贝马斯都说到的参与辩论的成员不能说谎这一规范，只要有一人说谎或欺骗他人，主体间的沟通行为（交往行为）就不可能发生，交往共同体也不可能形成。二是先验性。交往情境的先验性与经验性相对，交往共同体中所有成员的主体间沟通交往行为不能在经验层面理解，而要在先验层面理解。阿佩尔说得好——如果没有在原则上先行假定一个能够进行主体间沟通并达成共识的思想家共同体，那么论辩的逻辑有效性就不可能得到检验。在这个意义上，阿佩尔才把交往共同体设定为所有社会科学的先验前提。

交往情境的设定很容易使我们想到社会契约的形成过程，霍布斯、洛克、卢梭等社会契约论者在描述其社会契约之前都假想了一个自然状态，而社会契约形成之前的自然状态与交往情境有许多相似的地方，例如自然状态与交往情境都不是一种现实状态，自然状态是一个假想状态，现实中并不存在这样的状态，交往情境在某种意义上也是一种理想情境，它并不关涉现实的沟通交流情境。又如自然状态与交往情境都是一种前社会或知识状态，自然状态是社会契约论者在论证国家产生问题时的一个理论预设，是公民社会产生之前的假想状态，交往情境也是人类知识预设的先验前提。但是，交往情境在本质上完全不同于社会契约。首先，自然状态中每个成员之间的关系是主体与客体的关系，而交往情境中每个成员之间的关系则是主体间的关系。霍布斯把自然状态描绘成"狼与狼的战争状

---

① Jurgen Habermas, *Moral Consciousness and Communicative Action*, Cambridge and Massachusetts: MIT Press, 1995, p. 88.

态"，人与人之间处于敌对状态中，每个人都把他人当成对手。洛克和其他社会契约论者对自然状态环境的描绘比霍布斯的大大改观，但没有从根本上改变自然状态中人与人之间的主客体关系——在自然状态中，他人成为主体性自我的可欲对象。相反，交往情境中的每个成员之间处于对等的状态中，每个成员相互之间互为主体，他人对于主体性自我而言并不是可欲的对象，而是一个和主体性自我具有同等主体性价值的个体。其次，自然状态完全不具有交往情境所具备的先验要求。社会契约论者假想的自然状态是一种前社会状态，是为了论证国家权力的来源、政治权威的正当性、公民服从的义务等问题而进行的一种理论预设，它不具有现实可能性，不具有某种先验性。最后，社会契约中每个成员间并不具有在任何主体间有效的基本道德规范。阿佩尔将霍布斯意义上的社会契约定性为"个体孤独的良知决断"，这样的约定实际上并没有假定任何主体间有效的基本道德规范。"这不仅意味着，在形式上，对任何民主政体来说都是根本性的约定（国家条令、宪法、法律等），不具有任何道德约束力，而且更意味着，在实质上，（在日常生活和生存的边缘情境中）个体的没有明确地受协议规整的道德决断并没有去履行一种义务，即考虑那种对人类共同责任的要求。"① 总之，社会契约及其自然状态的设想在主客体间关系、先验性和基本道德规范等方面完全不同于交往情境。

罗尔斯的原初状态是对传统的社会契约观念及其自然状态的重构。表面看来，重构之后罗尔斯意义上的原初状态改变了传统社会契约中每个成员的状况。在原初的境况中，每个人都是自由的，并且所有立约者之间是平等的，这似乎极大地趋向于哈贝马斯的理想言说情境，但这没有从根本上改变社会契约的处境。因此，罗尔斯的原初状态不是哈贝马斯意义上的商谈情境，也不是一般意义上的交往情境。哈贝马斯曾在一篇评论罗尔斯《政治自由主义》的文章中声称，罗尔斯原初状态的设计旨在提出一种康德自律原则的交往主体性版本，但哈贝马斯断言，康德式绝对命令要求可能涉及的所有人都能意欲一个公正的准则作为其行为的普遍规则，但是，一旦我们以一种独白式的方式应用这一更为明确的检验标准时，这个准则

---

① ［德］卡尔-奥托·阿佩尔：《哲学的改造》，孙周兴、陆兴华译，上海译文出版社1997年版，第275页。

就依然保持着孤独个体的视角。① 罗尔斯立马对哈贝马斯的诘难予以回应，并将他与哈贝马斯之间的差异归纳为两个主要差异，其中，第二个差异涉及哈贝马斯的商谈情境与罗尔斯原初状态的差异，即"该差异关涉到我所谓的我们的代表设置之间的各种差异：他（哈贝马斯）的代表设置是作为其交往行为理论之一部分的理想辩谈境况，而我的代表设置则是原初状态"②。罗尔斯承认这两种设置有着不同的目的与作用，但是，他的原初状态和无知之幕的设计仍然缺乏足够的说服力。其一，罗尔斯不能解释，在无知之幕的背后，为什么一无所知的契约各方会选择结成契约而不是保持冷漠或回避；其二，为什么一无所知的契约各方能够把他人视为结成契约的伙伴，契约各方如何知晓他人是否有结成契约的意愿；其三，原初状态中被屏蔽了所有信息的各方明显缺乏自律能力，那么缺乏自律的各方如何能够始终代表充分自律的公民。尽管如哈贝马斯所言，罗尔斯在他的正义理论的设计中"一开始就通过无知之幕让原初状态中的各方采取了一个共同的视景"，但是，这种共同的视景并不能解决罗尔斯设计中的问题。哈贝马斯认为，只有"在自由而平等的参与者所参与的具有包容性和非强制性的合理辩谈的语用学预设下，要求每个人都要采取别人的视景，并把自己纳入对别人的自我和世界的理解中"，这种共同的视景才能真正起到作用。③

毋庸置疑，哈贝马斯意义上的共同视景不是一种共同拥有的情境，而是一种主体间的对话沟通视域。然而，这种交往情境还不等于交往共同体本身，它只是为交往共同体的存在提供了一种理想的境域。

三　有效性声称与交往行动

交往共同体的形成除了依赖于一定的交往情境和交往主体性的介入之外，其实质性的过程的进行还需要每个成员基于交往合理性（communica-

---

① ［德］哈贝马斯：《理性公共运用下的调解——评罗尔斯的〈政治自由主义〉》，载［美］罗尔斯等《政治自由主义：批评与辩护》，万俊人等译，广东人民出版社2003年版，第25页。

② ［美］罗尔斯：《答哈贝马斯》，载［美］罗尔斯等《政治自由主义：批评与辩护》，万俊人等译，广东人民出版社2003年版，第47页。

③ ［德］哈贝马斯：《理性公共运用下的调解——评罗尔斯的〈政治自由主义〉》，载［美］罗尔斯等《政治自由主义：批评与辩护》，万俊人等译，广东人民出版社2003年版，第26页。

tive rationality)的要求展开辩论交流。

在交往共同体中,交往理性最终要表现为辩论或交流等交往行为,而辩论或交流无疑以语言表达为最直接的表现形式。现在,我们的日常生活中每天都要与人打交道或进行交往与交流,那么,哈贝马斯的交往理性行为与日常交往行为相比有什么特殊的意义?可以肯定的是,哈贝马斯的交往行为不是对日常交往行为模式的简单抽象与提炼,在哈贝马斯那里,交往行为具有超越的特征。言其超越,因为对话以彻底普遍化的方式进行,在这个意义上讲,交往共同体中的这种交往理性行为的主要目的不是传达信息,而是制造某种有效性诉求,以使这种有效性诉求能够得到普遍认可。并且,一种有效性诉求是否能够被普遍认可,并不以任何特殊的东西作为权威,在交往共同体中,唯一的权威只能是交往理性。在日常生活中,人们在相互交流时,有时为了说明某人观点的正确性,会引用一些案例,而不同的人会根据不同的背景引用不同的案例来予以证实,最终导致某种理论上或事实上的不一致,该理论便不具有普遍性了。但是,在交往共同体中,每个成员的交往理性行为不以具体的案例来寻求某种理论上的确证,而是以有效性声称(validity claims)[①]为确证的唯一依据。

交往合理性完全不同于传统形而上学意义上的认知合理性(cognitive rationality),相应地,交往合理性寻求的有效性声称也完全不同于传统认知合理性意义上的有效性声称。在认知(cognition)层面上,有效性声称以认知意义上的真和假体现。在认知者看来,主体认知理性是理性的唯一形式,这个世界正在不断地被所有主体认知者的认识所建构。

但是,交往理性的支持者并不认为主体认知理性是唯一可能的理性形式,也不认为理性的唯一目的是对"真"的追求。我们将主体认知理性是唯一可能的理性形式作为第一个断言,将理性的唯一目的是追求

[①] "validity claims"可译为"有效性声称",也有人译为"有效性主张"或"有效性诉求",它是哈贝马斯构建普遍语用学时常用的一个概念。哈贝马斯认为,要对言语行为进行分析,就要对言语行为的有效性展开研究。在哈贝马斯看来,语言分析学家谈论语言时缺少有效性维度,正因为如此,语言分析哲学不可能对合理性问题有很好的解释,他认为解决合理性问题的关键就在于有效性诉求。

"真"作为第二个断言。第一个断言是现代哲学努力的方向,而第二个断言则建立在第一个断言之上。这主要涉及"是"与"应该"问题,传统认知理性通过对客观世界的真假维度上的有效性声称,只能解决"是"的问题,"应该"问题一直被悬搁,这也就是哲学上著名的"休谟问题"。[①] 传统形而上学的这一问题在休谟那里被明确地提出来,一直没有得到很好的回应,但是现在,当我们将合理性问题放在交往层面理解时,这一问题便可得到有效的解决。交往行为理论的提出者哈贝马斯试图在交往层面理解有效性声称问题,他认为,一个按照这种意义进行理解的行动者,必须借助他的表达隐含但准确地提出三种运用要求:所做的论断是真实的(或者说,所提命题的内容的存在前提事实上是已经具备的);语言行动所涉及运用的规范关系是正确的(或者说,这种语言行动应该包含的规范关系本身是合法的);所宣告的发言者的意图的含义要与所表达的一致。[②] 哈贝马斯在这里实际上明确了有效性声称的三个要求或特征,即真实性(truth-claim)、正当性(rightness)和确实性(comprehensibility)。其中,真实性要求是有效性声称的主要内容,传统认知理性把"真"当成理解世界的唯一目的,即人对世界的认识没有其他任何目的,除了达到对客观世界的科学理解之外。哈贝马斯显然不承认这种说法,他认为,"真"的诉求仅仅只是许多有效性诉求中的一种,道德规范的正当性诉求(rightness-claim)也是有效性诉求的重要形式。

哈贝马斯不断强调有效性声称的普遍性特点,这是说,任何言语行为,如若要达到沟通交流的目的,都必须满足这些有效性声称,无一例外。不过,这里说的普遍性特征并不是在经验层面上讲的,并不是说要求所有的言语行为在事实上或实际生活中都满足这些有效性声称,而是说,

---

① 休谟问题是英国哲学家休谟在他的《人性论》一书中提出来的、关于事实与价值二分的问题,也就是从作为事实认识的"是"如何可以推出作为价值判断的"应该"的问题。在休谟看来,科学只能解释客观世界"是什么",而不解释人的道德行为"应该怎样"。在休谟那里,客观世界的真理性和道德世界的正当性不可通约,即任何价值判断都不能从描述性命题那里推导出来。参见 [英] 休谟《人性论》(下册),关文运译,商务印书馆1997年版。

② [德] 哈贝马斯:《交往行动理论·第一卷——行动的合理性和社会合理化》,洪佩郁、蔺青译,重庆出版社1994年版,第141页。

以沟通交流或相互理解为目的言语行为"应该"满足那些有效性诉求。在"应该"维度上，哈贝马斯基于对乔姆斯基"语言资质"的批判提出了"交往资质"的说法。乔姆斯基的"语言资质"很好理解，是指说话者的语言能力，即说话者掌握语用规则的一种能力或资质。在哈贝马斯看来，乔姆斯基的"语言资质"只涉及发言者构造合乎规则的语法、语句问题，没有考虑到发言者所用语言的语境问题。正是在此基础上，哈贝马斯将"交往资质"界定为认知能力、言语资质和反思地对待自己行为的能力，而"交往资质"理论正是哈贝马斯通往先验的规范语用学的必经之路。在规范语用学中，有效性声称成为具有交往资质的说话者在进行沟通交流时所必须遵守的基本预设，同时也成为规范语用学的重要内核。

具有潜在"交往资质"的说话者根据有效性声称的要求进行言说活动，这种言说活动被哈贝马斯称为"交往行为"。但一般意义上的言说活动并不是交往行为，因为前者只具有确认为"真"的言说意图，而交往行为的言说方式不仅能够确认语言的"真"（truth）即呈现事实和表达言说者自身的主体性，更重要的是能够判断语言的"正当"（rightness）。哈贝马斯在提出交往行为之前批判了三种行动模式，即目的论行动、规范行动和戏剧行动，行动者在这三种行动模式中以语言作为工具而与世界发生联系。目的论行动者用语言发表符合自己利益和愿望的意见或意图，规范行动者使用语言给人类的理解活动提供文化价值，戏剧行动者把语言作为文体和美学的表达形式。哈贝马斯区分了三种世界，即客观世界、社会世界和主观世界，这三种行动中使用的语言与相应的世界发生联系。目的论行动中语言的功用在于描述客观世界或事实，是"以一个行动者与一种生存着的事态世界之间的关系为前提"，在哈贝马斯那里，目的论行动与客观世界相关联；规范行动中语言的功用在于彰显社会道德规范的正当性，是"以一个行动者与客观世界和社会世界之间的关系为前提"，在哈贝马斯那里，规范行动与客观世界、社会世界发生关联，最主要是与社会世界发生关联；哈贝马斯坦诚地表示，在社会科学领域，戏剧行动不像目的论行动和规范行动那样被描述得那么清楚，但戏剧行动中语言的功用在于以一定的方式进行自我描述，是以行动者与主观世界之间的关系为前提的。哈贝马斯认为，这三种行动模式中的语言只具有工具价值，而只有在他所谓的交往行动模式中，语言才被作为一种可以直接被理解的媒介：

"在这里，发言者和听众，从他们自己所解释的生活世界的视野，同时论及客观世界、社会世界和主观世界的事物，以及共同的状况规定。"①

第三节　让交往共同体运转起来

根据阿佩尔的观点，所有的人类知识（如果说人类行为也可以被看成一种知识的话）都"在原则上先行假定了一个能够进行主体间沟通并达成共识的思想家共同体"，很显然，这个思想家共同体（交往共同体）并不在现实中存在，它"在本己的反思性自我理解中实现出来"，是一种先验的存在。本来，这种先验的交往共同体很难通过建构的方式实现，但是，拥有交往主体性的自我（交往共同体的成员）基于有效性声称，在一种交往的情境中展开论辩，从而在反思层面上可以形成交往共同体。

交往共同体并不是一个静止的实体，而是一个时刻处于沟通交流之中的论辩共同体，它不同于遵循某种伦理道德规范的实践共同体，更不同于拥有一定组织结构与权力运作机制的政治共同体。论辩并不是现实层面的论辩，而是在先验情境中的论辩。交往共同体的运转依赖于交往共同体中的每个成员之间的论辩，交往共同体的存在意义通过成员之间的论辩而彰显。

一　交往共同体的运行原则

交往共同体的存在以成员之间的论辩为前提，而论辩则需要每个成员遵守相应的规则才能够进行下去。阿佩尔、哈贝马斯等理论家对交往行为（论辩行为）中成员应遵守的规则进行过不同程度的研究。

阿佩尔承认，每一个人，即那些有意义地行动的人，在不断说谎的基础上不可能有任何有意义的行为。哈贝马斯也看到了谎言对于交往行为造成的致命伤害，他在对言语有效性声称的阐释中明确把真诚性作为有效言语的条件之一，而且，在理想的言说情境（商谈情境）中，哈贝马斯把"真诚地表达主张不要刻意欺骗别人"作为论辩得以进行的条件。德国学

---

① ［德］哈贝马斯：《交往行动理论·第一卷——行动的合理性和社会合理化》，洪佩郁、蔺青译，重庆出版社1994年版，第135页。

者罗伯特·阿历克西（Robert Alexy）也提出了普遍实践言说的一系列规则，其中包括基本规则、理性规则、论证负担规则、证成规则、过渡规则。例如，阿历克西认为：基本规则主要包括任何一个言说者不得自相矛盾；任何言说者只能主张他自己相信的内容；不同的言说者就相同的词汇不得使用不同的意义。还如，理性规则包括：任何一个言说者均可以参加言说；任何人均可以对任何主张提出质疑，任何人均可以在言说中提出任何主张，任何人均可以表达其态度、愿望和需求；任何言说者均不可因受到言说内或言说外的任何强制性阻碍而无法行使规则中确定的权利。① 阿历克西为普遍实践言说制定了如此之多的规则，但他并不认为这些规则能够构成理性言说与论证的充要条件。翟振明在阿历克西和哈贝马斯对交往行为规则进行的研究的基础上提出了论辩行为必须遵守的四项原则，即论证负担的原则（the principle of the burden of argumentation）、普遍化原则（the principle of universalization）、不相容选择的原则（the principle of choice between incompatible alternatives）和一致性肯定原则（the principle of performative consistency）。②

毋庸置疑，交往共同体中成员论辩时遵守的规则为交往共同体的运转提供了依据，根据阿佩尔、哈贝马斯、阿历克西等人对交往论辩规则的阐释，本书提炼出交往共同体的运行原则，即普遍原则、对等原则、论辩原则。

第一个原则是普遍原则（the principle of universalization）。这一原则告诉我们，只要一种人类的有效性诉求对每一个人都有效，那么这种诉求所反映的就是普遍原则。这种有效的普遍性诉求不是因为某一个人而产生的，而是所有人都认为如此时，这种诉求才具有它本来的意义。应该承认的是，这一原则绝不是经验意义上的而是先验上的原则，是人类理性做出的先天判断。普遍原则具有人类理性的先天基础，并不是人类经验事实堆积的结果。

从哲学上看，普遍原则一直是哲学研究的基本原则，康德和哈贝马斯

---

① Robert Alexy, "A Theory of Practical Discourse", *The Communicative Ethics Controversy*, Cambridge, Massachusetts: The MIT Press, 1990, pp. 156 – 160.

② Zhenming Zhai, *The Radical Choice and Moral Theory: Through Communicative Argumentation to Phenomenological Subjectivity*, Dordrecht: Kluwer Academic Publishers, 1994, pp. 31 – 41.

是将普遍主义哲学原则贯彻到底的两位哲学大家,一个从对人类理性的批判入手,从而赋予人类理性以先天基础,并将之贯彻到道德领域,另一个从交往主体性出发,将这种普遍主义运用到交往情境。

康德哲学把追求普遍、必然、有效的知识作为它的根本使命。在《纯粹理性批判》中,康德区分了纯粹知识和经验知识,在他看来,纯粹知识是一种先天的知识,而这种先天的知识有两个重要的标志。首先,如果一个命题的必然性与这个命题同时被想到,那么这个命题就是一个先天判断;其次,经验永远不给予自己的判断以真正的或严格的普遍性,严格的普遍性只有在先天的知识那里存在,于是,必然性和严格的普遍性就是先天知识的可靠标志。① 同样地,对普遍原则的追求在康德的道德哲学中也被贯彻,康德在他的道德哲学中以清除经验主义为主要任务。在《道德形而上学原理》中,康德主张,道德形而上学必须谨慎地清除一切经验的东西,从而使得每个人都会承认———一条规律被认为是道德的,也就是作为约束的根据,自身要具有绝对的必然性。而这种约束的根据既不能在人类本性中寻找,也不能在人所处的世界环境中寻找,而是要完全先天地在纯粹理性的概念中寻找。② "绝对命令只有一条,这就是:要只按照你同时认为也能成为普遍规律的准则去行动。"③ 康德的绝对命令要求所有人都能将公正的准则作为其行为的普遍规则,从而全面实现康德追求普遍知识的哲学抱负。

但是,哈贝马斯却认为,康德的绝对命令对普遍原则的贯彻并不彻底,因为它从既定个体的立场出发,却要求有一种可普遍化的检验标准,这在哈贝马斯看来是不可能做到的,"一旦我们以一种独白式的方式应用这一更为明确的检验标准,它就依然保持着孤独个体的视角"。④ 为此,哈贝马斯基于交往合理性的立场提出了普遍化原则,即为了满足每个人的

---

① [德]康德:《纯粹理性批判》,邓晓芒译,杨祖陶校,人民出版社2004年版,第1—3页。

② [德]伊曼纽尔·康德:《道德形而上学原理》,苗力田译,上海人民出版社2005年版,第3—4页。

③ 同上书,第39页。

④ [德]哈贝马斯:《理性公共运用下的调解——评罗尔斯的〈政治自由主义〉》,载[美]罗尔斯等《政治自由主义:批评与辩护》,万俊人等译,广东人民出版社2003年版,第25页。

利益而共同遵守的某项规范，所引起的后果与副作用，可以被所有受到该项规范影响的人接受。① 哈贝马斯的普遍化原则是对康德"普遍化原则"的改良，这种改良表现在两个方面。一方面，他认为康德的普遍化原则太偏重于主体的意志，带有独白式的论证色彩，应该改为强调"互为主体性"的论证方式，以"大家都可以接受"作为检验某项道德规范有效与否的标准。经过这个修正，普遍效力的成分依然存在，但是道德行为的判断标准不再是"我是否能如此意志"，而是"我们是否都能如此接受"。另一方面，他认为康德的道德普遍化原则太过于强调行为动机，忽视了人的需要和利益，因此，哈贝马斯引入"满足某个人的利益""其引起的后果和副作用"等功利主义术语，试图纠正康德道德原则中的完全动机取向。②

哈贝马斯对康德普遍化原则进行改造时引入了交往情境的概念："在自由平等的参与者所参与的具有包容性的非强制性的合理辩谈的语用学预设下，要求每个人都要采取别人的视景，并把自己纳入对别人的自我和世界的理解中。"③ 交往共同体遵循的普遍原则不是孤独自我主体视域下的普遍性，而是自我与他人共同视域中的普遍性。

第二个原则是对等原则（the principle of reciprocity）。这一原则在哲学中体现在三个层面上，即本体论、认识论和价值论层面。在本体论上，一个存在者与另一个存在者具有同等的本体论承载，一个不比另一个更多。在认识论上，一个认识主体对另一个认识主体的认识与另一个认识主体对此认识主体的认识完全等同，从视域上来讲，这两个认识主

---

① Jurgen Habermas, *Moral Consciousness and Communicative Action*, Cambridge and Massachusetts: MIT Press, 1995, p. 120.

② 哈贝马斯认为，经过修正以后，人们的需要与利益都可以成为道德判断的要素，不再因为纯粹动机的要求而被漠视。但是，修正势必会引起人们的误解，人们认为哈贝马斯对康德道德普遍化原则的修正最终使得哈贝马斯的普遍化原则导向功利主义。哈贝马斯意识到这种修正的危险，强调他这样做的目的在于将普遍化原则置于普遍的交往情境之中，每个参与者都要经受他人利益与需求的考验，这种做法如果最终表现出了某种功利主义倾向，那么将只是某种功利因素在交往情境中的运用。对于哈贝马斯的普遍化原则，翟振明有过细致分析。参见 Zhenming Zhai, *The Radical Choice and Moral Theory: Through Communicative Argumentation to Phenomenological Subjectivity*, Dordrecht: Kluwer Academic Publishers, 1994, pp. 33 – 34.

③ ［德］哈贝马斯：《理性公共运用下的调解——评罗尔斯的〈政治自由主义〉》，载［美］罗尔斯等《政治自由主义：批评与辩护》，万俊人等译，广东人民出版社2003年版，第26页。

体的认识视域一样。在价值论上，一个价值主体与另一价值主体具有同等的存在价值与意义。严格地讲，在传统形而上学中，这种本体论、认识论和价值论层面的对等原则都不能实现，其根本原因在于，传统形而上学预设了主体与客体的二元对立，在任何一个主体那里，其他所有的客体都处于主体的视域之下，客体为主体而存在，主体与客体间不具有对等关系，而是一种主动与被动的关系、认识与被认识的关系、控制与被控制的关系。

应该承认，对等的观念很少被纳入政治哲学的话语中，也就不可能作为一个重要的政治原则出现，但在罗尔斯那里是一个例外。在《政治自由主义》中，罗尔斯把对等原则（相互性理念）作为社会合作理念的三个要素之一，在他看来，社会的公平合作是每一个参与者都可以理性接受的。[1] 根据罗尔斯的解释，对等观念既不同于互利理念，也不同于公道理念，是介于互利理念与公道理念之间的理念。对等观念表达的是"一种秩序良好社会里的公民关系"。罗尔斯把对等观念作为实现公平正义的重要原则，但他的对等观念仍然停留在"使每一个人都能与别人一道得利"的层面，在这个意义上，罗尔斯的对等观念仍然出于孤独式自我的视野，是每一个公平正义的参与者基于自身的立场寻求与他人对等互惠的机会的可能性。可以想见，这种对等观念最终不一定能够保证对等的结果。

对等原则是交往共同体中论辩双方必须遵守的交往原则，甚至可以说，我们已经将对等原则看成一种交往原则。不过，这里的交往不是交往论辩活动本身，而是交往论辩双方在本体论、认识论和价值论层面上表现出来的对抗式关系。翟振明曾借助大量的思想实验论证了虚拟实在与自然实在的本体论对等问题，即可替换感知框架间的对等性原理：所有支撑着感知的、具有一定程度的连贯性和稳定性的可选框架对于组织我们的经验具有同等的本体论地位。[2] 根据这一对等原理，在本体论意义上，虚拟实在并不比自然实在更虚幻，二者与作为感知中心的人格核心的关系是对等

---

[1] 根据中国学者万俊人的翻译，《政治自由主义》一书中的"reciprocity"一词译成"相互性"。参见［美］约翰·罗尔斯《政治自由主义》，万俊人译，译林出版社2002年版，第16页。

[2] Philip Zhai, *Get Real*: *A Philosophical Adventure in Virtual Reality*, Lanbam: Rowman & Littlefield Publishers, Inc., 1998, p. 2. 翟振明：《虚拟实在与自然实在的本体论对等性》，《哲学研究》2001年第6期。

的。在交往共同体中，每个成员作为交往行为（理性论辩行为）的主体具有同等的主体性，也就是说，交往共同体中的一个成员并不比另一个成员具有更多的本体论、知识论和价值论承诺，这就是交往共同体中通行的对等原则。

第三个原则是论辩原则（the principle of argumentation）。在一个交往共同体内，论辩双方为了论证各自的观点或者为了拒绝对方的观点而进行争论，这就是论辩原则，又可被称为论证原则。[1] 交往共同体的运行需要论辩原则，意味着论辩是交往共同体中的每个成员相互交往的唯一方式。实际上，在一个实践共同体中，人与人之间的交往除了言谈，还有其他行为方式，如控制、战争、交易，但交往共同体中的成员并不以其他形式表现自身，而以论辩作为唯一的存在形式。交往共同体中成员之间的论辩必须满足三个条件。一是理性论辩条件。成员需要理性地参与论辩，任何使用非理性方式参与的论辩过程都不符合论辩原则的要求。二是自由论辩条件。成员自由地参与论辩，不受任何外在力量的强制或胁迫。三是义务参与条件。一方面，交往共同体中的成员可以自由地参与论辩；另一方面，这种参与论辩的自由并不能以不参与论辩为限度。交往共同体中的成员有义务参与论辩过程，不然，就会退出交往共同体，也便不再是"真正的人"。[2]

论辩不是演讲、独白等简单的言语行为。演讲是演讲者在广场或其他场合向公众或特殊人群发表言论的行为，演讲者是单方面的教义宣传者，在演讲者与观众或听众之间，演讲者处于完全的主动发布信息状态，而观众或听众则处于被动接受信息的状态，演讲者与观众或听众之间完全没有沟通交流。如果说演讲行为还有演讲者对观众或听众的一种指向，那么，电影或电视里的人物独白则可能连观众的指向都没有，尽管有观众或听众处于独白者的意境中，但对于独白者自己的言语而言，这完全是独白者的喃喃自语，与其他人无关。论辩原则完全不存在于演讲、独白中，它基于

---

[1] 英文里 "argument" 和 "argumentation" 两个词都可理解成 "论辩或论证"，但这两个词存在着一定的区别，"argument" 指论辩或论证的内容、就某一事情或观点进行交流沟通，而 "argumentation" 则侧重于论辩或论证的过程。

[2] 翟振明对交往共同体中成员之间的论辩行为进行了深入研究。参见 Zhenming Zhai, *The Radical Choice and Moral Theory: Through Communicative Argumentation to Phenomenological Subjectivity*, Dordrecht: Kluwer Academic Publishers, 1994。

论辩双方的双向交流过程，交流双方处于同等重要的位置，没有高低之分，在主体性上具有对等地位。

论辩也不是言语双方的简单谈话行为。日常生活中的谈话行为与论辩行为非常相似，但远不是论辩。两者之间的区别表现在三个方面上。一是论辩行为是一种义务参与行为，交往共同体的成员有义务参与论辩，如果不参与论辩，则将退出交往共同体，将失去做人的尊严与资格，而简单的谈话行为则没有这样的义务关系，参与者可以随意地加入或退出一个谈话群体。二是论辩需要遵循理性与逻辑的原则，而日常意义上的谈话有时候可能是非理性的、完全没有逻辑的。三是论辩双方遵循自由原则，交往共同体的成员自由地参与论辩，没有任何外在的强制力，而通常意义上的谈话有可能受外在强制力的影响。

二 翟振明的本底抉择

交往共同体是一个论辩共同体，阿佩尔非常明确地论证了这种先验交往共同体的存在，并且用它来回答了"佯谬问题"，但是，阿佩尔的回答就到此为止，他只是把伦理价值规范看成先验的语言游戏的前设条件（通过先验反思得到的），并没有对先验交往共同体中的语言游戏进行过多考量，更没有将这种论辩运用于我们的生活世界。中国学者翟振明对交往共同体的语言游戏进行了深入研究，将先验交往共同体与现象学视域中的生活世界的先验结构联系起来，不仅提出了本底抉择的新概念，而且从这一概念出发开辟了道德哲学研究的新境域。[①]

翟振明认为，本底抉择是从交往共同体中的交往论证中生发出来的，因此，我们要追问"本底抉择是什么抉择"的问题，就得从交往论证（communicative argumentation）说起。在一个交往共同体中，每一个成员在开展交往论证时要遵守一些规则，而翟振明提出了四个原则，即论证负担的原则（the principle of the burden of argumentation）、普遍化原则（the principle of universalization）、不相容选择的原则（the principle of choice be-

---

① 翟振明提出"本底抉择"的概念，把阿佩尔意义上的先验交往共同体中成员间的论辩具体化了。参见 Zhenming Zhai, *The Radical Choice and Moral Theory: Through Communicative Argumentation to Phenomenological Subjectivity*, Dordrecht: Kluwer Academic Publishers, 1994.

tween incompatible alternatives）和一致性肯定原则（the principle of performative consistency）。在这样的原则的指引下，辩论才有可能规范而有效，那么，在这种规范而有效的辩论中，交往共同体中的每个成员都要对对方所提出的问题进行选择。

　　既然我们有意识地引导交往共同体中的每个成员在一起，以确立每个人从描述到规范的转换基础，我们就一定会听到自决的召唤。我们清楚地为我们自己的生活许诺或拒绝许诺，是提出规范性问题（即"道德性问题"——编者注）的前提条件。因此，"是或不是"（To‑Be‑Or‑Not‑To‑Be）的经典问题是本底抉择的条件。①

翟振明认为，本底抉择是交往共同体中成员的自我召唤，成员对每一个问题都会做出选择，如果某一个成员不对辩论的问题做出选择，那么他就要退出交往共同体。很明显，这种选择是以"是或不是"（To‑Be‑Or‑Not‑To‑Be）的方式做出的回答，是必须做出的回答，没有任何中间道路可走。如此看来，本底抉择是这样一种抉择：

（1）本底抉择不是在别人的强迫之下做出的选择，而是出于自己内心的召唤而做出的选择。从这个角度上看，交往共同体中的每个成员都具有积极的人生态度和平等心态，每个人都处于平等的地位上，面对共同讨论的问题而做出回答。这种回答一定是对问题本身的积极的探索或追问，听从了自己内心的召唤，任何强迫的回答都不属于本底抉择的范畴。在这个意义上，奴隶不是自愿地回答，不可能听从自己内心的召唤而对某个问题做出回答，即使他有对生活的某种选择，那么这种选择也与本底抉择无关。就此而言，本底抉择体现了该人作为真正的人的道义和尊严。

（2）本底抉择不同于日常生活中的选择。在日常生活中，每个人都会基于不同的原因进行选择，这是生活的常规状态。但是，这些选择不是为了参与交往论证而进行的，与交往理性无关，就不是本底抉择。本底抉

---

① Zhenming Zhai, *The Radical Choice and Moral Theory: Through Communicative Argumentation to Phenomenological Subjectivity*, Dordrecht: Kluwer Academic Publishers, 1994, p.5.

择要求我们处于一个交往共同体之中，出于交往论证的需求而运用我们的交往理性。假定奴隶或行尸走肉也有自己的选择，这种选择也可能出于自己内心的召唤，但由于奴隶或行尸走肉的选择不是交往理性的结果，他们不处于交往共同体之中，因而也就不可能做出本底抉择。

（3）本底抉择既是一种生死抉择，又不是生死抉择。"生—死"在何种意义上被理解，成为"本底抉择"概念转向对人的道德价值追问的关键。正因为"生—死"主题对于翟振明所构建的道德理论至关重要，翟振明重点探讨了死亡与自杀问题。自然层面的生与死不是翟振明讨论的对象，如果我们从自然层面理解生死抉择，那么本底抉择定然不是生死抉择。翟振明认为，交往共同体中的每个成员做出的抉择都是生死抉择，因为在翟振明看来，交往共同体是我们作为理想的人存在的条件，如果我们不做出抉择，那么就表明我们将要退出交往共同体，同时也表明我们不能作为主体性（翟振明意义上的现象学主体性）的人而存在。我们仍然留在交往共同体中，则一定表明我们选择作为人而继续生活。在这里，人的道德价值和现象学主体性意蕴得以显现。

总之，在翟振明那里，本底抉择是为了达成某种共识而在进行交往论证时需要最终做出的选择，并且这种选择导向是对人之为人的一种主体性的肯定。在这个意义上，翟振明完成了对哈贝马斯交往理性概念和对话伦理的超越。一方面哈贝马斯的理论具有描述性特征，而要完成规范伦理学的建构就必须对其进行修正，而翟振明对本底抉择的全新阐释实现了这种修正。另一方面，翟振明抛弃了把幸福因素作为价值评价的标准做法，而是从一种本底抉择出发，论证了一种不多不少的好生活，即交往理性下的人的生活，人的主体性价值在这里得以展现。

三 本底抉择的道德价值

论辩是交往共同体运转起来的唯一途径，而本底抉择又是交往共同体中的成员在进行论辩时必须做出的决定。因此，通过本底抉择而让交往共同体运转起来，使交往共同体中的每个成员具有了最本底的意义，这种意义昭示着成员作为"真正的人"的有价值的道德生活原型。

在翟振明看来，本底抉择只与人的生活有关，而与动物无涉，因为动物不可能处于一个交往共同体中，而人是不得不在交往共同体中生活的。如果退出交往共同体，那么这个人已经不具有人的生命形式。在这个立场上，人的生命是有意义的生命的唯一形式。于此，翟振明给予人的生命一种现象学意义上的审视，从而提出了一个全新的概念——人的度规（humanitude）。① 应该说，正是从对本底抉择的论证到对人的度规的现象学主体性阐释，使翟振明完成了对哈贝马斯的交往理性理论的超越。

翟振明认为，对于"人的本质是什么"的问题的回答，自亚里士多德以来都是错误的。亚里士多德将人所具有的特征看成人的本质，这种观点经验地看待人的本性，其实并没有达到对人的本性的规范性认识和本底上的理解。据翟振明考察，亚里士多德对人的本质的经验看法在拉斯马森（Rasmussen）那里发生了改变，在拉斯马森（Rasmussen）那里，亚里士多德式的"经验事实"（empirical facts）被拉斯马森的"经验法则"（empirical laws）所替代。但是，在翟振明看来，不论是拉斯马森（Rasmussen）意义上的"经验法则"还是亚里士多德意义上的"经验事实"，都是错的，因为人的本质的观念绝不可能从经验中得来，所有的经验（经验法则和经验事实）都来自外部，而对人的本质的规定一定是一种内在的东西，这种内在东西一定能够容纳康德意义上的自律观念。因此，翟振明断言，如果在关于人的本质的规定中，我们不能很好地处理自律观念，那么我们就应该承认，这种对人的本质的规定是不成功的。正是基于这种认识，翟振明提出不同于"人的本质"（human nature）的另一个概念，即"人的度规"（humanitude）。

> 为了避免遇到使用"人的本性"（human nature）概念所会导致的困难，我们使用一个新的概念用来意指人的独一无二的特性，即"人的度规"（humanitude）。"人的度规"这一概念是为了服务于我们建立非形式规范原则的目的而使用的，而这一原则能被理解为

---

① 人的度规（humanitude）是翟振明在其著作《本底抉择与道德理论——从交往论证到现象学主体性》（*The Radical Choice and Moral Theory: Through Communicative Argumentation to Phenomenological Subjectivity*）中所造的一个词汇，用以说明一种"真正意义上的人"。参见 Zhenming Zhai, *The Radical Choice and Moral Theory: Through Communicative Argumentation to Phenomenological Subjectivity*, Dordrecht: Kluwer Academic Publishers, 1994.

"与本底抉择存在联系"。①

在交往共同体中，只有真正的人才能够进行选择，动物不是交往共同体中的成员，因此不能自律地进行本底抉择。翟振明排除了任何动物（包括生物学意义上的人）进入交往共同体的可能。这样，人的度规就在这种本底抉择的过程中展现。不难看出，人的度规只有在交往共同体的背景下和每个成员做出本底抉择的意义上才能理解，所以，人的度规不可能是一个经验概念。哈贝马斯把幸福因素作为解决评价问题的一种答案，而翟振明在这里完全抛弃了幸福因素，而是通过对人的生命意义的追问，建立了一种非形式的规范而普遍的价值伦理。

从本底抉择出发，翟振明把人的度规置于现象学主体性的考量之中。起初，他批评了主体性的自然主义概念（the naturalistic notion of subjectivity）。

> 如此的主体性的自然主义概念从外部对人类行为的理解模式进行解释时，是有解释力的。但是，当被用来理解人们运用理论的理论态度时，它就摆脱不了失败的命运。换句话说，这个概念与我们的信念（即我们有提出有效性诉求并予以证成的能力）不相容。②

出于如此考虑，翟振明在现象学视域里重新诠释了主体性。

> 任何东西要被体验为有意义的，就必须在观念性的维度里得到呈现。这种体验包含在别的东西之中，如理解或误解、判断或误判、知道或错误、理性、证成、评价、做出选择等。这种观念性维度的呈现条件是可能实现的，并且在逻辑上优先于我们对外部自然世界的理解。与那些被体验的对象相对应，有意义的东西在客体里实现观念性维度的被体验，因此，这种对它们的体验被想象成超越

---

① Zhenming Zhai, *The Radical Choice and Moral Theory: Through Communicative Argumentation to Phenomenological Subjectivity*, Dordrecht: Kluwer Academic Publishers, 1994, p. 86.

② Ibid., pp. 96–97.

经验世界的自然过程，而不能被任何一种经验描述。这就是我们所谓的主体性。①

自然主义的主体性是一种经验描述，是从外部经验世界来理解的主体性，而现象学视域中的主体性企图采用超越经验世界的方式来理解，因而，理想性和意义就成为理解翟振明意义上的主体性的不可缺少的要素。在这里，理想性和意义是能使我们知道外部经验世界的主观条件，又绝不是外部经验世界的一部分，因此在经验世界里我们找不到理想性和意义的存在空间，只有在超越论的范围内我们才能理解理想性和意义。在因果维度上我们推导不出理想性和意义，它们不依赖于外部经验世界而存在。

综上所述，我们可以说，有意义的生活一定是一种理想性的生活，也是一种理性的生活，而作为真正的人所应该具有的理性，只会在交往共同体中出现。顺着这样的逻辑，我们必须得承认，完全的主体性属于处于交往情境中的人。因此，在翟振明那里，主体性就是人的度规。与别处的主体性不同的是，主体性被放在一种有意义的主客体间相互作用的层面上理解，而人的度规表述对人与其他任何东西的区别。显而易见的是，不论是主体性还是人的度规，都是交往共同体中每个成员所具有的，如果你退出交往共同体，那么，你过的生活一定不是一个真正的人要过的有意义的生活，你也无法被任何道德和价值考量。正如翟振明所言，在最严格的意义上，不做出本底抉择的人就不能被真正地说成道德的或者非道德的。②

第四节　将政治公开置入交往共同体

交往共同体是一个"大熔炉"，所有的人类知识都已经内在地前设入这个先验的交往共同体，所有人类行为若要获得正当地位也都应该被置于

---

① Zhenming Zhai, *The Radical Choice and Moral Theory: Through Communicative Argumentation to Phenomenological Subjectivity*, Dordrecht: Kluwer Academic Publishers, 1994, pp. 96–97.

② Ibid., p. 173.

交往共同体内重新思考。要保证政治公开的正义价值，就有必要将政治公开置入交往共同体之中，在交往合理性的视域下寻求政治公开的合理性解释。这样就可规避政治公开的异变，也可规范政治公开在实践上的运用，并最终奠定政治公开的正义根基。

将人类行为置于交往共同体内进行重新反思，寻找人类行为的合理性根基——过去的学者从来没有做过这样的工作。哲学的"语言学转向"开辟了全新的哲学道路，主体间视域日渐成为人们思考现实社会政治问题的重要方式，交往共同体也成为所有人生存的家园，离开交往共同体，我们就会缺少作为人的根本。翟振明将主体间视域具体化——通过本底抉择把交往共同体内每个成员的论辩过程展现出来，并在此基础上提出了适用于理解一切人类行为的"交往超越主义"。在翟振明的哲学思考中，交往超越主义是哲学第一原则，是他思考所有问题的出发点。但遗憾的是，翟振明并没有从交往超越主义的立场对现实社会政治问题进行反思。

一 实践共同体是一个交往共同体吗？

亚里士多德说，实践是以善为目的的活动，是善的实现的活动。尽管"善"在亚里士多德那里有各种不同的说法——形而上的或形而下的、手段的善或善本身、外在的善或灵魂和身体的善——但作为善的实现活动的实践，被亚里士多德明确强调，与生产性活动完全不同，即实践行动本质上是一种指向善自身的道德活动。[①] 从这里可以看出，在亚里士多德那里，实践行为是一种道德行为。这一观点在大哲学家康德那里也得到了展现。康德把人们的道德行为称为实践理性行为，而把人们寻求知识的行为称为纯粹理性行为。亚里士多德和康德对实践行为的理解存在着狭义化的倾向，实际上，实践行为不仅是实践理性行为，也可以是纯粹理性行为。也就是说，实践行为有认知的和道德的两种倾向。

毫无疑问，在现实世界中，我们每一个人通过实践行为组成各种不同的实践共同体，如政党、政治社团、社会组织、集市、家庭，这些实

[①] [古希腊]亚里士多德：《尼各马科伦理学》，苗力田译，中国人民大学出版社2006年版。

践共同体基于特定的目的，发挥着特定的功能。实践共同体中成员间通过实践行为发生着这样或那样的联系，表明了人们的实践行为与实践共同体之间的关系。人，或者是在这样的实践共同体中，或者是在那样的实践共同体中，实践共同体是现实世界中每个人的生存共同体，也是展示人的生活意义的共同体。我们能够设想，实践共同体中每个成员的践行（实践行为），大部分可能还是通过言谈的方式实现的，当然也不能完全排除实践共同体中成员之间身体上的直接对抗，如武力上的争斗或其他无言语的行动。这就不得不引起我们的追问，这种依靠大量言语行为而生成的实践共同体是否就是一个交往共同体？如果实践共同体就是交往共同体，那么，要对作为公开行为的实践行为进行交往建构就会水到渠成；如果实践共同体不是交往共同体，那么，公开行为的交往建构就需要另起炉灶。

很显然，从表面上看，言语（或称为论辩）是实践共同体和交往共同体共有的表现形式，但由此即认定所有人类实践行为发生的那个实践共同体就是一个交往共同体，又未免太过于武断。一方面，实践共同体中的论辩（作为实践行为的论辩）双方并不具有对等关系，它可能是在上者与在下者之间的语言交流，而交往共同体中的论辩双方间是一种对等关系，是具有交往主体性的自我与他人（这个"他人"在交往层面上也是"自我"）之间的沟通交流。另一方面，交往共同体其实就是论辩共同体，就是直接以言语式的论辩作为表现形式的共同体，交往共同体中的论辩不是日常意义上言语的沟通交流，而是超越论意义上的。如此看来，实践行为得以存在的实践共同体并不是交往共同体。

但是，实践共同体并不完全异于交往共同体，一个交往情境中的共同体，必须首先以实践行为的形式展现。在实践共同体中，如果成员针对实践行为进行论辩，那么，在实践行为的背后，就必然存在着论辩的结构。把实践共同体中所有实践行为的论辩结构串联起来，实践共同体就成了交往共同体。在这个意义上，这样的交往共同体就是一个具有论辩功能的实践共同体，在政治学领域，它也就是一个具有论辩功能的政治共同体。在一个政治共同体中，论辩功能和政治实践（政治行动）功能相关联，政治共同体中每个成员的交往主体性在论辩与政治行动中展现。因此，一个政治共同体，在实践维度上是政治的，而在理想维度上是论辩的、交往的。不过，这种论辩不是表现在政治共同体现实层面的论辩，而是隐藏在政治共同体中成员的政治实践行为之下。因此，抽象且先验地看，交往共同体是隐藏在政治共同体背后的"隐形共同体"。在这个意义上，政治共同体必须奠基于每个成员实践行动的交往合理性（每个成员的交往主体性）之上，才能最终获得应有的地位。正因如此，政治共同体中成员的政治实践行为也必须奠基于交往合理性之上，在政治共同体之外形成一个"隐形的"交往共同体，政治共同体才能获得正当性根基。

二 在交往共同体中论辩公开

当亚里士多德说"人天生是一个政治动物"时，他其实设置了针对人的开放视域。在亚里士多德那里，人天生是要参与社会公共活动的，人天生是一个合群的动物，这是人的本性。同样，当维特根斯坦认定"私人语言是不可能存在的"之时，维特根斯坦从凭借与亚里士多德相反的思路得出了人的语言本质上具有公共性特征的结论。不难看出，亚里士多德与维特根斯坦都点明了公开观念的完整起点：人在本质上是一个需要面对他人存在的动物。

毫无疑问，亚里士多德为我们描述了人的实践行为在实践层面应有的出路，即参与公共事务，与他人发生这样或那样的关系。亚里士多德论证了公开观念对人之为人、人的生存的必要性，人必须以一种公开的姿态面对他人、参与公共事务。但这种亚里士多德意义上的公开实践行为无疑只存在于现实的政治共同体内。在政治共同体内，每个成员践行公开行为，如发表演讲、与他人辩论、参与社会事务管理，这在亚里士多德看来是政治共同体内每个成员必然会进行的活动。但是，这种实践层面的政治共同体内的参与行动依然跳不出传统形而上学的视域，即存在着公开的主体与客体的分离。在政治共同体中，每个成员进行公开的辩论，审议政治共同体的事务。表面上看，这种公开辩论行为的主体与客体之间进行着平等的交流与沟通，但公开辩论的主体并没有把客体看成可以和自己完全对等的另一个主体，而将之看作一个外在于自己的他人。用阿佩尔的话来说，在实践层面进行公开辩论行为的每一个人仍然处于"方法论唯我论"的立场与视域之中。

你我都不可避免地处于政治共同体中，都在政治共同体中践行着政治公开的观念。不可否认，政治共同体中的有些公开行为能够取得合理地位，但另外一些公开行为，难免处于不合理状态。为保证政治公开的规范运用，就必须将其置入交往共同体之中。实际上，交往共同体并不是无中生有的，它依赖于实践的政治共同体（由公开行为构成的政治共同体），一方面是践行的，另一方面是交往的。我们说公开行为是践行的，是说它在实践层面能够显现，而我们说公开行为是交往的，是说公开行为只有在先验论辩层面才能得到理解，也就是说，公开行为被建立在共同体的论辩机制中从而被所有共同体成员辨明。公开行为主体与另一个行为主体之间一旦就公开行为本身开启对话辩论机制，它就进入了交往共同体的领域。在这个领域中，成员以论辩的方式确立公开行为的规则，论辩则以形成对公开行为的合理性共识为直接目的，在这种论辩中，对于具有交往主体性的每个成员而言，他们需要进行对公开行为合理性规则的理解与诠释。对于具有交往合理性维度的公开行为，它首先需要被共同体中的所有成员理解和传述。在意识层面，公开行为的意义领会与表述是必要的，不然就不会有每个成员之间的相互论辩。然后，以公开行为的意义领会为基础，成员之间展开明确的论辩，通过这种论辩表明公开行为的合理性。那些可能不合理的公开行为，并不具有公开谈论的情境，因而也就不大可能结成交往共同体。

总而言之，合理性公开是通过论辩进行辨明的，这就需要将政治公开置入交往共同体之中，交往共同体是论辩的共同体，一旦政治公开观念进入交往共同体中，开展论辩的准备就做好了。

三 政治公开的论辩与本底抉择

翟振明用本底抉择的方式将交往共同体内每个成员的论辩行为彻底化，这种论辩与本底抉择无疑是共同体成员进入交往共同体并让交往共同体运转起来的唯一途径。因此，将政治公开观念置入交往共同体，也就是要对政治公开进行辩论与本底抉择。

本底抉择看似非常简单，"To－Be－Or－Not－To－Be"（是抑或不是；生存还是毁灭）这一哈姆雷特式的经典问题，成为交往共同体中的成员展开论辩时所必须回答的问题。如果单纯从字面意义上理解，我们在日常生活中时常进行"本底抉择"（To－Be－Or－Not－To－Be）的回答。

例如当一个人问"你是否完成了今天的工作任务",你可能回答"是"或"不是"。我们每时每刻都可能在进行这样的问答,但这与翟振明的本底抉择概念相去甚远。首先,本底抉择是对人的"美好生活"(good life)的承诺。在论辩中,你的回答不能随意做出,因为"是或不是"的回答是对自己的"美好生活"的承诺。如果你随意地对一个问题做出"是或不是"的回答,那你就面临着丧失"美好生活"的危险。其次,本底抉择必须处于交往理性(交往合理性;communicative rationality)的支配之下。本底抉择不是成员的主观选择,成员在进行选择时,一定内在地拥有他人的视野,也就是说,他人在本底抉择中一直处于在场的位置。

在论辩前,交往共同体中的每个成员都要有对美好生活的承诺和他人在场的视景。论辩的主体是交往的主体,论辩双方还没有进入论辩之前,就已经内在地进行了一种存在论预设:论辩的主体是对等的主体。论辩中所有关涉的行为和知识都能被论辩双方所理解或表述。在进行本底抉择前,论辩双方都要秉持一种对美好生活(good life)的向往。对美好生活的坚持是论辩双方开展辩论时必须遵守的原则,偏离这一原则,论辩将失去原有的意义。

在论辩中,参与论辩的一方必须意识到另一方的存在,并将其视为同质的、对等的论辩主体,而不能将对方作为论辩的对象和客体,也就是说,论辩双方具有同等的主体性。当论辩的一方将论辩的问题传述给另一方时,对方便在自我意识中把这一方视为与其共在的同一主体,这一方作为交往主体性的存在向对方显现,并在自我意识中对论辩的问题进行自我理解。在理解之后,这一方就要在自我意识范围内就论辩问题做出本底抉择。不过,本底抉择并不是就论辩问题本身做出"是或不是"的回答,而是就是否继续进行论辩给予回答。因此,作为接受论辩的一方,这一方首先需要考虑的问题便是,是否与处于对等位置的对方进行论辩。如果是否定的回答,则这一方必须退出交往共同体。只有积极回应论辩问题,这一方才能继续留在交往共同体中。

我们可以尝试将政治公开的观念运用于论辩与本底抉择:论辩双方就政治公开问题进行辩论,论辩双方具有同等的主体性地位,当政治公开问题进入论辩情境时,论辩双方需要相互意识到对方的存在,并相互之间做存在论上的预设,实际上,论辩双方构成了一个交往共同体。要使交往共同体真正运转起来，就需要论辩双方展开论辩，如果参与论辩的一方针对政治公开问题不做回应或拒绝同意，那么，这意味着，这一方要退出交往共同体。现在，论辩双方就政治公开问题进行论辩，积极参与论辩的唯一目的是实现对美好生活的承诺，这种"美好生活不多不少是真正的人的生活"，只要论辩双方在对政治公开问题进行论辩时偏离了美好生活的人生方向，这种论辩就将无法进行下去。因此，在由政治公开观念所塑造的交往共同体中，所有论辩者都会本着实现美好生活的愿望参与论辩，并最终就政治公开的合理性及其规则达成共识。

如果我们将由论辩双方组成的简单论辩模式扩大化，所有关涉政治公开的正当性及其规则的人都参与论辩，就形成了一个围绕政治公开观念进行辩论的交往共同体。在这个交往共同体中，最终形成的政治公开观念是经过很多次交往论证（communicative argumentation）的结果，在每一次交往论证中，参与论辩者都面临着本底抉择的追问"To – Be – Or – Not – To – Be"，是继续参与公开观念的论辩还是退出交往共同体？公开观念的正当性及其规则就在不断的本底抉择中显露出来。

四 论辩公开的道德价值

阿佩尔、哈贝马斯对传统理性（认知理性或认知合理性）的交往改造和对先验交往共同体的确认忽视了交往共同体的实践本质和交往共同体对实践共同体的依赖，以先验语言学的立场来定义交往理性，使交往理性缺少实践行为的支撑。翟振明通过交往共同体中每个成员的本底抉择将道德实践行为关联起来，为实践行为介入交往共同体开辟了道路。更为重要的是，他通过交往共同体中每个成员的本底抉择把作为人类生存境遇的"是"转化成了作为人类生活的"应该"——人应该过一种有道德价值的真正的人的生活。这无疑寻找到了践行美好生活的蓝图。政治共同体中每个成员围绕政治公开观念进行论辩，一方面形成了政治公开观念的交往情境，由政治公开行为组成的政治共同体转换成了围绕政治公开观念所进行论辩的交往共同体；另一方面，也是最为重要的，围绕政治公开观念进行的论辩与本底抉择彰显着政治公开观念的道德价值，政治共同体中每个成员公开行为的实践依赖成员对美好生活的追求与向往。

第六章 政治公开的交往合理性建构 237

　　翟振明认为，在交往共同体中，每个成员运用交往理性进行辩论，在辩论过程中，每个成员（第一人称）面临着两种选择：拒绝做出选择，从而退出交往共同体；做出选择，然后就生活的每个重要方面向自己提出"是或不是"的问题。选择第一种方案的那些人将不再属于交往共同体，来自交往共同体的所有辩论都与他们无关，交往理性也不再是他们作为"真正的人"存在的必要因素。那些选择第二种方案的人能够继续留在交往共同体中参与辩论，并时刻准备着进行本底抉择，用"是或不是"回答来自生活的重大问题。如果选择"不是"，这将会违背交往理性的一致性肯定原则（the principle of performative consistency, PPC），论证（argumentation）将无法继续进行下去，这些人最终也会和拒绝做出回答的那些人一样退出交往共同体。因此，在本底抉择中，成员必须选择"是"，这是一种对美好生活的强有力肯定，同时也赋予交往共同体中的每一个成员以最高的主体性价值。在这种主体性价值的承载下，"我"产生了第一个"应该"：我应该为了人的度规而生活。①

　　在翟振明看来，这个论断不可反驳，并且具有普遍的规范有效性。在交往共同体中，如果我们对自己的生活拒绝做出选择或者以"不是"的方式来回答，那么，我们过的生活一定不是一个真正的人要过的有意义的生活，我们也不具备任何道德价值的考量。翟振明在这个问题上如此绝对和彻底，以至于他在自己著作的末尾断言：在最严格的意义上，不做出本底抉择的人就不能被真正说成道德的或者非道德的，也就不是真正意义上的人。

　　同样地，在交往共同体中，每个成员围绕政治公开观念进行本底抉择，每个成员面临着两种选择，一种选择是"是"，另一种选择是"不是"。这种本底抉择是一种生死抉择，所谓"生"，是指作为一个真正的人继续在交往共同体中与他人进行论辩，所谓"死"，是指不具有作为人的资格，不是一个真正的人，从而退出交往共同体。选择"是"的所有成员围绕政治公开观念不断地进行论辩，最终当然是为了在公开问题上达

---

① 即 I ought to live for the sake of humanitude。参见 Zhenming Zhai, *The Radical Choice and Moral Theory: Through Communicative Argumentation to Phenomenological Subjectivity*, Dordrecht: Kluwer Academic Publishers, 1994, p. 151。

成共识，但更为重要的是，每个成员在论辩与本底抉择中表现出来了道德价值。用翟振明的道德价值生活的第一原则来比附交往共同体中政治公开观念的道德价值，那就是：我应该为了人的度规而公开。①

每一个参与论辩公开的主体（交往共同体中的成员）实际上也是由公开观念构成的政治共同体中的成员，每个成员在围绕政治公开观念进行论辩时都抱持一种美好的愿望——我对公开观念的辩护都是为了人的度规的实现。政治共同体中的公开首先是事实问题，而本底抉择与论辩进一步彰显了每个成员的主体性价值和作为真正的人的美好生活。

政治公开的交往式论辩建立在论辩双方人格独立的基础之上，人格尊严的践行是交往共同体中每个成员的使命。被置于交往情境中的公开行为主体基于各自的交往主体性而行动，但这种交往主体性并不表示行为主体丧失了自我，恰恰相反，交往主体性确立行为主体的独立，而人格是交往共同体中每个人自我独立性的重要体现，是一个人区别于另一个人的东西。政治公开的论辩双方具有主体性上的对等地位，也就相应地在人格上对等，每个人都具有相同的、与他人对等的人格尊严。人格与尊严直接关联，并且，在交往共同体内，每个成员具有完全相同的人格尊严，一个人的人格尊严不比任何他人少，也不比任何他人多。对于由公开观念构成的交往共同体而言，每个成员的人格尊严不是自己为自己确定的，也不可能是由他人（论辩的对方）单方面确认的，而是由进入交往共同体的自我与论辩的他人的对等保证，也就是说，人格尊严只有在交往合理性之下才能够得到保证。

康德说，在任何时候都不要把自己和他人仅仅当作工具，人，是目的本身。② 按照康德的意图，所有理性的存在形成一个目的的王国，每个理性的存在都是目的王国的成员，目的王国中那些自在存在的东西都具有尊严。因此在康德那里，只要一直把自己和他人当作目的而不当作工具，我们都会具有尊严。这一观点看似把尊严作为人之为人的根本，但是，康德

---

① 即 I ought to be public for the sake of humanitude。
② ［德］伊曼努尔·康德：《道德形而上学原理》，苗力田译，上海人民出版社 2005 年版，第 53 页。

的"人是目的"和目的王国中人的尊严问题带有明显的独断论倾向。① 只有对康德意义上的人格尊严问题进行交往合理性构造,体现价值与尊严的目的王国才可以相应地转换成一个交往的王国。原有目的王国的成员都作为交往主体性而存在,都被置于交往情境中,才能保证目的王国中每个成员的人格尊严。

论辩公开的道德价值在于:公开是对人格尊严的践行,任何有损人格尊严的公开和秘密都不可能具有正当性,也不可能在交往共同体中有存在的可能。在翟振明那里,人格尊严就是人的度规,人的度规是人类所有行动的核心,所有的人类行动要具有正当性,都要围绕人的度规进行,凡是偏离人的度规的人类行动,都不可能取得正当地位。因此,政治中的公开要正当,就必须以人的度规为准则,在交往合理性之下进行。人的度规成为人类行动的准绳,也就成为政治公开具有正当性的唯一原则,所有政治公开行为都要以人的度规为目标(我应该为人的度规而公开),这应该成为政治共同体中所有成员的口号。

五 论辩公开的政治意涵

交往共同体并不是政治共同体,而是隐藏在现实政治共同体之后的规范形式。因此,在政治正义的框架内,交往共同体为政治共同体的运行提供理想模板,政治共同体中的任何一个行为(包括政府行为及公民行为)都必须置身于交往情境中才能找其正义的根据。相应地,政治共同体成员将政治公开观念置于交往情境中,对政治公开观念进行论辩与本底抉择,从论辩与抉择中发现政治公开观念的政治意涵。

(1)公开是一种自由。英国哲学家以赛亚·伯林在1958年提出过两种自由的概念,即消极自由(Negative Liberty)和积极自由(Positive Liberty)。在伯林看来,消极自由是指不被别人干涉的自由,这种自由

---

① 康德理性哲学的独断论倾向早就被阿佩尔和哈贝马斯等人所洞识,阿佩尔曾明确地将康德、胡塞尔的哲学看成笛卡尔"方法论唯我论"的延续,哈贝马斯则直接把康德的绝对命令看成独白式的论断,认为康德的视界仍然是一种孤独个体的视角。参见[德]卡尔-奥托·阿佩尔《哲学的改造》,陆兴华译,上海译文出版社1997年版;[德]哈贝马斯《理性公共运用下的调解——评约翰·罗尔斯的〈政治自由主义〉》,载[美]罗尔斯等《政治自由主义:批评与辩护》,万俊人等译,广东人民出版社2003年版。

的政治自由的领域是人的行为能够不被别人阻碍的领域；积极自由是指"我希望成为我自己的而不是他人的意志活动的工具，希望成为一个主体，希望成为一个行动者"，"成为某人自己的主人的自由"。① 当我们说公开是一种自由时，就可以在这两个意义上使用"公开"：一是政治公开的主体在实施公开行为时，不受任何外在力量的强制，公开行为主体意志自由；二是政治共同体内每个成员都有追求公开的自由。毫无疑问，第一个意义上的公开是伯林的消极自由意义上的公开，政治共同体内的每个成员不受阻碍地进行公开，任何外在力量都不能对之加以干涉；第二个意义上的公开是伯林的积极自由意义上的公开，政治共同体中的每个成员积极地实施公开行为，而不是在他人或共同体的引诱、利诱或压迫之下去公开。

现实政治共同体中每个成员实施公开行为时必须遵守的自由原则，根源在于交往共同体中成员论辩的公开观念，自由（freedom）是交往共同体中每个成员进行本底抉择与论辩公开观念时所必须具备的前提。当我们围绕公开观念进行本底抉择时，需要对我们的公开论辩给予"是或不是"的承诺，如果这种承诺是在不自由的状态下产生的，那么，我们对美好生活的承诺将不具有规范有效性，我们的主体性价值也将会受到贬损，因此，自由是我们能够进行本底抉择及公开观念得以实现的先决条件。同样，在交往共同体中，成员也存在着消极自由和积极自由两种取向：一方面，消极自由的论辩主体毫无阻碍地进行本底抉择和参与论辩，这种抉择与论辩不受任何外在压力支配，而是主体意志自由的体现；另一方面，积极自由的论辩主体必须以积极的心态进行本底抉择和参与论辩，从而去实现"人的度规"。

自由对于政治公开的意义在于：在政治共同体内，每个成员的公开行为不是他人或共同体强迫的结果，更不是他人或共同体操纵的结果，而是完全自由自主的行为。总之，政治共同体中成员的公开是完全自由自主的，不受任何外在力量的压迫、强制或诱惑。

（2）公开是一种责任。责任（responsibility）是交往共同体内每个成员为了"应该"而行动时的内心召唤，因为责任，交往共同体内的每个

---

① ［英］以赛亚·伯林：《自由论》，胡传胜译，译林出版社 2003 年版，第 189、200 页。

成员才积极地参与论辩并对公开行为负责。一方面，责任（responsibility）与义务（duty）两个概念存在着本质区别。第一个"应该"（我应该为了人的度规而公开）似乎表明我们受着某种力量的驱使而为人的度规去践行公开行为。但这种力量并不来自于任何权威也不受任何外部力量的强制，它来自于交往共同体内每个成员的内心，通过"应该"彰显出来的是人的度规和完全的主体性价值。义务概念不免带有某种外部力量强加的意蕴，而责任概念彰显的一定是内心的召唤。因此，我应该为了人的度规而公开是交往共同体中的每一个成员的责任而不是义务。另一方面，责任更与功利概念有着本质区别。功利要以金钱、利益或其他外在的爱好为目的，康德说，一种道德的行为，不能出于爱好，而只能出于责任，康德意义上的爱好就是在功利层面使用的概念。责任是内在的、良知的，而功利一定是外在的。交往共同体中每个成员参与本底抉择与论辩一定出于内在的良心而不是外在的功利。

在现实政治共同体中，每个成员实施公开行为必须遵守责任原则。康德认为，一种行为只有出于责任，以责任为动机，才有道德价值。同样地，只有以责任为动机的公开行为才具有道德价值，才具有合理性。公开是一种责任，这意味着，公开的主体要以内在的良心为出发点实施公开行为，而一切以金钱、利益、诱惑等外在因素作为出发点的公开行为，都是不可取的。在现实政治生活中，存在着大量不负责任的公开行为。例如，如果政府公开信息是基于权力行使的欲望、他人的干扰或上级部门的压力，那么，我们便可以说这种政府信息公开行为没有以责任为基本原则，是一种不负责任的公开行为。

责任对于政治公开的意义在于：公开行为要以责任为基本原则，要以内在的良心为出发点，一切外在的东西都不能成为公开行为的动机。总之，政治共同体中每个成员的公开完全出于责任，受内在良知的驱使而不服从于任何功利。

（3）公开是一种权利。根据阿佩尔、哈贝马斯等人对交往共同体的体认，交往共同体内不存在任何权威，也不存在一方对另一方的权力制约关系。应该承认，交往共同体中的成员不仅包括个体公民，还包括社会组织、政治社团、政党、政府等共同体，在现实政治生活中，这些共同体拥有一定的权力。但是，在交往共同体中，那些社会组织、政治社团、政党或政府等都作为论辩的主体出现,交往共同体中论辩的主体处于完全对等的位置,论辩主体之间的对等性决定了成员之间不存在制约与被制约的关系,没有哪一方是权威或权力的拥有者,成员都是平等的论辩者。同样,交往共同体中政治公开的论辩者中也不存在任何权力和权威,政治公开的论辩者实际上也是政治公开的践行者,因此,公开行为主体实施其行为并不是为了彰显权力,而是为了保障公开行为客体的权利。

在传统观点中,权利与权力经常处于不相容的状态,权力的拥有者在实施其权力时可能会造成对他人权利的伤害。但是,近代政治哲学家约翰·洛克却在《政府论》(下篇)中将政治权力定义为权利:"政治权力是为了规定和保护财产而制定法律的权利,判处死刑和一切较轻处分的权利,以及使用共同体的力量来执行这些法律和保卫国家不受外来侵害的权利,而这一切都只是为了公众福利。"[①] 洛克的权力观的确颠覆了传统观念,但对于如何才能真正保障权力成为一种权利的问题,洛克并没有提出行之有效的办法。在现实政治共同体中,对于公开行为主体(如政府、社会组织)而言,政治公开是一种权力,也就是一种制约力量,所以问题的关键在于如何使政治公开权力转化成政治公开权利。在理想的交往共同体视域中,现实政治公开中的主体和客体(政府和公民)就是交往共同体的论辩各方,他们之间的关系并不是权力制约关系,各方是平等对话者,政治公开行为是主客体权利(权益)的保障方式和途径。因此,只有在交往共同体内的交往合理性视域中,公开行为才能真正转化成一种权利。

权利对于政治公开的意义在于:作为一种政治权力的政治公开,只有以保障个体公民的权利为目的,才能获得正当性根据。总之,政治共同体中成员的公开的目的在于保障权利,即保障个体公民权利而不是实现政治权力。

(4) 公开是一种论辩。论辩是交往共同体内成员之间唯一的交往方式,在论辩过程中,每个成员之间的地位是平等且对等的,不存在主导论辩过程的支配者。从这个意义上讲,论辩是一种双向沟通、交流,就本体论地位而言,没有任何一方处于强势,也没有任何一方处于弱势。交往共

[①] 洛克对政治权力的定义无疑应该被重视。一般认为权力的拥有者就是高高在上的统治者,而权力的对象是普通民众。洛克对权力的定义彻底颠覆了这一观念。参见 [英] 洛克《政府论》(下篇),叶启芳、瞿菊农译,商务印书馆2007年版,第2页。

同体中的所有人就某一问题进行充分的沟通交流，一方提出论辩的问题，期待着对方的积极回应，而论辩的另一方则时刻关注着对方提出的论辩问题，获知对方提出的论辩问题后，会积极地回应，这样，论辩双方就在这种沟通、交流与论辩中形成一致的意见。

常识观点认为，公开是一方把信息通过语言传递给另一方，另一方并不需要对信息传递的一方做出回应。实际上，这是一种单向的公开，这种单向的公开反映在政府信息公开、政务公开等政治实践上，通过网络、电视、公告栏等平台或渠道把政府信息告知公众。但是，这种对公开观念的简单理解明显与其本意不符，实际上，应该将政治公开放在论辩的层面上理解，公开不是一种简单的告知与知晓，而是一种双向沟通与交流。在交往共同体中，每个成员参与政治公开观念的本底抉择与论辩，他们既是政治公开的论辩者，同时也是公开行为的执行者。可见，政治公开在论辩与沟通的意义上才能得到更好的理解。美国学者戴维·卢班（David Luban）对公开性进行了深入研究，并从三个层次上理解公开性概念，即作为普遍知道的公开（publicity as general knowledge）、作为相互知道的公开（publicity as mutual knowledge）和作为批判性争论的公开（publicity as critical debate）。[1] 毫无疑问，戴维·卢班（David Luban）创造性地将公开性的理解上升到批判性争论的层面，从而摆脱了过去那种将公开性理解成知道与知晓时的局限性。承认公开是一种双方的论辩与讨论，就必须反对那种单向冷漠的公开形式。例如，政府将信息在网上公示，而不主动听取公众的反馈意见，这就是一种单向冷漠型的公开。

论辩对于政治公开的意义在于：公开不是一种单向冷漠的行动，它需要公开行为的所有关涉者积极参与交流、沟通与论辩。总之，政治共同体中每个成员的公开针对他人的回应，是一种沟通、交流与论辩，而不是一种单向冷漠的公开。

第五节　政治公开的现实图景

在现实的政治生活中，公开性时常作为民主社会的重要象征，作为解

---

[1] David Luban, "The Publicity Principle", *The Theory of Institutional Design*, Cambridge: Cambridge University Press, 1996, p. 169.

决腐败问题的重要方式，也作为政治合法性成立的重要条件，而被关注。但在政治学或政治哲学领域，很少有人专门从公开性角度研究民主、腐败和合法性的政治问题，一个重要的原因可能在于，人们都倾向于直接将政治公开作为政治民主、反腐败、合法性政治的重要前提。但是，不加反思而将政治公开直接作为公开性原则或透明化机制使用，势必会导致政治公开的滥用和政治议题论证的坍塌。因此，有必要重新思考政治公开与民主、腐败、合法性政治之间的关系。

一　政治公开与民主

民主是政治学领域争议最多的概念之一。在古希腊雅典民主时代，亚里士多德就认识到民主是在出身方面无可挑剔的所有人都可以参与的行政管理的制度。[1] 代议制民主理论认为，民主是人民对人民的权力。[2] 通过多数投票决定权力的归属与公共政策的制定，是一种由多数人作决定的政治制度。试图对民主理论进行新解释的政治学者萨托利认为，现代民主制度是一种管理体制，统治者在公共领域中的行为要对公众负责，公民的权力通过公民选举产生的代表的竞争和合作来实现。[3] 美国当代民主理论家科恩则把民主界定为"一种社会管理体制，在该体制中社会成员能直接或间接地参与或可以影响全体成员的决策"。[4] 多元民主的提倡者罗伯特·达尔主张民主政治应符合几个标准，即有效的参与、投票的平等、充分的知情、对议程的最终控制、成年人的公民资格等标准。[5] 对民主理念最简洁同时也最有力的诠释则是美国总统林肯在1863年葛底斯堡演说中提到的民有、民治、民享（of the people, by the people, for the people）

---

[1] 亚里士多德在区别了几种不同的"民主政制"之后指出，不容许所有公民享有管理权力的制度是寡头的，容许所有公民共享管理权力的制度是民主的。一般认为，亚里士多德能够把握民主制度的本质，但对民主政治的认识有局限。参见〔古希腊〕亚里士多德《政治学》，颜一、秦典华译，中国人民大学出版社2003年版，第128页。

[2] 〔意〕萨尔沃·马斯泰罗内：《欧洲民主史——从孟德斯鸠到凯尔森》，黄华光译，社会科学文献出版社1998年版，第2页。

[3] 〔美〕乔·萨托利：《民主新论》，冯克利、阎克文译，东方出版社1998年版，第22页。

[4] 〔美〕科恩：《论民主》，聂崇信、朱秀贤译，商务印书馆2007年版，第10页。

[5] Robert A. Dahl, On Democracy, New Haven: Yale University Press, 1998, p. 38.

的经典格言。总体上看，民主政治都与人民直接关联，民主是一种人民治理的制度。

公开性是民主政治的基本价值，是民主政治的重要前提和基础。民主政治是开放的或公开的政治，专制政治是神秘的或秘密的政治。公开性作为民主政治的基本原则在政治哲学和道德哲学领域有着悠久的历史，杰里米·边沁（Jeremy Bentham）和康德为这种思想传统的主要代表。[①] 从文献上看，杰里米·边沁是目前为止对公开性问题进行过最明确和最系统的论述的哲学家，在《杰里米·边沁著作集》（*The Works of Jeremy Bentham*）的《论政治策略》（An Essay on Political Tactics）里，边沁专门论述了公开的观念。边沁认为，政治权力所带来的诱惑越大，占有权力的野心就越大，相应地就需要更大的力量去抵制这种野心。但是，在这些力量当中，没有什么力量比将权力置于公众的监督之下更持久和更普遍。如果你对国家的任何事情都知情，那么你就应该抛弃所有不满。边沁提出的"公众知情权"无疑是国家治理的重要方式。边沁对秘密政府和公开政府进行了比较，指出一个公开的政府将更有力、更刚毅、更有声誉。实际上，民主的国家比那些在近代史上与自己发生战争的敌对国家在这方面做得更好，民主国家没有把保持秘密作为有效率的统治方式。[②] 康德是另一个看重民主社会中的公开性的哲学家，他从公开性角度提出民主和平的理论。康德著作的英译者和阐释者特德·胡蒙菲雷（Ted Humphrey）认为，公开性是政治生活的目标和内容，在这个意义上，为了寻求和保障和平，公民可以公开而自由地运用他们的理性，公开性为真正的公民生活提供了唯一的支撑。特德·胡蒙菲雷对康德永久和平论调的评述无疑切中了康德政治哲学的要害，在康德那里，公开性就是公民政治生活不可或缺的要素，况且，康德提出的公共权利的先验公设，可以被看作民

[①] 在公开性问题上，边沁与康德的观点非常一致。参见 Jeremy Bentham, "Of Publicity", *The Works of Jeremy Bentham*, Vols. 11, Vol. 2, Edinburgh: William Tait, 1843; Hans Reiss (ed.), *Kant: Political Writings*, Cambridge: Cambridge University Press, 1991.

[②] 边沁旗帜鲜明地坚持公开性法则，但并没有完全否认国家治理中的秘密情形。他承认，从长远来看，公开的政府比秘密的政府在治理上更好更有效。参见 Jeremy Bentham, "Of Publicity", *The Works of Jeremy Bentham*, Vols. 11, Vol. 2, Edinburgh: William Tait, 1843.

主的潜在条件。①

应该承认，政治公开在三种意义上使用，即信息公开、沟通交流和参与互动，也就是说，公开不仅是一种单向的信息公开，更是一种话语上的沟通交流和行动上的参与互动。从逻辑上看，政治公开的三种意义恰好可以成为民主政治的重要特征。

（1）信息公开与民主。民主社会是一个公民自治的社会，民主的兴旺发达倚仗其公开性，即公众关心公共事务，政府信息对普通公众公开。不仅如此，任何一个社会成员要进行有效的自治从而对面临的问题做出明智的决定，就必须更容易地看到必要的陈述事实的材料，而且这些材料还应当有适当的准确性和完整性。事实陈述有所出入的材料，都必须被公之于众，也就是要将所有信息公开。美国民主政治的倡行者科恩将"提供信息，使社会公民能够根据这些信息采取明智的行动"作为民主的智力条件。"若在大的民主国家中日常行政不是由公民大众来决定，而是由他们选出的代表来决定，那些代表就必须充分准确地获知信息。公民也有必要获知他们需要知道的信息以便能明智地选出代表。如果民主国家中，不论间接或直接民主，有治理权的公民处于一无所知的状态，要想治理好这个国家是不可能的。"② 在科恩看来，公众对信息了解得越多，就越有可能形成正确的意见和预测，从而采取适当的行动，因此，信息公开是民主参与的重要前提。如果提供的信息是扭曲的或不完整的，那么，根据这些信息而制定的政策也就相应地会走样或不完整。在这个意义上，科恩才警告读者，秘密是民主的敌人，哪怕是以国家安全为由的秘密行为，都让民主直接受到威胁。③

（2）理性沟通与民主。一个社会总有这样或那样的冲突与分歧，讨

---

① 康德公设是理解康德政治哲学的关键，也是研究公开性问题的重要范畴。《斯坦福哲学百科全书》的"公开性"（pubilicity）词条和戴维·卢班（David Luban）《公开性原则》一文都直接以康德的公共权利的先检公设为出发点。参见［德］康德《历史理性批判文集》，何兆武译，商务印书馆2005年版，第148页；David Luban, "The Publicity Principle", *The Theory of Institutional Design*, Cambridge: Cambridge University Press, 1996; Axel Gosseries, "publicity", http://plato.stanford.edu/entries/publicity/, 2005。

② ［美］科恩：《论民主》，聂崇信、朱秀贤译，商务印书馆2007年版，第159页。

③ 同上书，第163页。

论、交流、沟通与辩论是解决这些冲突与分歧的最好方式，民主社会里的每个成员（包括政党、政府）都需要不断地交换意见，为达成共识创造条件。与之相反，专制社会处理冲突与分歧的主要方式是暴力与压制。因此，民主社会是成员处于经常对话之中的社会，把各种不同的思想和建议在彼此之间传播。在这个意义上，科恩才说要培养公民"交流的艺术"。①美国社群主义者迈克尔·沃尔泽也就理性沟通对于民主的重要性进行了论述，他说："公民们必须自己统治自己，民主是这个政府的名字，但这个词并不描述任何像单纯的制度一样的东西，民主也不是像单纯的平等一样的东西，……民主是一种配置权力的政治途径，每一种外部理由都被排除了，真正重要的是公民中的争论。理想状态下，提出最具说服力的论点——即实际上说服了最大多数公民的论点——的公民就可以随心所欲。但他不能使用暴力，或使用权势压人，或分配金钱，他必须讨论手边的问题，而所有其他的公民也必须讨论，或至少有机会讨论，这就是我们所称之为理性统治的东西。"② 随着西方竞争性民主理论的日渐式微，审议式民主或民主审议越来越成为学术界谈论的焦点，审议民主也越来越成为民主政治的重要形式。

（3）政治参与与民主。政治参与是普通公众加入政治生活的行动方式，通常表现为沟通交流、选举、投票、监督等多种形式，是民主程序的核心概念，也是衡量民主生活水平的重要指标。人们应该承认："在有关政治的理论研究和经验研究中，参与都是一个核心概念，它在对于民主的分析中具有特别重要的作用。"③ 将政治公开理解成一种政治参与，这在理论上来讲的确有一定困难，但在经验层面，将政治公开理解成一种政治

---

① 科恩认为，培养交流思想的技巧永远是民主教育的一个中心目的。处理全社会都关心的问题时，要依靠报纸、书籍及广播电视交流意见，也需要通过会议直接交流意见。民主要求人说话时清楚中肯，听话时注意力集中理解说话者的意思，写作时明白通畅。公民必须具有表达自己和别人思想的能力，必须能表达自己的关心与观点。会议要取得成功需要名副其实的交流。培养交流的艺术是民主国家公民必须具备的、不容松懈的能力。参见［美］科恩《论民主》，聂崇信、朱秀贤译，商务印书馆2007年版，第169页。

② ［美］迈克尔·沃尔泽：《正义诸领域：为多元主义与平等一辩》，褚松燕译，译林出版社2002年版，第406—407页。

③ 邓正来主编：《布莱克维尔政治学百科全书》，中国政法大学出版社1992年版，第563页。

参与就能讲得通。参与作为公民权利实现的重要形式，是投票权、选举权、监督权等权利的直接体现，而这些权利的实现以知情权的实现为前提。公民只有实现了知情权，对政府事务有比较全面的了解和感知，才有可能在投票、选举及决策中进行理性的选择。毫无疑问，公民知情权的实现完全依赖政治公开。因此在这个意义上，政治公开最终落实为一种行动——公开对象获知信息后参与政治。这是积极行动而不是被动的行动，正是这种行动，成为民主政治的重要特征。

政治公开是民主社会的重要特征，政治秘密（密谋、谎言）是民主社会的敌人。但这并不意味着政治公开的社会就一定是一个民主的社会，民主社会就一定不能容忍政治秘密的存在。哪怕是最顽强的公开观念的支持者，都不会完全否定民主社会中存在着这样或那样的秘密，甚至还有为数不少的人承认民主政治容许少量秘密行为乃至容许民主生活中谎言、欺骗等严重违背政治伦理的秘密情况存在。在民主社会中，除国家安全方面的信息需要保密之外，其他政治活动都要遵循公开性原则，也就是说，公开是原则，而不是例外。但是，如何划定民主政治生活中公开与秘密的界限，是一个十分困难的事情，正因如此，美国学者弗兰西斯·劳克（Francis E. Rourke）才将公开与秘密问题看成民主社会的一大困境。[1] 然而，弗朗西斯·劳克对这个分界问题并没有提出很好的解决办法，甚至可以说，学术界至今很少有人对这一问题有更深入的思考和更好的解决方案。

交往合理性及其交往主义哲学视域为我们划定公开与秘密的界线提供了支持。例如，在很多人看来，政治谎言或欺骗是民主社会中大量存在的一种合理性现象，并且，完全去除政治谎言或欺骗不大可能也没有必要。[2] 但是，在交往视域中，任何政治谎言或欺骗都是错的，哪怕是柏拉

---

[1] Francis E. Rourke, *Secrecy and Publicity: Dilemmas of Democracy*, Baltimore: Johns Hopkins Press, 1966.

[2] 在政治哲学和道德哲学领域，对政治谎言或欺骗持有同情态度的学者不在少数。他们认为，一定的政治谎言或欺骗有利于政治统治。这一观点最顽强的支持者当属古希腊哲学家柏拉图，他主张使用"高贵的谎言"或意识形态进行政治统治。参见［古希腊］柏拉图《理想国》，郭斌和、张竹明译，商务印书馆1997年版。当然，更多的人对此态度温和，即认为谎言或欺骗是民主治理中不可缺少的一部分，民主社会中应该允许伪装、狡诈等存在，如 Benjamin Franklin、Judith Shklar 等人就持此观点。参见 Judith Shklar, "Let Us Not Be Hypocritical", *Daedalus*, Vol. 108, No. 3, 1979, pp. 1–25.

图意义上的"高贵的谎言"(the noble lie),也完全不符合交往共同体的运行规则。但是,"善意的谎言"(the white lie)在交往合理性上能够得到辩护。又如,没有人能够否定政治机密(国家安全)对于民主国家的重要性,它也可以在交往合理性层面得到辩护。在这个意义上,交往合理性能够为民主政治中的公开与秘密提供合理性依据,只有建立在交往合理性之上的政治公开才能成为民主政治的基础。

二 政治公开与腐败

根据《现代汉语词典》,"腐败"一词有三个义项:腐烂,如不要吃腐败的食物;(思想)陈旧、(行为)堕落,如腐败分子;(制度、组织、结构等)混乱、黑暗,如政治腐败。① 美国著名政治学者塞缪尔·亨廷顿认为腐败是指国家官员为了谋取个人私利而违反公认准则的行为。② 中国学者何增科将腐败定义为"公职人员出于私人目的而滥用公共权力和公共资源的行为"。③ 张曙光更为直接,他将腐败理解成"以权谋私""通过损害他人和社会公共利益而牟取私利"。④ 尽管对腐败的理解千差万别,但是"腐败"的基本含义高度一致,如,腐败是谋私利,腐败是公职人员的行为,腐败是一种不正当的行为。在这些特征里,有一个特征并没有引起学者们的重视,那就是"腐败是一种秘密"。在常识意义上,腐败一定是在秘密情况下进行的,是一种背后交易。

柏拉图在《理想国》中借助古希腊智者格劳孔(Glaucon)的形象讲述了一个古各斯之环(Ring of Gyges)的故事。

> 古各斯是一个牧羊人,在当时吕底亚的统治者手下当差。有一天暴风雨之后,接着又地震,在他放羊的地方,地壳开裂了,下有一道深渊。他虽然惊住了,但还是走了下去,他在那里面看到许多新奇的

---

① 《现代汉语词典》,商务印书馆2002年版,第604页。
② [美]塞缪尔·P.亨廷顿:《变化社会中的政治秩序》,王冠华、刘为等译,沈宗美校,生活·读书·新知三联书店1989年版,第54页。
③ 何增科:《政治之癌——发展中国家腐化问题研究》,中央编译出版社1995年版,第80页。
④ 张曙光:《腐败与贿赂的经济分析》,《中国社会科学季刊》1994年第1卷第6期。

玩意儿，最特别的是一匹空心的铜马，马身上还有小窗户。他偷眼一瞧，只见里面一具尸首，个头比一般人大，除了手上戴着一只金戒指，身上啥也没有，他把金戒指取下来就出来了。这些牧羊人有一些规矩，每个月要开一次会，然后把羊群的情况向国王报告。他就戴着金戒指去开会了。他跟大伙儿坐在一起，谁知他碰巧把戒指上的宝石朝自己的手心一转，这一下，别人都看不见他了，都当他已经走了。他自己也莫名其妙，无意之间把宝石朝外一转，别人又看见他了。这以后他一再试验，看自己到底有没有这个隐身的本领，果然百试百灵，只要宝石朝里一转，别人就看不见他，朝外一转，就看得见他了。他有了这个把握，就想方设法谋取到一个职位，当上了国王的使臣。到了国王身边，他就勾引了王后，跟她同谋，杀掉了国王，夺取了王位。①

古各斯之环（Ring of Gyges）的故事告诉我们，每一个人在隐身（不透明）的情况下，都可能做不正当的事情。正如古希腊智者格劳孔（Glaucon）说的，如果有两只金戒指，正义的人和不正义的人各戴一只，在这种情况下，没有一个人能坚定不移继续做正义的事，也没人能克制住而不拿别人的财物。他能在市场里不用害怕，他要什么就随便拿什么，能随意穿门越户，能随意调戏妇女，能随意杀人劫狱，总之，这个人就会像神一样。尽管格劳孔和苏格拉底探讨的是何为正义、何为不正义的问题，格劳孔在这里还表达了一种相对主义立场，在他看来，没有绝对的正义，也没有绝对的不正义，不善良的人会做不正义的事，而善良的人有时也会做不正义的事。因此，在所有不正义的事情中，格劳孔认为，都存在"古各斯之环"（Ring of Gyges）。同样，在古各斯之环（Ring of Gyges）下，腐败行为最大可能地滋长，甚至可以说，可以使自己隐身而与他人保持秘密状态的古各斯之环（Ring of Gyges）是腐败行为的天然屏障。腐败行为的这一特点也正好能够说明，腐败往往在专制制度下的封闭社会环境中更容易蔓延。

当然，遏制秘密（不透明）环境下的腐败现象离不开政治公开与透

---

① ［古希腊］柏拉图：《理想国》，郭斌和、张竹明译，商务印书馆1997年版，第47—48页。

明。通常认为，阳光是最好的防腐剂，公开是最有效的反腐措施，因为政治公开、阳光或透明可以将腐败暴露在公众审视的目光之下，公众的审视成为矫正腐败行为的有力武器。

杰里米·边沁（Jeremy Bentham）将"公开性的审视"（the gaze of publicity）理解成"公众的注视（监视）"（the eyes of the public），并由此把公开性作为反对滥用政治权力的持久和普遍的威慑。"政治权力的诱惑越大，公开性对于那些占有权力的人就越必要，这也成为抵御这种诱惑的最强有力的武器，没有比公众的监视更持久和更普遍的武器了。"① 边沁认为，排除秘密是保证人民信任的关键。"怀疑总是与神秘关联。犯罪活动总在秘密的伪装之下。如果我们不担心什么东西被别人看到，我们为什么要隐藏自己呢？一方面，在黑暗中不诚实的伪装犯罪活动是值得向往的；另一方面，为了避免反对者们的误解，在白天无罪的行走在外面也是值得向往的。"② 当然，边沁强调将不诚实或犯罪活动暴露于公众的注视之下，其目的并不是纠正错误。在他看来，公开性的最大好处在于扼杀罪恶或不诚实的东西于源头之上。因此，对统治者而言，将他们的行为暴露于公众的目光之下可以很好地防止腐败行为的发生。

在《杰里米·边沁著作集》中，边沁运用公开性原则阐释了全景敞视（panopticon）建筑所遵循的原则（即监视原则）的观念（idea of inspection principle）。③ 法国哲学家福柯借鉴边沁的全景敞视监狱（panopticon prison）的设计和管理理念，对权力结构和规训社会进行了重新认识。福柯认为，边沁的全景敞视建筑（panopticon）的设计理念刚好可以成为自己所谓的全景敞视主义（panopticism）的"政治解剖学"的基本原则。

---

① Jeremy Bentham, "Of Publicity", *The Works of Jeremy Bentham*, Vols. 11, Vol. 2, Edinburgh: William Tait, 1843.
② Ibid..
③ 边沁如此描述全景敞视监狱：四周是环形建筑，中心是一座瞭望塔。瞭望塔有一圈大窗户，对着环形建筑，环形建筑被分成许多小囚室，每个囚室都贯穿建筑物的横切面。各个囚室都有两个窗户，一个对着里面，与塔的窗户相对，另一个对着外面，能使光亮从囚室的一端照到另一端。然后，在中心瞭望塔安排一名监督者，在每个囚室关进疯人、病人、罪犯、学生或工人。这些囚室就像是许多小笼子，而瞭望塔里的监视者可以随时观察小笼子里的人。参见 Jeremy Bentham, "Of Publicity", *The Works of Jeremy Bentham*, Vols. 11, Vol. 2, Edinburgh: William Tait, 1843。

对于福柯来说，这种象征着权力和洞察一切的透明的环形铁笼，或许是一个完美的规训机构的设计方案——全景敞视主义的规训机制。这种机制使权力自动化和非个性化，权力不再体现在某个人身上，而是体现在对于肉体、表面、光线和目光的某种统一分配上，体现在一种安排上，这种安排的内在机制能够产生制约每个人的关系，因此，全景敞视建筑是一个神奇的机器，无论人们出于何种目的来使用它，都会产生同样的权力效应，最终，由谁来行使权力就无所谓了。① 在这种机制的运作之下，形成了一种普遍化监视的方案，这种普遍化监视的方案随着规训机制（disciplinary system）的步步扩展，从而遍布整个社会机体，所谓的规训社会（a disciplinary society）形成了。

毫无疑问，福柯对边沁全景敞视监狱（panopticon prison）的规训化解读实际上是一种权力规制的设想，即将权力置于公开性之下，接受公众的审视与监督，这样的权力才会得到有效规制。福柯把规训社会看成监视社会（a surveillance society），任何人和任何事物都可能处于这种监视系统的监视之中，而这种监视系统也是社会权力结构的体现。腐败行为的发生无疑是权力没有得到有效规制的表现，按照边沁和福柯的权力规制思路，如果将权力置于公众的监督之下，那么腐败行为就不可能发生了。因此，遏制腐败就需要把权力暴露于阳光之下，积极鼓励公众参与，强化公众监督，使公众获得更多的知情权、表达权、监督权和参与权，并从制度上对公众参与公共事务进行保障，从而真正发挥监督功能。

三　政治公开与合法性

合法性（legitimacy）是一个在政治学、道德哲学、法学领域被广泛使用的概念。在政治学意义上，合法性指政府或统治者被民众认可的程度。在中国传统政治中，统治者与政府的政治合法性来自天命所授，即在上天的旨意下进行统治，这种统治的正当性与西方中世纪神学时期认为国

---

① ［法］米歇尔·福柯：《规训与惩罚：监狱的诞生》，刘北成、杨远婴译，生活·读书·新知三联书店 2003 年版，第 226—227 页。

家统治的正当性来自上帝的观点相似。传统政治统治的合法性指向上天、神或上帝等这些外在于统治者与被统治者的东西,而在现代西方民主政治中,统治的合法性来源于人民的同意。

德国社会学家马克斯·韦伯的研究是对政治合法性的经典研究,他将政治统治合法性分为三类,即传统型、法理型和魅力型。传统型政治统治的合法性来自传统的神圣性和传统的受命实施权威,魅力型政治统治的合法性来自英雄化的非凡个人以及非凡个人所默示和创建的制度的神圣性,法理型政治统治的合法性来自法律制度和统治者的指令权力。[①] 韦伯认为,历史上各个国家的统治都是这三种合法性类型的不同程度的混合。不难看出,韦伯对政治合法性的认识停留在现有国家政治统治合法性的层面,没有从中发展出一种规范的合法性理论。近代英国哲学家洛克基于社会契约的立场提出了政治合法性问题。他认为,政治正当性来自于人民的同意(consent):"开始组织并实际组成任何政治社会的,不过是一些能够服从大多数而进行结合并组成这种社会的自由人的同意,这样,而且只有这样,才曾或才能创立世界上任何合法的政府。"[②] 美国《独立宣言》(*The Declaration of Independence*,1776)开篇说:"政府的正当权力,是经被治者的同意而产生的。"总之,合法性问题总是与承诺、同意、赞许、默许等概念有关,还涉及政治文化、政府绩效、经济增长、民主程度等多个层面。

很少有学者把公开性作为评估政治合法性的标准,一个重要的原因在于,政治民主是政治合法性的最直接的要素,而公开性是民主政治的重要特征,因此,在政治合法性的话语中,公开性原则被政治民主掩盖了。洛克把人民的同意作为政府权力合法性的主要来源,实际上,政府的权力需要民众的同意,而民众的同意是建立在对政府事务知晓的基础上的。因此,政府要得到民众的同意与认可,势必要进行公开,在这个意义上,民众对政府的同意建立在政府对民众的公开之上,洛克将人民

---

① [德] 马克斯·韦伯:《经济与社会》(上卷),林荣远译,商务印书馆1997年版,第239—241页。

② [英] 洛克:《政府论》(下篇),叶启芳、瞿菊农译,商务印书馆2007年版,第61页。

的同意作为政治合法性的重要来源,也就将公开性作为政治合法性的重要来源。

在《论公开性》(Of Publicity)中,杰里米·边沁将公开性作为政治合法性的重要源头。他指出:"这种法则的目的是确保公众的信任,……这个法则就是公开性。"① 边沁认为,透明是合法化的源头,秘密是不满(罪恶)的源头。当民众怀疑政府时,如果政府仍然以秘密或神秘的态度对待民众,可能会引起民众的不满甚至是反抗,但是,如果政府能公之于众,民众的疑虑就会消失。因此,边沁设想,在召开政治会议时,统治者应该尽量允许记者进行报道,告诉公众真相,不要搞秘密行为,这样才能确保公众的信任,这样的政府也才具有合法性。

当代政治哲学将公开性作为政治合法性的重要基础,即政治哲学中的公开证成(public justification)原则。② 根据美国学者斯蒂芬·沃尔(Steven P. Wall)的解释:公开证成意味着,保证强制性政治权威合法性的必要条件是,该权威能被隶属于它的每一个人公开地同意。③ 斯蒂芬·沃尔称其为"公开证成原则"(PJP)。毫无疑问,这一原则就是公开性是政治合法性的重要支撑的另一种表述。从文献上看,罗尔斯是公开证成观念的首要的和最重要的阐释者(the foremost exponent)。在《政治自由主义》中,罗尔斯指出,在一个由充分的公开性所规导的、组织良好的社会中,公开证成意味着:一个秩序良好的社会必须受到公

---

① Jeremy Bentham, "Of Publicity", *The Works of Jeremy Bentham*, Vols. 11, Vol. 2, Edinburgh: William Tait, 1843.

② "public justification" 是当代西方政治哲学中的核心词汇,有多种中译译法,最常见的是万俊人先生的译法,他在《政治自由主义》的翻译中将之译为"公共证明",参见[美]约翰·罗尔斯《政治自由主义》,万俊人译,译林出版社2002年版。笔者认为万俊人的理解不够恰当和准确。根据《牛津英汉双解小词典》,"justification"为"正当性(正确性)证明"。严格来讲,将其译为"证明"有失偏颇,因为存在着对错误性或不正当性进行证明的情况。近些年来,将此译为"证成"似乎已成为共识。"public"一词更为复杂,但大致说来主要有"公共的"和"公开的"的意思,但笔者认为,根据"public"在"public justification"中的意蕴,将其译为"公开的"更为贴切,也更能表达"public justification"的本意。因此,本书将"public justification"译为"公开证成"。

③ Steven p. Wall, "Is Public Justification Self-defeating", *American Philosophical Quarterly*, Vol. 39, No. 4, 2002, p. 385.

开正义原则的有效规导，即公民接受这些原则，并了解到他人也同样接受这些原则；正义第一原则是人们按照公开证成的普遍信念接受下来的，在秩序良好的社会里，公民之所以对这些信念达成一致，是因为这些信念可以得到公开分享的探究方法和推理形式的支持；与公开正义观念的充分证明有关，公开证成包含着我们（你和我）在建立公平正义并反思我们为什么要以某一种方式而非另一种方式建立公平正义时我们可以谈论的一切。① 罗尔斯将公开证成称为"充分的公开性"，在他看来，当这三个层面上的公开性被获得时，政治的正义观念就实现了公开证成。不过，罗尔斯意义上的公开证成有特定的使用背景，即把公开证成看成重叠共识、公共理性或证成正义原则的运行方式。这与斯蒂汶·P. 沃尔（Steven P. Wall）所阐释的公开证成略有不同。在罗尔斯那里，一个受公开正义观念规导的、秩序良好的社会也是权力与权威具有合法性地位的社会，所以，罗尔斯的公开证成观念仍然没有脱离政治权力或权威合法性的语境。

公开证成意味着用公开性原则证成政治合法性，所以公共政治生活中的秘密是不具有合法性的。诚如罗尔斯所言，在一个自由的、被所有人都正确地认作正义社会的社会里，社会的正常运行不需要意识形态的虚构和欺骗，公民也不需要靠意识形态的虚构和欺骗来接受该社会。在这个意义上，一个秩序良好的社会可能是意识形态较少或虚假意识较少的社会。② 罗尔斯坚持的公开证成的原则，排除秘密在政治生活中的合理性，是政治哲学中的共识。但是，很容易在现实政治生活中找到反驳公开性与政治合法性证成关系的例子。梅尔·丹-科亨（Meir Dan-Cohen）描述了一种"声音隔离"（acoustic separation）的现象：在刑事案件审判中，当有多个

---

① John Rawls, *Political Liberalism*, New York: Columbia University Press, 2005, pp. 66-67.
② 罗尔斯对"任何事情都不会被隐瞒"和"任何事情都不需要被隐瞒"进行区分，在他看来，我们无法保证任何事情都不会被隐瞒，因为总有许多我们所不知道的（也许是我们无法知道的）事情，也总是有许多可能会被各种制度的表象所误导的事情，但是，我们也许能够肯定，任何事情都不需要被隐瞒。参见 John Rawls, *Political Liberalism*, New York: Columbia University Press, 2005, p. 68。

犯人需要审判时，为了达到好的审判效果，审判人员一般会对犯人隔离审讯。[①] 毫无疑问，隔离审讯是一种秘密的审讯，但这种秘密审讯对于司法活动来说是必要的。承认秘密审查对于公共政治生活的必要性，也就认定了秘密行为具有一定的政治合法性，也就直接反驳了公开证成原则（公开性为政治合法性的重要前提）。

公开性并不能为政治合法性提供有效支撑，因为某些情形下的秘密也能取得合法地位，公开性也有被滥用的可能。把公开与秘密问题置于交往合理性视域之下，在理论上便能够为公开与秘密划界。或者说，所有的公开与秘密行为能够在交往合理性视域中得到理解，且都具有政治合法性和道德上的正当性。反之，不能在交往合理性视域中被理解的公开与秘密行为都不具有政治合法性和道德上的正当性。在这个意义上，梅尔·丹-科亨（Meir Dan-Cohen）的"声音隔离"（acoustic separation）理论无疑能够在交往合理性层面得到辩护。

综上所述，政治公开是民主政治的重要特征，是防止腐败的重要方式，同时也是政治取得合法地位的重要前提。但这并不意味着民主政治中就不能存在政治秘密、政治透明就能够完全防止腐败、政治秘密完全不具有合法地位。实际上，公开是一种原则，秘密是一种例外，作为例外的秘密在某些情形下有其存在的合理性，而作为原则的公开在某些情形下可能没有合理性。从哲学根本上看，交往合理性及其交往主义的哲学视域为公开与秘密的辩明提供了依据。诚如阿佩尔所言，如果说只有在语言游戏的框架内我们才能有意义地提出和回答关于某人在理智活动中是否遵守了规则的问题，那么，对独白式理智进行辩护的逻辑，就必须进入对话层面。在这个意义上，政治公开要成为政治民主、防止腐败和政治合法性的重要前提，就必须进入对话层面，被置于交往共同体中，经受交往合理性的审视。

---

① 丹-科亨提出的"声音隔离"的情形类似于囚徒困境，参见 Meir Dan-Cohen, "Decision Rules and Conduct Rules: On Acoustic Separation in Criminal Law", *Harvard Law Review*, Vol. 97, No. 3, 1984, pp. 625–677。戴维·卢班（Daviv Luban）在《公开性原则》中也提到丹-科亨所说的这种情形，参见 David Luban, "The Publicity Principle", *The Theory of Institutional Design*, Cambridge: Cambridge University Press, 1996, p. 161。丹尼斯·F. 托普森在《民主的秘密》中也把丹-科亨所说的这一情形作为三种秘密的例子之一，参见 Dennis F. Thompson, "Democracy Secrecy", *Political Science Quarterly*, Vol. 114, No. 2, 1999, p. 186。

第七章 结　　语

经过艰难的长途跋涉，本书的论证终于到达了最后的终点，即从一种交往合理性及其交往主义的哲学视域出发，为政治中的公开与秘密进行最为本底的辩护，也为区分政治中的公开与秘密提供了一种解决方案。康德和罗尔斯都曾为解决政治中的公开与秘密问题付出努力，但都以失败而告终。

康德提出公共权利的先验公设，将公开性视为政治正义的重要前提，即政治行动的正当（正义）需要以阳光、透明、公开的机制为前提。不可否认，康德的这种公开性观念正日益成为民主政治的重要价值理念，也不断在现实政治生活中得以践行，从而成为判断政府行为和公共政策合法性的重要标准。但是，康德完全否定秘密在政治中的正当性，割裂了政治中的公开与秘密，因而在康德的理论范围之内看不到解决政治公开与秘密问题的希望。不过，康德的公开性的作用在于：公开性作为一个形式条件，提供了证成政治行动正当性的理由和基础，政治行动的正当理由要建立在公开的、可观察的基础之上，政治行动者被要求从每个人的视景进行反思，如果不从他人的视景出发进行反思，政治行动者的行动将难以证成。因此，康德的公开性观念预示了一种自我与他人的共同视景。这种共同的视景在康德对正义原则的阐述中以更明确的方式被呈现出来，康德的正义原则要求，任何一个行为，如果它本身是正确的，或者它依据的准则是正确的，那么，这个行为根据普遍法则，能够在行为上和每一个人的意志自由上同时并存。[①] 也就是说，实现政治行动的正义需要考虑自己与他

---

① ［德］康德：《法的形而上学原理——权利的科学》，沈叔平译，林荣远校，商务印书馆2005年版，第40页。

人行动的协调,实现权利的正义应该平衡或协调一个人的自由与其他每个人的自由,不过,在康德的意义上,这种包含他人的视景并不要求实现与他人的沟通和交流,而是代表了一种共同的判断能力。但是,康德的这种的视景无疑为我们重新理解政治中的公开与秘密问题提供了方向。

罗尔斯最直接地继承了康德公开性的政治遗产。罗尔斯曾为我们设想了一种以公开为前提的正义观念:(1) 每个人都接受也知道别人接受同样的正义原则;(2) 基本的社会制度普遍地满足也普遍地为人所知地满足这些原则。① 很明显,罗尔斯将公开性作为正义原则、社会基本制度以及一个组织良好的社会的重要前提,从而和康德一样,排除了秘密在政治中的正当地位。不过,罗尔斯的公开性观念似乎比康德更进一步,没有停留在仅仅让人知道的层面,超越了康德意义上的共同的视景,将公开性视为一种公开接受(Public Acceptability):一种正义原则需要政治共同体的每个成员都接受,同时每个成员也知道别人也接受。按理说,在罗尔斯那里,政治中的公开与秘密以政治共同体中每个成员的公开接受为前提,这种公开接受的观念似乎能够有效解决政治中的公开与秘密问题。但是,罗尔斯仍然顽固地排除政治中的秘密,他声称"公共政治生活不需要隐瞒任何事情",这意味着,只要公共政治生活与秘密沾边,就不可能有任何正当性,这足可以看出,罗尔斯的公开接受观念仍然没有脱离康德公开性的视野与格局。尽管罗尔斯在他的正义理论中一再强调一种公共的或论辩的视野,这种视野意味着倾听他人意见的态度和对别人的观点做出的理性回应,但是,诚如哈贝马斯评价罗尔斯时所说的,罗尔斯的理论"仍然保持着个体孤独的视角"。② 毫无疑问,在罗尔斯的理论框架内,在个体孤独的视角之下,政治中的公开与秘密问题不可能得到合理解决。

美国学者约翰·塞布勒斯(John Ceballes)看到了康德的公开性观念中潜藏的固有缺陷,尝试借用康德和罗尔斯的言说方式重新理解康德的公

---

① [美]约翰·罗尔斯:《正义论》,何怀宏、何宝钢、廖申白译,中国社会科学出版社1988年版,第5页。

② 哈贝马斯站在交往主体性的立场上对罗尔斯的理论进行了批判,罗尔斯也就哈贝马斯的批评进行了回应。参见[德]哈贝马斯《理性公共运用下的调解——评罗尔斯的〈政治自由主义〉》,载[美]罗尔斯等《政治自由主义:批评与辩护》,万俊人等译,广东人民出版社2003年版。

共权利的先验公设：关涉他人权利的行动在道德上和政治上是不正当的，是与公开性有冲突的，那么公开性由以下原则决定。（1）**普遍化**。行动的准则或理由必须是普遍适用的。（2）**人的平等**。（a）每个人的生命都有内在价值，某个人的生命不比其他人更有价值；（b）一个人的利益本质上不比其他人的利益更重要。（3）**正义或权利**。如果能与普遍法则一致，能与每个人的自由共存，这个行动就是正当的。[①] 应该承认，塞布勒斯对康德的公共权利的先验公设进行了富有建设性的重构，但是，塞布勒斯的阐释基本没有脱离康德哲学的视野。例如，将公开性上升到普遍化层面，从而与康德的道德哲学法则相对接；对正义或权利的理解强调公开行动与每个人的自由共存。显然，塞布勒斯从正义或权利角度阐释公开性时使用的语言完全是康德式的，完全借用了康德的权利的普遍原则。不过，塞布勒斯关于人的平等的两种考虑完全超出了康德理论的范围，更多地向罗尔斯甚至哈贝马斯靠拢。当塞布勒斯说没有一个人的生命内在地比其他任何人更有价值、没有一个人的利益本质上比其他任何人的利益更重要时，他已经把人与人置于对等的位置。塞布勒斯只是在普遍化、对等、人的自由与他人的自由共存等理念上对公开性构建了共同的视景，这些理念及其构建非常吸引人，也非常符合现代政治的发展方向。塞布勒斯对公开性的阐释仍然局限于康德和罗尔斯等人的视野，"没有人的生命内在地比其他人更有价值"。"没有人的利益比其他人的利益更重要"，这些将人与人置于完全对等位置的观点和论调很难得到保证，政治的正义最终就不可能实现。

从哲学根本上看，德国哲学家哈贝马斯突破了康德和罗尔斯的理论局限，将康德的公开性观念和罗尔斯的"公开接受"扩展到论辩和交往的层面，为解决政治中的公开与秘密问题提供了重要线索。

自始至终，哈贝马斯都在康德的公开性以及权利的正义原则所展现的共同视景下开展工作。在其早期著作《公共领域的结构转型》中，哈贝马斯就认识到康德的公开性原则对于政治与道德的调节作用，不过，哈贝马斯就此问题并没有展开，而只是将其作为论证公共领域的重要环节。在

[①] John Ceballes, *Hearing the Call of Reason: Kant and Publicity*, Indiana University, 2007, p. 159.

哈贝马斯看来，资产阶级的公共领域如果要转变成真正的公共领域，就需要进行理性的沟通与交流，而理性沟通与交流又必须遵守对话伦理的准则。所谓对话伦理，是指自由平等的公民，在日常生活的实践互动中，进行对话与论辩时的所有人都认可的预设规范。哈贝马斯认为：只有全部参与实际对话并受对话影响的人都认可的规范，才可以被宣称为有效的规范。① 根据哈贝马斯的看法，对话伦理的意义在于对话而不在于伦理。一方面，对话伦理建立在理性的沟通与交流之上，强调的是自由平等的公民之间的对话与论辩，在对话与论辩中，每一个人的观点都应该获得平等的尊重和自由的表达。在政治实践中，如果一项决策排除了某个人或某群人的有效参与，那么这项决策对于那个人或那群人就没有任何正当性。另一方面，对话伦理并没有试图建立一种康德意义上的伦理学或道德哲学，哈贝马斯的对话伦理甚至没有引入任何实质性的道德标准，而是试图通过论辩来建构一种纯程序性的规范。应该承认，哈贝马斯提出有效的规范来自自由平等公民之间的对话与论辩，无疑超越了康德单纯公开性的视野。

更有意义的是，在与罗尔斯就理性的公开运用问题展开的争论中，哈贝马斯明确提出公开性需要"一种共同的视景"②，即在自由平等的参与者所参与的具有包容性和非强制性的合理辩谈的语用学预设下，每个人都要"采取"别人的视景，并把自己纳入对别人的自我和世界的理解中。正是从这种视景出发，所有人能共同检验他们是否想让一种尚存争议的规范成为他们共享实践的基础。③ 在哈贝马斯看来，这是一种所有人都参与的、公开运用理性的视景，在这种视景之下，公民凭借更好的论证力量，使彼此都能确信何为正义、何为不正义。毫无疑问，哈贝马斯的这种语用学论证模式与罗尔斯的公开接受观念有很大的相似性。不同的是，罗尔斯的公开接受仍然停留在经验和孤独个体思考的层面，而哈贝马斯则启用了一种合理辩谈的语用学预设，当哈贝马斯将公开性作为思考行动的理由

---

① Jurgen Habermas, *Moral Consciousness and Communicative Action*, Cambridge, Massachusetts: The MIT Press, 1995, pp. 120 – 121.

② [德]哈贝马斯：《理性公共运用下的调解——评约翰·罗尔斯的〈政治自由主义〉》，载 [美] 罗尔斯等《政治自由主义：批评与辩护》，万俊人等译，广东人民出版社 2003 年版，第 34 页。

③ 同上书，第 26 页。

时，公开性就摆脱了康德和罗尔斯意义上的主体主义意蕴，而开启了一种交往主义的哲学视域。

基于交往合理性，康德式公开所面临的两重追问能够得到合理的解答。在交往主义的哲学视域之下，人是不断把他人纳入自己视域的存在，自我与他人之间是开放的存在，对于具有交往主体性的人而言，自我与他人从来不处于隔离与封闭的状态。交往主义不仅可以为公共政治生活中的公开与秘密划定界限，而且可以全方位地检视形形色色的公开观念和具有多重面孔的秘密观念。首先，交往合理性可以划定公开与秘密的界限。公共政治生活应该采取公开方式还是秘密方式，在大多数情况下十分明了，比如官员财产、政府信息、贿赂行为。但仍有部分问题难以抉择，比如审议、投票。公开审议还是秘密审议？公开投票还是秘密投票？这对于民主政治而言是现实困境，正因如此，才引起政治学领域不断的纷争。但是，当我们求助于交往共同体视域，将这些信息或行为置于交往共同体中进行本底抉择，这些公开或秘密的行为才能得知自己应有的地位。其次，交往合理性可以解决秘密观念的道德困境。秘密观念表现出多重面孔，例如撒谎、欺骗、隐瞒、伪装、阴谋，康德和罗尔斯排除公共政治生活中的秘密，并不符合常理，更不符合现实。实际上，很多政治学家都不同程度地承认秘密在公共政治生活中是不可避免的，问题的关键在于，何种秘密对于公共政治而言是一种必要，而何种秘密对于公共政治而言是一种恶。戴维·卢班（David Luban）和丹尼斯·F. 托普森（Dennis F. Thompson）运用一级公开性检验和二级公开性检验对秘密政治行动进行正当性论证，但是，这种论证存在着致命的缺陷。唯有求助于交往主义立场，秘密政治行动的正当性才能得到证明，公开与秘密的界限才能得到确定。毫无疑问，交往合理性为合理的秘密观念寻找到了出路。最后，交往合理性可以排除政治公开的现实隐忧。形形色色的公开观念不可避免地为公共政治生活中的信息公开或行动公开带来了威胁，例如，官员财产公开应该是官员主动公开，而如果这种财产公开是迫于公众的压力才得以实施，那么这种公开无疑偏离了真正公开的方向。将所有公开置入交往共同体，在一种交往合理性的视域之下对公开观念进行考察，才能有效化解公开观念偏离的威胁。

当政治公开观念被置入交往共同体之后，交往共同体中的每个成员都面临着本底抉择（To - Be - Or - Not - To - Be）的追问，交往共同体中的交往视域和本底抉择彰显出来的人之为人的本真特性为公开正义观念的基础论证提供了规范而有力的证据。公开是权利而不是权力，公开是自由而不是强制或诱惑，公开是责任而不是义务或功利，公开是双向互动而不是单向冷漠。公开还是一种自信与豁达，一种对人之为人的本己状态的自信，一种对人之生命的豁达。总之，在以交往主义为导向的公开正义观念中，人、人性、人的尊严以及人的所有内在价值都能够得到对等的尊重，没有一个人比其他人更有价值，也没有一个人的利益比其他人的利益更为重要。因此，所有与交往原则相违背的公开行动都应该被拒绝，所有与交往原则相一致的秘密行动都应该被包容。

我们每个人都处于这样或那样的现实共同体中，我们每个人也都同时处于隐匿于现实背后的交往共同体中，因此，交往共同体以及交往共同体给予我们的交往主义（交往合理性）视域是每个人安身立命的根本，也是人与人和谐相处的依据，更是每个人行事的基本准则。公开观念的现实运用只有被置于交往主义的视域中，才能获得应有的地位，公开行为的所有关涉者也才能获得应有的尊严。对于交往主义，翟振明曾坦言，任何要认真做哲学、决心要将"讲理进行到底"的人，都必须首先接受交互超越主义原则。① 实际上，交互超越主义不仅是哲学研究必须坚持的第一原则，更是所有人类行为必须坚持的第一原则，所有背离交互超越主义立场的行为也一定会背离人之本性，也一定会在忘却与丧失人之自我的道路上越走越远。

---

① 翟振明是交互超越主义原则的坚决拥护者，他将这一原则看成哲学的第一原则。因此，他在2004年与来华访学的美国新实用主义哲学家理查德·罗蒂针锋相对，用他一直坚持的交互超越主义哲学原则反驳罗蒂的新实用主义。参见翟振明《直面罗蒂：交互超越主义与新实用主义的交锋》，《开放时代》2005年第3期，第60页。

参考文献

一　中文文献

[美]汉娜·阿伦特:《马克思与西方政治思想传统》,孙传钊译,江苏人民出版社2007年版。

[美]汉娜·阿伦特:《极权主义的起源》,林骧华译,生活·读书·新知三联书店2008年版。

[美]汉娜·阿伦特:《人的条件》,竺乾威等译,上海人民出版社1999年版。

[美]汉娜·阿伦特:《真理与政治》,载贺照田主编《西方现代性的曲折与展开》(学术思想评论　第六辑),田立年译,吉林人民出版社2002年版。

[德]卡尔-奥托·阿佩尔:《哲学的改造》,孙周兴、陆兴华译,上海译文出版社1997年版。

[美]乔恩·埃尔斯特:《市场与论坛:三种政治理论》,载谈火生编《审议民主》,江苏人民出版社2007年版,第67—90页。

[美]保罗·埃克曼:《说谎:揭穿商业、政治与婚姻中的骗局》,邓伯宸译,徐国强校,生活·读书·新知三联书店2008年版。

[古希腊]柏拉图:《理想国》,郭斌和、张竹明译,商务印书馆1997年版。

[美]赛拉·本哈比:《走向审议式的民主合法性模式》,载谈火生编《审议民主》,江苏人民出版社2007年版,第190—213页。

[英]边沁:《道德与立法原理导论》,时殷弘译,商务印书馆2006年版。

[英]卡尔·波普尔:《开放社会及其敌人》,陆衡等译,中国社会科

学出版社 1999 年版。

　　[英] 以赛亚·伯林:《自由论》,胡传胜译,译林出版社 2003 年版。

　　[美] 詹姆斯·博曼:《公共协商:多元主义、复杂性与民主》,黄相怀译,中央编译出版社 2006 年版。

　　[美] 詹姆斯·博曼、威廉·雷吉编:《协商民主:论理性与政治》,陈家刚译,中央编译出版社 2006 年版。

　　[澳大利亚] 约翰·S. 德雷泽克:《协商民主及其超越:自由与批判的视角》,丁开杰等译,中央编译出版社 2006 年版。

　　[南非] 毛里西奥·帕瑟林·登特里维斯编:《作为公共协商的民主:新的视角》,王英津等译,中央编译出版社 2006 年版。

　　邓正来编:《布莱克维尔政治学百科全书》,中国政法大学出版社 1992 年版。

　　[美] 埃米·古特曼、丹尼斯·汤普森:《审议民主意味着什么》,载谈火生编《审议民主》,江苏人民出版社 2007 年版,第 3—47 页。

　　[德] 哈贝马斯:《公共领域的结构转型》,曹卫东等译,学林出版社 1999 年版。

　　[德] 哈贝马斯:《交往行动理论·第一卷——行动的合理性和社会合理化》,洪佩郁、蔺青译,重庆出版社 1994 年版。

　　[德] 哈贝马斯:《理性公共运用下的调解——评罗尔斯的〈政治自由主义〉》,载 [美] 罗尔斯等《政治自由主义:批评与辩护》,万俊人等译,广东人民出版社 2003 年版。

　　[德] 于尔根·哈贝马斯:《现代性的哲学话语》,曹卫东译,译林出版社 2004 年版。

　　[德] 哈贝马斯:《在事实与规范之间:关于法律和民主法治国的商谈理论》,童世骏译,生活·读书·新知三联书店 2003 年版。

　　[德] 海德格尔:《存在与时间》,陈嘉映、王庆节译,熊伟校,生活·读书·新知三联书店 1987 年版。

　　贺建军:《公开的观念与政治正义:康德政治哲学研究》,中国社会科学出版社 2016 年版。

　　[德] 埃德蒙德·胡塞尔:《笛卡尔式的沉思》,张廷国译,中国城市出版社 2002 年版。

［德］埃德蒙德·胡塞尔:《生活世界现象学》,［德］克劳斯·黑尔德编,倪梁康、张廷国译,上海译文出版社 2005 年版。

［英］霍布斯:《利维坦》,黎思复、黎廷弼译,杨昌裕校,商务印书馆 1997 年版。

［德］卡西尔:《卢梭·康德·歌德》,刘东译,生活·读书·新知三联书店 2002 年版。

［德］康德:《纯粹理性批判》,邓晓芒译,杨祖陶校,人民出版社 2004 年版。

［德］康德:《康德历史哲学论文集》,李明辉译,台湾联经出版事业公司 2002 年版。

［德］康德:《历史理性批判文集》,何兆武译,商务印书馆 2005 年版。

［德］伊曼努尔·康德:《道德形而上学原理》,苗力田译,上海人民出版社 2005 年版。

［美］科恩:《论民主》,聂崇信、朱秀贤译,商务印书馆 2007 年版。

李梅:《权利与正义:康德政治哲学研究》,社会科学文献出版社 2000 年版。

［美］约翰·罗尔斯:《答哈贝马斯》,载［美］罗尔斯等《政治自由主义:批评与辩护》,广东人民出版社 2003 年版。

［美］约翰·罗尔斯:《正义论》,何怀宏、何包钢、廖申白译,中国社会科学出版社 1988 年版。

［美］约翰·罗尔斯:《政治自由主义》,万俊人译,译林出版社 2002 年版。

［英］洛克:《政府论》(下篇),叶启芳、瞿菊农译,商务印书馆 2007 年版。

［意］尼科洛·马基雅维里:《君主论》,潘汉典译,商务印书馆 1997 年版。

［意］萨尔沃·马斯泰罗内:《欧洲民主史——从孟德斯鸠到凯尔森》,黄华光译,社会科学文献出版社 1998 年版。

［美］A. 麦金太尔:《德性之后》,龚群、戴扬毅等译,中国社会科学出版社 1995 年版。

［美］阿拉斯代尔·麦金太尔:《伦理学简史》,龚群译,商务印书馆 2004 年版。

［美］阿拉斯戴尔·麦金太尔:《谁之正义? 何种合理性?》,万俊人、吴海针、王今一译,当代中国出版社 1996 年版。

［美］约翰·麦克利兰:《西方政治思想史》,彭淮栋译,海南出版社 2003 年版。

［美］伯纳德·曼宁:《论合法性与政治审议》,载谈火生编《审议民主》,江苏人民出版社 2007 年版,第 149—172 页。

［美］戴维·米勒:《社会正义原则》,应奇译,江苏人民出版社 2001 年版。

［英］J. S. 密尔:《代议制政府》,汪瑄译,商务印书馆 2007 年版。

［英］约翰·密尔:《论自由》,许宝骙译,商务印书馆 2005 年版。

［美］尚塔尔·墨菲:《审议民主抑或竞争式的多元主义?》,载谈火生编《审议民主》,江苏人民出版社 2007 年版,第 353—384 页。

［英］约翰·穆勒:《功利主义》,徐大建译,上海人民出版社 2008 年版。

［美］罗伯特·诺奇克:《无政府、国家和乌托邦》,姚大志译,中国社会科学出版社 2008 年版。

［澳大利亚］菲利普·佩迪特:《共和主义:一种关于自由与政府的理论》,刘训练译,江苏人民出版社 2006 年版。

钱永祥:《伟大的界定者:霍布斯绝对主权论的一个新解释》,载渠敬东编《现代政治与自然》,上海人民出版社 2003 年版。

钱永祥:《纵欲与虚无之上:现代情境里的政治伦理》,生活·读书·新知三联书店 2002 年版。

［美］乔治·霍兰·萨拜因:《政治学说史》(下册),［美］托马斯·兰敦·索尔森修订,刘山等译,南木校,商务印书馆 1986 年版。

［法］萨特:《存在与虚无》,陈宣良等译,杜小真校,生活·读书·新知三联书店 2009 年版。

［美］乔·萨托利:《民主新论》,冯克利、阎克文译,东方出版社 1998 年版。

［美］桑德斯:《反对审议》,载谈火生编《审议民主》,江苏人民出

版社 2007 年版，第 323—352 页。

［美］列奥·施特劳斯、［美］约瑟夫·克罗波西主编：《政治哲学史》，李天然等译，河北人民出版社 1998 年版。

［美］列奥·施特劳斯：《关于马基雅维里的思考》，申彤译，译林出版社 2003 年版。

［美］列奥·施特劳斯：《霍布斯的政治哲学》，申彤译，译林出版社 2001 年版。

［英］昆廷·斯金纳：《近代政治思想的基础》（上卷：文艺复兴），奚瑞森、亚方译，商务印书馆 2002 年版。

汪庆华：《朽坏的共和国与马基雅维利的命运》，载渠敬东编《现代政治与自然》（思想与社会 第三辑），上海人民出版社 2003 年版。

［奥］维特根斯坦：《哲学研究》，李步楼译，陈维杭校，商务印书馆 2007 年版。

［美］迈克尔·沃尔泽：《正义诸领域——为多元主义与平等一辩》，褚松燕译，译林出版社 2002 年版。

［英］亨利·西季威克：《伦理学方法》，廖申白译，中国社会科学出版社 1993 年版。

［英］休谟：《人性论》（下册），关文运译，商务印书馆 1997 年版。

［古希腊］亚里士多德：《尼各马科伦理学》，苗力田译，中国人民大学出版社 2003 年版。

［古希腊］亚里士多德：《政治学》，颜一、秦典华译，中国人民大学出版社 2003 年版。

翟振明：《康德伦理学如何可以接纳对功利的考量》，《哲学研究》2005 年第 5 期。

翟振明：《论克隆人的尊严问题》，《哲学研究》2007 年第 11 期。

翟振明：《赛伯空间与赛伯文化的现在与未来——虚拟实在的颠覆性》，《开放时代》2003 年第 2 期。

翟振明：《实在论的最后崩溃——从虚拟实在谈起》，《求是学刊》2005 年第 1 期。

翟振明：《虚拟实在与自然实在的本体论对等性》，《哲学研究》2001 年第 6 期。

翟振明:《哲学分析示例:语言的与现象学的》,《哲学研究》2003 年第 3 期。

翟振明:《直面罗蒂——交互超越主义与新实用主义的正面交锋》,《开放时代》2005 年第 3 期。

二 英文文献

Larry Alexander and Michael Moore, "Deontological Ethics", https://plato. stanford. edu/entries/ethics‐deontological/,2016.

Robert Alexy, "A Theory of Practical Discourse", *The Communicative Ethics Controversy*, Cambridge, Massachusetts: The MIT Press,1990,pp. 156 – 160.

Karl‐Otto Apel, "Discourse Ethics as a Response to the Novel Challenges of Today's Reality to Coresponsibility", *The Journal of Religion*, Vol. 73, No. 4, 1993,pp. 496 – 513.

Hannah Arendt, "Lying in Politics: Reflections on the Pentagon Papers", *Crises of the Republic*, New York and London: Harcourt Brace Jovanovich,1972, pp. 1 – 48.

Reinhold Aris, *History of Political Thought in Germany From* 1789 – 1815, London: Routledge,1965.

Lewis W. Beck, "Kant and the Right of Revolution", *Journal of the History of Ideas*, Vol. 32, No. 3,1971,pp. 411 – 422.

Lewis W. Beck (ed.), *Kant: On History*, Indianapolis: Bobbs‐Merrill, 1957.

Beryl L. Bellman, "The Paradox of Secrecy", *Human Studies*, Vol. 4, No. 1,1979,pp. 1 – 24.

Lawrence E. Benson, "Studies in Secret‐Ballot Technique", *The Public Opinion Quarterly*, Vol. 5, No. 1,1941,pp. 79 – 82.

Jeremy Bentham, "Of Publicity", *The Works of Jeremy Bentham*, Vols. 11, Vol. 2, Edinburgh: William Tait,1843.

Jeremy Bentham, "Of Voting", *The Works of Jeremy Bentham*, Vols. 11, Vol. 2, Edinburgh: William Tait,1843.

George F. Bishop and Bonnie S. Fisher, "Secret Ballots and Self‐Reports in an Exit – Poll Experiment", *The Public Opinion Quarterly*, Vol. 59, No. 4, 1995, pp. 568 – 588.

Remo Bodei, "From Secrecy to Transparency: Reason of State and Democracy", *Philosophy and Social Criticism*, Vol. 37, No. 8, 2011, pp. 889 – 898.

Sissela Bok, *Lying: Moral Choice in Public and Private Life*, New York: Vintage Books, 1999.

Sissela Bok, *Secrets: On the Ethics of Concealment and Revelation*, New York: Pantheon Books, 1982.

Geoffrey Brennan and Philip Pettit, "Unveiling the Vote", *British Journal of Political Science*, Vol. 20, No. 3, 1990, pp. 311 – 333.

John Ceballes, *Hearing the Call of Reason: Kant and Publicity*, Indiana University, 2007.

Simone Chambers, "Behind Closed Doors: Publicity, Secrecy and the Quality of Deliberation", *Journal of Political Philosophy*, Vol. 12, No. 4, 2004, pp. 389 – 410.

Steve Clarke, "Conspiracy Theories and Conspiracy Theorizing", *Philosophy of the Social Sciences*, Vol. 32, No. 2, 2002, pp. 131 – 150.

David Cohen, Rosa de la Vega and Gabrielle Watson, *Advocacy for Social Justice: A Global Action and Reflection*, Bloomfield, CT: Kumarian Press, 2001.

John Corner, "Mediated Politics, Promotional Culture and the Idea of 'Propaganda'", *Media Culture & Society*, Vol. 29, 2007, pp. 669 – 677.

Meir Dan – Cohen, "Decision Rules and Conduct Rules: On Acoustic Separation in Criminal Law", *Harvard Law Review*, Vol. 97, No. 3, 1984, pp. 625 – 677.

Robert A. Dahl, *On Democracy*, New Haven: Yale University Press, 1998.

Kevin R. Davis, "The Publicity Condition of Justice", *Akten des Siebenten Internationalen Kant – Kongresses, Kurfürstliches Schloß zu Mainz*, Band II, Bonn and Berlin: Bouvier Verlag, 1990, pp. 317 – 324.

Kevin R. Davis, "Kant's Different 'Publics' and the Justice of Publicity", *Kant – Studien*, Vol. 83, No. 2, 1992, pp. 170 – 184.

Kevin R. Davis, "Kantian 'Publicity' and Political Justice", *History of*

Philosophy Quarterly, Vol. 8, No. 4, 1991, pp. 409 - 421.

Jodi Dean, "Publicity's Secret", *Political Theory*, Vol. 29, No. 5, 2001, pp. 624 - 650.

Katerina Deligiorgi, "Universalisability, Publicity and Communication: Kant's Conception of Reason", *European Journal of Philosophy*, Vol. 10, No. 2, 2002, pp. 143 - 159.

James Donald, "Kant, the Press and the Public Use of Reason", *The Public*, Vol. 10, No. 2, 2003, pp. 45 - 64.

John S. Dryzek, *Deliberative Democracy and Beyond: Liberals, Critics, Contestations*, Oxford: Oxford University Press, 2000.

Ben Eggleston, "Rejecting the Publicity Condition: The Inevitability of Esoteric Morality", *Philosophical Quarterly*, Vol. 63, No. 250, 2013, pp. 29 - 57.

Jon Elster, "Arguing and Bargaining in the Federal Convention and the Assemblée Constituante", Center for the Study of Constitutionalism in Eastern Euope, 1991.

Jon Elster, "Deliberation and Constitution Making", *Deliberative Democracy*, Cambridge University Press, 1998, pp. 97 - 122.

Jon Elster, "Introduction", *Deliberative Democracy*, Cambridge University Press, 1998, pp. 1 - 18.

Jon Elster, "The Market and the Forum: Three Varieties of Political Theory", *Contemporary Political Philosophy: an Anthology*, Oxford, UK. and Cambridge, Massachusetts: Blackwell Publishiers, 1997, pp. 128 - 142.

Chikako Endo, "What the Publicity Condition Means for Justice", *Politics*, Vol. 32, No. 1, 2012, pp. 39 - 45.

James D. Fearon, "Deliberation as Discussion", *Deliberative Democracy*, Cambridge: Cambridge University Press, 1998, pp. 44 - 68.

Bernard I. Finel, "The Surprising Logic of Transparency", *International Studies Quarterly*, Vol. 43, No. 2, 1999, pp. 315 - 339.

Itzhak Galnoor(ed.), *Government Secrecy in Democracies*, New York: Harper Colophon Books, 1977.

Diego Gambetta, "'Claro!': an Essay on Discursive Machismo", *Deliber-

ative Democracy, Cambridge: Cambridge University Press, 1998, pp. 19 – 43.

Dilip P. Gaonkar and Robert J. McCarthy, "Panopticism and Publicity: Bentham's Quest for Transparency", *Public Culture*, Vol. 6, No. 3, 1994, pp. 547 – 575.

Domingo García – Marzá, "Kant's Principle of Publicity: the Intrinsic Relationship Between the Two Formulations", *Kant – Studien*, Vol. 103, No. 1, 2012, pp. 96 – 113.

David Gauthier, *Morals by Agreement*, New York: Oxford University Press, 1986.

Robert E. Goodin and Simon J. Niemeyer, "When Does Deliberation Begin? Internal Reflection Versus Public Discussion in Deliberative Democracy", *Political Studies*, Vol. 51, 2003, pp. 627 – 649.

Robert E. Goodin, "Democratic Deliberation Within", *Philosophy and Public Affairs*, Vol. 29, No. 2, 2000, pp. 79 – 107.

Robert E. Goodin, *Reflective Democracy*, Oxford: Oxford University Press, 2003.

Axel Gosseries, "Publicity", http://plato.stanford.edu/entries/publicity/, 2005.

Jurgen Habermas, *Moral Consciousness and Communicative Action*, Cambridge, Massachusetts: The MIT Press, 1995.

Jurgen Habermas, *The Structural Transformation of the Public Sphere: A Inquiry Into a Category of Bourgeois Society*, Cambridge: Polity Press, 1989.

John Harsanyi, "Morality and the Theory of Rational Behaviour", *Utilitarianism and Beyond*, Cambridge: Cambridge University Press, 1982, pp. 56 – 62.

Allison R. Hayward, "Bentham & Ballots: Tradeoffs Between Secrecy and Accountability in How We Vote", *The Journal of Law and Politics*, Vol. 39, 2010, pp. 1 – 44.

Joseph Heath, "The Problem of Foundationalism in Habermas's Discourse ethics", *Philosophy Social Criticism*, Vol. 21, No. 1, 1995, pp. 77 – 100.

Jac C. Heckelman, "The Effect of the Secret Ballot on Voter Turnout Rates", *Public Choice*, Vol. 82, No. 1 – 2, 1995, pp. 107 – 124.

Carolyn M. Hendriks and Lyn Carson, "Can the Market Help the Forum? Negotiating the Commercialization of Deliberative Democracy", *Policy Science*, Vol. 41, 2008, pp. 293 – 313.

James Johnson, "Arguing for Deliberation: Some Skeptical Considerations", *Deliberative Democracy*, Cambridge: Cambridge University Press, 1998, pp. 161 – 184.

Garth S. Jowett and Victoria O'Donnell, *Propaganda and Persuasion*, Newbury Park, CA: Sage Publications, 1992.

Kalina G. Kamenova, "Charitable Souls, Disciplined Bodies: Propaganda and the Advertising of Public Goods in Eastern Europe", unpublished working paper, 2002.

Immanuel Kant, *Grounding for the Metaphysics of Morals*, Indianapolis: Hackett Pub. Co., 1993.

Immanuel Kant, *The Metaphysical Principles of Virtue*, Indianapolis: Hackett, 1983, pp. 431 – 493.

Brian L. Keeley, "Of Conspiracy Theories", *The Journal of Philosophy*, Vol. 96, No. 3, 1999, pp. 109 – 126.

Christine M. Korsgaard, "The Right to Lie: Kant on Dealing With Evil", *Philosophy and Public Affairs*, Vol. 15, No. 4, 1986, pp. 325 – 349.

Peter Kotzian, "Arguing and Bargaining in International Negotiations: On the Application of the Frame – Selection Model and its Implications", *International Political Science Review*, Vol. 28, No. 1, 2007, pp. 79 – 99.

Kostas Koukouzelis, "Kant on Reason's Need and Publicity", *Law and Peace in Kant's Philosophy*, 2008, pp. 469 – 478.

Kostas Koukouzelis, "Rawls and Kant on the Public Use of Reason", *Philosophy & Social Criticism*, Vol. 35, No. 7, 2009, pp. 841 – 868.

Leonard Kriegerd, *The German Idea of Freedom: History of a Political Tradition*, Chicago: University of Chicago Press, 1972.

Agnes S. Ku, "Boundary Politics in the Public Sphere: Openness, Secrecy and Leak", *Sociological Theory*, Vol. 16, No. 2, 1998, pp. 172 – 192.

Agnes S. Ku, "Revisiting the Notion of 'Public' in Habermas's Theory –

Toward a Theory of Politics of Public Credibility", *Sociological Theory*, Vol. 18, No. 2, 2000, pp. 216 – 240.

Michael Kuhler, "Political Legitimacy and Its Need for Public Justification", *Political Legitimization Without Morality?*, 2008, pp. 53 – 58.

Charles Larmore, "Public Reason", *The Cambridge Companion to Rawls*, Cambridge: Cambridge University Press, 2003, pp. 368 – 393.

Harold D. Lasswell, "The Theory of Political Propaganda", *The American Political Science Review*, Vol. 21, No. 3, 1927, pp. 627 – 631.

John C. Laursen, "The Subversive Kant: the Vocabulary of 'Public' and 'Publicity'", *Political Theory*, Vol. 14, No. 4, 1986, pp. 584 – 603.

Katarzyna De Lazari – Radek and Peter Singer, "Secrecy in Consequentialism: a Defence of Esoteric Morality", *Ratio*, Vol. 23, No. 1, 2010, pp. 34 – 58.

Annabelle Lever, "Mill and the Secret Ballot: Beyond Coercion and Corruption", *Utilitas*, Vol. 19, No. 3, 2007, pp. 354 – 378.

David Luban, "The Publicity Principle", *The Theory of Institutional Design*, Cambridge: Cambridge University Press, 1996, pp. 154 – 198.

Niccolò Machiavelli, "Of Conspiracies", *The Historical, Political, and Diplomatic Writings*, Vol. 2, Boston: J. R. Osgood and Company, 1882.

Gerry Mackie, "All Men Are Liars: Is Democracy Meaningless?" *Deliberative Democracy*, Cambridge University Press, 1998, pp. 69 – 96.

James E. Mahon, "The Definition of Lying and Deception", http://plato.stanford.edu/entries/the definition of lying and deception/, 2008.

Bernard Manin, "On Legitimacy and Political Deliberation", *Political Theory*, Vol. 15, No. 3, 1987, pp. 338 – 368.

D. J. Manning, *Liberalism*, London: Dent, 1976.

Aidan Markland, *The Genealogy of Lying and Deception in Political Theory*, Wesleyan University, the thesis for the Degree of Bachelor of Arts, 2012.

James J. Marquardt, "Kant and Bentham on Publicity: Implications for Transparency and the Liberal Democratic Peace", The 102# Annual Meeting of the American Political Science Association, 2006.

James Martel, "Machiavelli's Public Conspiracies", *Media Tropes*, Vol. 2,

No. 1,2009,pp. 60 – 83.

Lida Maxwell, "Without the Public?: the Promise and Problems of Habermas' Public Sphere", Western Political Science Association 2010 Annual Meeting,2010.

Christopher McMahon, "Openness", *Canadian Journal of Philosophy*, Vol. 20, No. 1,1990,pp. 29 – 46.

Ellen E. Meade and David Stasavage, "Publicity of Debate and the Incentive to Dissent:Evidence from the US Federal Reserve",2005.

Alfred R. Mele and Piers Rawling (ed.), *The Oxford Handbook of Rationality*, Oxford:Oxford University Press,2004.

James Michael, *The Politics of Secrecy: Confidential Government and the Right to Know*, London:Penguin,1990.

James Mill, "On the Ballot", *Political Writtings*, Cambridge:Cambridge University Press,1992,pp. 225 – 267.

Seumas Miller, Peter Roberts and Edward Spence, *Corruption and Anti – Corruption:an Applied Philosophical Approach*, N. J. :Prentice Hall,2005.

R. G. Mulgan, "Aristotle's Doctrine That Man Is a Political Animal", *Hermes*, Vol. 102, No. 3,1974,pp. 438 – 445.

Harald Müller, "Arguing,Bargaining and All That:Communicative Action, Rationalist Theory and the Logic of Appropriateness in International Relations", *European Journal of International Relations*, Vol. 10, No. 3, 2004, pp. 395 – 435.

Daniel Naurin, "Does Publicity Purify Politics?", *Journal of Information Ethics*, Vol. 12, No. 1,2003,pp. 21 – 33.

Daniel Naurin, *Deliberation Behind Closed Doors: Transparency and Lobbying in the European Union*, Colchester:European Consortium for Political Research Press,2008.

Daniel Naurin, *Dressed for Politics:Why Increasing Transparency in the European Union Will Not Make Lobbyists Behave Any Better Than They Already Do*, Göteborg:Livréna,2004.

Daniel Naurin, *Taking Transparency Seriously*, Sussex European Institute of

University of Sussex, 2002.

Paul Nieuwenburg, "Learning to Deliberate: Aristotle on Truthfulness and Public Deliberation", *Political Theory*, Vol. 32, No. 4, 2004, pp. 449 – 467.

Soraya Nour, "Kant's Philosophy of Peace: The Principle of Publicity", *Law and Peace in Kant's Philosophy*, 2008, pp. 573 – 584.

Robert Nozick, *The Nature of Rationality*, Princeton, New Jersey: Princeton University Press, 1993.

Onora O'Neill, "The Public Use of Reason", *Constructions of Reason: Explorations of Kant's Practical Philosophy*, Cambridge: Cambridge University Press, 1989.

Oliver O'Donovan, "The Concept of Publicity", *Studies in Christian Ethics*, Vol. 13, No. 1, 2000, pp. 18 – 32.

Clifford Orwin, "Machiavelli's Unchristian Charity", *The American Political Science Review*, Vol. 72, No. 4, 1978, pp. 1217 – 1228.

Diana Panke, "More Arguing Than Bargaining? The Institutional Designs of the European Convention and Intergovernmental Conferences Compared", *Journal of European Integration*, Vol. 28, No. 4, 2006, pp. 357 – 379.

Joseph H. Park, "England's Controversy Over the Secret Ballot", *Political Science Quarterly*, Vol. 46, No. 1, 1931, pp. 51 – 86.

Charles Pigden, "Popper Revisited, or What is Wrong With Conspiracy", *Philosophy of the Social Sciences*, Vol. 25, No. 1, 1995, pp. 3 – 34.

Adrian M. S. Piper, "Utility, Publicity and Manipulation", *Ethics*, Vol. 88, No. 3, 1978, pp. 189 – 206.

Hanna Pitkin, "Obligation and Consent", *The American Political Science Review*, Vol. 60, No. 1, 1966, pp. 39 – 52.

John Pocock, "The Machiavellan Moment Revisited: A Study in History and Ideology", *Journal of Modern History*, Vol. 53, No. 1, 1981, pp. 49 – 72.

Juha Raikka, "The Ethics of Conspiracy Theorizing", *Value Inquiry*, Vol. 43, 2009, pp. 457 – 468.

John Rawls, "The Idea of Public Reason Revisited", *The University of Chicago Law Review*, Vol. 64, No. 3, 1997, pp. 765 – 807.

John Rawls, *A Theory of Justice*, Cambridge, Massachusetts: The Belknap Press of Harvard University Press, 1971.

John Rawls, *Political Liberalism*, New York: Columbia University Press, 2005.

Hans Reiss(ed.), *Kant: Political Writings*, Cambridge: Cambridge University Press, 1991.

Hans Reiss, "Kant and the Right of Rebellion", *Journal of the History of Ideas*, Vol. 17, No. 2, 1956, pp. 179 – 192.

Francis E. Rourke, *Secrecy and Publicity: Dilemmas of Democracy*, Baltimore: Johns Hopkins Press, 1966.

Michael J. Sandel, "The Procedural Republic and the Unencumbered Self", *Political Theory*, Vol. 12, No. 1, 1984, pp. 81 – 96.

Lynn Sanders, "Against Deliberation", *Political Theory*, Vol. 25, No. 3, 1997, pp. 347 – 376.

Michael Saward, "Rawls and Deliberative Democracy", *Democracy as Public Deliberation: New Perspectives*, Manchester and New York: Manchester University Press, 2002, pp. 112 – 130.

Judith Shklar, "Let Us Not Be Hypocritical", *Daedalus*, Vol. 108, No. 3, 1979, pp. 1 – 25.

John Simmons, "Denisons and Aliens: Locke's Problem of Political Consent", *Social Theory and Practice*, Vol. 24, No. 2, 1998, pp. 161 – 182.

David Stasavage, "Open – door or Closed – door? Transparency in Domestic and International Bargaining", *International Organization*, Vol. 58, No. 4, 2004, pp. 667 – 703.

David Stasavage, "Polarization and Publicity: Rethinking the Benefits of Deliberative Democracy", *The Journal of Politics*, Vol. 69, No. 1, 2007, pp. 59 – 72.

David Stasavage, "Public Versus Private Deliberation in a Representative Democracy", unpublished working paper, London School of Economics, 2004.

Susan Stokes, "Pathologies of Deliberation", *Deliberative Democracy*, Cambridge University Press, 1998, pp. 123 – 139.

Leo Strauss, *Nature Right and History*, Chicago: University of Chicago Press, 1953.

Leo Strauss, *The City and Man*, Chicago: Rand McNally, 1964.

Marie C. Swabey, "Publicity and Meausurement", *International Journal of Ethics*, Vol. 41, No. 1, 1930, pp. 96 – 114.

Philip Taylor, "Propaganda From Thucydides to Thatcher: Some Problems, Perspectives & Pitfalls", The annual conference of the Social History Society of Great Britain, 1992.

Athan G. Theoharis(ed.), *A Culture of Secrecy: The Government Versus the People's Right to Know*, Lawrence: University of Kansas Press, 1998.

Dennis F. Thompson, "Democracy Secrecy", *Political Science Quarterly*, Vol. 114, No. 2, 1999, pp. 181 – 193.

David Thunder, "A Rawlsian Argument Against the Duty of Civility", *American Journal of Political Science*, Vol. 50, No. 3, 2006, pp. 676 – 690.

Rein Vos, "Public Use of Reason in Kant's Philosophy: Deliberative or Reflective?", *Law and Peace in Kant's Philosophy*, 2008, pp. 753 – 764.

Jeremy Waldron, "Hobbes and the Principle of Publicity", *Pacific Philosophical Quarterly*, Vol. 82, No. 3 – 4, 2001, pp. 447 – 474.

Steven p. Wall, "Debate: Democracy, Authority and Publicity", *Journal of Political Philosophy*, Vol. 14, No. 1, 2006, pp. 85 – 100.

Steven p. Wall, "Is Public Justification Self – defeating", *American Philosophical Quarterly*, Vol. 39, No. 4, 2002, pp. 385 – 394.

Steven p. Wall, "Public Justification and the Transparency Argument", *The Philosophical Quarterly*, Vol. 46, No. 185, 1996, pp. 501 – 507.

Bernard Williams, *Ethics and the Limits of Philosophy*, London: Fontana, 1985.

Bernard Williams, "The Point of View of the Universe: Sidgwick and the Ambitions of Ethics", *Cambridge Review*, Vol. 7, 1982.

Bernard Williams, *Utilitarianism for and Against*, Cambridge: Cambridge University Press, 1973.

Allen W. Wood, *Kantian Ethics*, Cambridge and New York: Cambridge University Press,2008.

John T. Woolley and Joseph Gardner, "Does Sunshine Reduce the Quality of Deliberation? The Case of Federal Open Market Committee", the 2009 annual meeting of American Political Science Association, Toronto, Canada, 2009.

Bernard Yack, "Rhetoric and Public Reasoning: An Aristotelian Understanding of Political Deliberation", *Political Theory*, Vol. 34, No. 4, 2006, pp. 417 – 438.

Dean L. Yarwood and Ben J. Enis, "Advertising and Publicity Programs in the Executive Branch of the National Government: Hustling or Helping the People?" *Public Administration Review*, Vol. 42, No. 1, 1982, pp. 37 – 46.

Philip Zhai, *Get Real: a Philosophical Adventure in Virtual Reality*, Lanbam: Rowman & Littlefield Publishers, Inc. ,1998.

Zhenming Zhai, *The Radical Choice and Moral Theory: Through Communicative Argumentation to Phenomenological Subjectivity*, Dordrecht: Kluwer Academic Publishers, 1994.

后　　记

　　本书是我博士期间的研究成果。自答辩后我就一直没有动过博士论文，总觉得直视它，会令我再次陷入博士期间的痛苦思绪当中。但自己也知道，回避总不是办法。五年来我对康德政治哲学的研究渐次展开，给了我重新回到这些文字里面的勇气。现在修改出版博文论文，也算是对过往岁月的一个纪念。

　　负笈于康乐园，我踏入哲思之门，也使无所慰藉的心灵寻找到了精神的傍依。形而上学的道路并不是坦途，对于半路出家的我而言尤其如此，经历了无数劳而无功的思索与误入歧途的阅读，我仍旧不断前行。

　　对《斯坦福哲学百科全书》(Stanford Encyclopedia of Philosophy) 词条进行海量阅读时，我无意之中捕捉到了"Publicity"对于政治哲学研究的独有意义，政治中的公开与秘密问题也成为我研究的重要主题。同时，在对西方哲学的理性主义发展路径进行的追踪中，特别是在哈贝马斯和阿佩尔那里，我发现了交往主体性和先验的交往共同体的哲学视域，交往合理性便成为我试图解决政治中的公开与秘密问题的哲学密匙。

　　书稿从选题到落笔，全赖导师翟振明先生的点拨与提携。先生的谆谆教诲，让我不敢忘却、不敢辜负。先生自由之思想与开放论辩之风，还有将理性进行到底之勇气，令人钦佩与敬仰。在很多次我无所适从的时候，是先生把我拉回到哲学思考中，焕发起我对形而上学的兴趣与自信。

　　在成书之际，年逾七旬的母亲病重。母亲一生平凡而伟大，她识字不多，却能用平白的语言教我做人的道理，她身体柔弱，却可以成为我生命中坚实的依靠。"凯风自南，吹彼棘薪，母氏圣善，我无令人。"此时，在寒冷的冬夜，我满眼都是母亲的样子，我看见她瘦弱的身躯，看见她终生的劳碌，看见她转身擦拭泪水的孤寂，还看见她在暮色里期望我回家的疲惫身影。母爱无疆，无言。

  书稿的写作也见证了我与爱妻张维维的感情历程。情定珠江边，牵手西湖畔，一路走来，她是我生命的贴心伴侣。以公共管理为终身事业的她，却要时刻面临纯粹形而上学的争论，现在想来，我心不忍。她的善良、贤惠、智识，让我深刻感受到生活的乐趣与生命的意义。

  古之治道者，以恬养知，生活的恬淡与悠然是我对小女以恬的人生期许。但刚学会走路的你，每天忙得不亦乐乎，刚去一趟游乐园，回来便把家里的床当蹦床，家里的抽屉也成了你探索这个新奇世界的领地。童真的你，在快乐的忙活中慢慢成长。

  最后，感谢中国社会科学出版社的伊岚女士，书稿能够顺利出版离不开她的鼎力相助与孜孜校勘，她的热情、素养和效率给我留下了深刻的印象，令人感佩！

贺建军
2018 年 12 月定稿于钱塘江畔